大学 青春 人生
北理工人的成长印迹（2019—2023）

主编●徐 建

北京理工大学出版社
BEIJING INSTITUTE OF TECHNOLOGY PRESS

版权专有　侵权必究

图书在版编目（CIP）数据

大学　青春　人生：北理工人的成长印迹. 2019—2023 / 徐建主编. －－北京：北京理工大学出版社，2024.6.

ISBN 978－7－5763－4254－3

Ⅰ. G641－53

中国国家版本馆 CIP 数据核字第 2024M1U864 号

责任编辑：申玉琴	**文案编辑：**申玉琴
责任校对：刘亚男	**责任印制：**李志强

出版发行 ／ 北京理工大学出版社有限责任公司
社　　址 ／ 北京市丰台区四合庄路 6 号
邮　　编 ／ 100070
电　　话 ／ （010）68944439（学术售后服务热线）
网　　址 ／ http：//www.bitpress.com.cn

版 印 次 ／ 2024 年 6 月第 1 版第 1 次印刷
印　　刷 ／ 保定市中画美凯印刷有限公司
开　　本 ／ 710 mm×1000 mm　1/16
印　　张 ／ 15
字　　数 ／ 222 千字
定　　价 ／ 68.00 元

图书出现印装质量问题，请拨打售后服务热线，负责调换

编 委 会

主　　任： 庞思平

主　　编： 徐　建

副 主 编： 苟曼莉　陆宝萍　李旭珊　周芳集

执行主编： 甘凤妍　王晓静　孔令名　杨　菲
　　　　　　魏石磊

编　　委： 辛嘉洋　韩姗杉　倪　俊　盛　筠
　　　　　　侯明佳　哈　楠　史大威　奚英伦
　　　　　　郭宏宸　张龙泽　张　锋　郭惠芝
　　　　　　章　涛　陈丽健　王晶晶　彭明雪
　　　　　　孙　硕　刘　宇　马晓龙　张盟初
　　　　　　张梦雯　王　博　邓　岩　王一飞
　　　　　　黄　金　李　晋

前 言

"回首大学时光，思考青春岁月，书写人生愿景。"每年开学第一天，迈入北京理工大学的新生都会收到一份特殊的礼物——《大学 青春 人生——北理工人的成长印迹》。这是一本德育答辩论文集，记录着已毕业师兄师姐们的青春奋斗故事，是新生人手一册的"德育教科书"。德育答辩系统工程是北京理工大学学生思想道德教育工作中的一项创造性举措，学生在大学四年过程中通过德育开题、中期检查和德育答辩三个环节，从政治、思想、品德、心理等多方面，对大学生活和个人发展进行全面规划、实施、修正和总结。从 2005 年至今，这套书已连续出版 19 本，影响了近 10 万名北理工学子。2023 年"大学 青春 人生"优秀学生事迹报告团成员、机电学院路智尧说道："大一报到时，我收到了一本书，书的名字叫《大学 青春 人生——北理工人的成长印迹》，书里记录着优秀的学长学姐们关于自己大学生活的心路历程。当时我被深深地触动了，我也开始探索着如何像他们一样成为有理想、敢担当、能吃苦、肯奋斗的好青年。现在这本书还放在我的书桌上，有时候我会拿来翻一翻，从那些优秀的学长学姐们身上寻找继续前进的动力。"

2023 年，是北京理工大学实施德育答辩制度 20 周年，这本书精选了 2023 届毕业生离校前写的德育答辩论文。每一篇文字都是大家成长过程中的真诚流露，或总结得失，或分享经历，或抒发情感，字里行间跃动的是一个个鲜活的生命。一届届优秀学子铭刻下了他们在北理工的成长印迹，也通过文字将他们的思想和情感一年年传递下去，形成了北理工特有的学生德育载体。

北京理工大学是中国共产党创办的第一所理工科大学，始终紧密围绕立德树人根本任务和人才培养中心工作，以培养"胸怀壮志、明德精工、创新包容、时代担当"的领军领导人才为己任，将思想政治教育贯穿教育教学全过程。德育答辩工作是学校德育体系的重要一环和特色工作，从2003年开始，学校在全国率先试行本科生"双答辩"制度，毕业生须进行毕业论文答辩和德育答辩。其中德育答辩为学生提供了一个多角度审视自我、展示自我的舞台，每名本科毕业生在毕业前，都要回望自己四年的大学生活，写下思想成长轨迹，确立新的人生目标，与老师同学真诚交流，积蓄能量，踏上新的征程。2006年，学校制定了《北京理工大学关于在本科毕业生中开展德育答辩工作的实施意见》《北京理工大学本科生德育答辩工作实施办法》等指导性文件，启动选拔优秀毕业生代表组建"大学 青春 人生"优秀学生事迹报告团，在新生入学季，举办了第一届"大学 青春 人生"优秀学生报告会暨时代新人说活动，面向全体新生讲述青春奋斗故事；2008年，学校在大一年级本科生中全面开展德育答辩论文开题工作；2009年，学校在大三年级本科生中全面开展德育中期检查工作；2013年起，学校全面实施"一年级工程"新生入学教育系列活动。2021年起，学校探索德育答辩制度的新时代表达，通过大数据等信息化手段，将德育答辩与学生综合素质评价相结合。多年来，以德育开题、中期检查、德育答辩三个关键环节为切入点，学校有针对性地开展深度辅导，帮助学生树立理想信念，思考人生价值，规划大学生活；引导学生通过总结反思进一步明确发展目标，厚植爱国主义情怀，培养爱国奋斗精神，不断加强品德修养、增长知识见识、增强综合素质，将个人发展与国家发展联系起来。在不断凝练时代内涵的同时，德育答辩逐步发展成为学生全面规划、实施、修正和总结个人发展，接受评价和指导的成长成才重要载体。

《大学 青春 人生——北理工人的成长印迹》这本承载着一代代北理工人的独家记忆的德育答辩优秀论文集，已经成为北理工人的精神标识，将"延安根、军工魂、领军人"品格坚持不懈地传承下去。

第一篇　领航志 /1

青春报国，励志图强 /3
　　　　　　　　　　　计算机学院　张才华 3
脚踏实地，仰望星空 /8
　　　　　　　　　　　材料学院　牛秀秀 8
低姿态服务，高站位引领 /11
　　　　　　　　　　　机电学院　路智尧 11
青春踔厉展风采，人生奋发书华章 /13
　　　　　　　　　　　集成电路与电子学院　潘炯 13
热爱，创造无限可能 /15
　　　　　　　　　　　设计与艺术学院　白映溪 15
于无限可能处探索未知的自己 /18
　　　　　　　　　　　宇航学院　胡晓滢 18

第二篇　大学道 /21

追求卓越，矢志国防 /23
　　　　　　　　　　　宇航学院　杨龙 23
于平凡中不凡 /30
　　　　　　　　　　　光电学院　李东方 30
记一场春夏秋冬 /34
　　　　　　　　　　　信息与电子学院　李崇睿 34

大学 青春 人生

AI访谈录：我和我的大学 /39
　　　　　　　　　　计算机学院　李春良 39
守得初心见明月，心怀理想扬风帆 /52
　　　　　　　　　　特立书院　钱宇梁 52
所有努力都会被肯定 /58
　　　　　　　　　　设计与艺术学院　胡若晨 58
在循环中成长，在循环中涅槃 /63
　　　　　　　　　　自动化学院　陈凯欣 63
心有所往，终至所归 /69
　　　　　　　　　　求是书院　史清宇 69
讲述北理故事，传递中国声音 /74
　　　　　　　　　　外国语学院　蔡晨佳 74
筑梦新时代，奋斗正当时 /78
　　　　　　　　　　机械与车辆学院　李云巍 78
毕业季，奏响青春之歌 /83
　　　　　　　　　　集成电路与电子学院　魏时雨 83
是结束，也是开始 /87
　　　　　　　　　　经管书院　梁丹琪 87
大学生活中的个人绽放 /91
　　　　　　　　　　北京书院　唐绍原 91

第三篇　青春行 /95

一身浩然气，满腔报国志 /97
　　　　　　　　　　宇航学院　方浩然 97
是结束，亦是新的起点 /101
　　　　　　　　　　光电学院　白淑妍 101
星光盈盈，微风泛泛 /104
　　　　　　　　　　特立书院　陈羿 104
踏上旅途 /107
　　　　　　　　　　计算机学院　田馨竹 107
四季流转间，生命悄然绽放 /109
　　　　　　　　　　信息与电子学院　蒋宇杰 109

一路向前 /113

　　　　　　　设计与艺术学院　杨梦石 113

那就在盛夏告别吧 /122

　　　　　　　设计与艺术学院　娜迪亚·阿里木江 122

楮墨有限，顶峰相见 /125

　　　　　　　自动化学院　张兆麟 125

逸一时，误一世 /129

　　　　　　　机电学院　蔡一 129

思学兼顾，服务校园 /132

　　　　　　　机械与车辆学院　李季轩 132

不忘初心，奋勇拼搏 /134

　　　　　　　北京书院　刘琦玥 134

功成不必在我，功成必定有我 /136

　　　　　　　明德书院　任佳 136

等待绽放，肩负青春理想 /141

　　　　　　　经管书院　施雯 141

勤学笃行　立己达人 /144

　　　　　　　求是书院　孙一洋 144

我的大学四年 /147

　　　　　　　信息与电子学院　刘佳怡 147

张扬青春，迎面挑战 /150

　　　　　　　经管书院　张迎 150

你走向我，我走向未来 /155

　　　　　　　明德书院　张文佳 155

第四篇　人生梦 /159

忆北理 /161

　　　　　　　宇航学院　代馨 161

追求卓越，自强不息 /164

　　　　　　　光电学院　李更 164

勇往直前，追逐自己的梦想 /168

　　　　　　　特立书院　马云祥 168

平芜尽处是春山 /173
　　　　　　　信息与电子学院　孔佑浩 173
德学兼至，无愧青春 /177
　　　　　　　特立书院　陈信燃 177
悟已往之不谏，知来者之可追 /182
　　　　　　　机电学院　薛建敏 182
熠熠四年，璀璨生辉 /186
　　　　　　　自动化学院　李诗颖 186
这四年 /190
　　　　　　　机电学院　李代远 190
致大学青春时光的终章 /194
　　　　　　　知艺书院　许晨 194
求"小是"的幸福北理工故事 /198
　　　　　　　求是书院　金天 198
静待花开终有时，守得云开见月明 /202
　　　　　　　机械与车辆学院　梁兆熙 202
心之所向，素履以往 /206
　　　　　　　经管书院　徐睿双 206
我的大学四年 /210
　　　　　　　明德书院　张星曼 210

第五篇　德学思 /213

与优秀的人同行，你也会越来越优秀。在北理工，有平台，有资源，有倾情指导的导师，有并肩奋斗的伙伴，只要你坚持追梦，一切皆有可能。"延安根、军工魂、领军人"，作为北理工学子，我们要牢记自己的红色基因与军工品格，在追逐梦想的道路上奋勇向前，永不停歇！

注：本篇整理自 2023 年"大学 青春 人生"优秀学生事迹报告会。

第一篇　领航志

青春报国，励志图强

计算机学院　张才华

从2016年来到北理工，已经过去七年，我在今年6月终于完成本科学业，未来将继续在本校读研深造。很荣幸能够与大家分享我的大学本科生涯。我的故事分为以下三个部分。

走出大山，进京"赶考"

我来自贵州的一个偏远山村，由于家庭经济困难，父母常年外出打工，小时候被辗转寄养在各个亲戚家。可能了解贵州的同学知道，那里几乎到处都是山，素有"八山一水一分田"之说。上小学时，我每天需要走上几里山路，穿过田间地头才能到达学校。后来我努力考上县初中，去了县城，发现学校周围依旧都是山，再后来去市里上高中，学校四周还是群山环绕。所以，走出大山、去看看山外面的世界的念头，一直在我心中燃烧，成为我生命中最炽热的梦想。

直到考上北理工，我才第一次真正走出大山，开始我的进京"赶考"之路。还记得2016年第一次来学校报到时，为了节省路费，我拒绝了父亲陪同来校，独自一人坐了30多个小时的绿皮火车，从西南地区前往首都北京。到达北京西站时已是深夜，为了省钱，我住进了一个地下室宾馆。宾馆的房间昏暗、狭窄、破旧，甚至房门都没法关闭严实，我整夜都不敢闭眼入睡，至今想起来仍历历在目。

但我一直坚信，人的出生虽然无法选择，但命运可以通过后天奋斗来改变。我的较差的家庭条件，并没有让我沮丧，反而更增强了我追求进步、立志变得优秀的动力。记得刚进入大学的那段时间，我对未来充满了迷茫和困惑：我要成为一个什么样的人？我的大学应该如何有意义地度过呢？迷茫其实是一个自我思考的过程，需要我们在暂时的困惑中去寻找答案。人生可以迷茫，但不能深陷其中，如果暂时找不到答案，那就先勇敢地尝试，体验各种不同的经历。于是，我放下迷茫，在学习之余，尝试着搞竞赛、做科创、担任学生干部、参与志愿服务、体验社团活动，等等，在不断尝试、不断经历的过程中，综合素质得到很大提升，我对自己的未来规划也逐渐清晰起来。

走进军营，百炼成钢

我身上还有一个标签——退伍军人。9月1日，是我入伍五周年，也是退伍三周年的日子。

2018年的夏天，大二即将结束，我的大学生活也即将过半，但我总是觉得，自己的生活似乎缺少点什么东西。某天的一个黄昏，我走出教室，猛然间看到一条征兵宣传横幅——"有志青年从军建功，热血男儿矢志报国"。在那一刻，我突然找到了答案。是的，我的青春，不应只在象牙塔里循规蹈矩地度过，我要去热血军营，加入中国军队，去做更有意义的事情。于是，我做出了人生中一个重要的决定——参军入伍。

经过一系列的选拔，2018年9月，我如愿坐上了开往石家庄的军列，成为一名拱卫京师的卫士。刚入伍的时候，我对军旅生活既憧憬，又感到无比紧张。从如水般柔和的象牙塔到如火般酷热的军营，从一名普通大学生到一名合格战士，过程是极其痛苦的。

一开始，很多老班长，以及同年兵战友，知道我是大学生入伍后，都连连摇头，他们认为书生柔弱、矫情，根本吃不了部队的苦。我很不服气，下定决心要用实际行动打破他们的偏见。我记住了班长的一句话，很简单却很实用，那便是"不行就猛练"。在训练时，我经常给自己加练，一遍不行就两遍，两遍不行就十遍，直到动作达到优秀标准；战友睡前做100个俯卧撑，我就做150个，直到全身彻底没劲。功夫不负有心人，在入营一个月后的首次3公里考核时，全营400多名新兵，我跑出第三名的成绩——前两名是北体的特长生——成功登上新兵营的"龙虎榜"。这让对我这个"柔弱书生"有偏见的战友都刮目相看，我彻底获得了他们的认可。下连时，我也以军事训练全优的考核成绩，被分配到高要求、严标准的机动分队，成为处突维稳"铁拳"部队的一员。

我曾参加过艰苦的长途行军、挑战极限的体能训练，及激烈角逐的比武竞赛，这些都磨砺了我的毅力和耐力，使我变得更加坚强和自信。在部队，我学到了最宝贵的一课：大胆尝试和挑战。在我入伍不到四个月、刚刚下连还不满一个月时，正好碰上全旅军事体育比武竞赛。在战友们的鼓励下，我作为连队唯一的新兵，全旅仅有的几名参赛新兵之一，与其他老兵一同参加了比武。面对比武场上高手如云，尽是老将的情况，我顶住压力，沉着应战，拼尽全力，和其他3名战友协同配合，最终夺得4×100m接力项目的冠军，也因此获旅级嘉奖一次。这次比武经历让我明白：不管前面多么困难、不管对手如何强大，首先一定要大胆去尝试，只要敢于挑战，就至少有了一定的成功概率，谁又能确定最后的成功者不会是你呢？我想以此与各位学弟学妹共勉，当你们在大学中遇到看似棘手的问题后，一定先去大胆尝试，无论结果如何，请先勇敢地走出第一步。

重返校园，挑战自我

2020年9月，两年服役期满，我选择退伍，重返校园。复学后，我又进行了一次大胆的尝试——当时人工智能大火，我决定去学习这门前沿技术。这意味着我将放弃之前修过的所有专业课程，并且放弃在原专业大概率可以获得的保研资格。但我还是决定挑战自我，于是降级，转入我校首届人工智能专业，开始学习一个全新的专业。

面对新专业，面对中断了两年的学习，从扛枪到提笔的转变过程，也是极其痛苦的。在我参军离开学校时，还不知道"卷"这个字，但回来后看到周围同学已经把这个字发挥到淋漓尽致了。我深感自己与其他同学的差距，但曾作为一名军人，"三个不相信"永远是我们的信条，面对挑战从不退缩永远是我们的态度。我充分发扬部队锤炼的作风，严格坚持规律的作息，每天早上六点准时起床，除了上课，其余大部分时间都泡在图书馆里，经常是卡着闭馆的时间才走出图书馆。我给自己制订了详细的学习计划，合理安排时间，利用课余时间补习和复习，主动向老师请教，力求在新专业学有所成。通过努力，我最终取得了还算比较满意的成绩，复学后的全部38门专业课程，有30门取得了优良的成绩，也获得国家励志奖学金和多次学业奖学金等奖励。同大家一样，作为一名新生，我也即将在北理工读研，在自己选择的专业道路上继续探索。

人民军队的唯一宗旨是，全心全意为人民服务。经过部队的思想洗礼，我明白，作为当代青年，不应当禁锢在追求自己进步的小圈子里，更应该在服务国家、服务社会中体验精彩人生。在课余时间及寒暑假期间，我积极参加敬老爱老、疫情防控、义务献血、乡村支教等志愿公益活动，累计时长

300余小时。

秉承"退伍不褪色"的精神，充分发挥退伍军人的优势，我加入了学校武装部的退役学生组织"鹰隼之家"，并成为该组织负责人。任职期间，在武装部的指导下，组织退伍同学担任军训教官，协助完成学校连续两年的军训任务；组建"退伍军人示范宿舍"，荣获"北京市优秀学生宿舍"和"校级优秀学生宿舍"的称号，2023年，我们退伍军人示范宿舍4人中有3人顺利上岸读研；此外，工作期间，我协助老师组织征兵宣讲和国防教育活动60多场，受众累计3 000余人，帮助20多名同学顺利入伍。2022年5月，良乡校区突发疫情风险临时封控，我第一时间组织在校所有退伍同学，向武装部和学校递交请战书，组建"退伍军人疫情防控志愿先锋队"，发扬先锋作用，展现军人本色，积极参与疫情防控相关志愿服务，获得老师和同学们的一致肯定。我本人也因出色工作先后获得"优秀团干部""优秀学生干部"等荣誉。

七年时光，转瞬即逝，在北理工的精心培养下，在军队的大熔炉锤炼下，我从一个对未来充满迷茫的山里娃，成长为一名新时代有志青年；从一名文弱的秀气书生，成长为一名忠诚的革命军人。

面对即将开启大学旅程的新生们，有几点体会与大家分享。

首先，请树立宏远之志。习近平总书记曾深情嘱托我们青年要"立大志、明大德、成大才、担大任"。北理工也一直致力于培养"胸怀壮志、明德精工、创新包容、时代担当"的领军领导人才。可以看出，首要的就是一个"志"，而且是高大之志、长远之志。在高中，大家的志向可能比较统一，那便是考上自己理想的大学。而今天，各位已经步入大学，步入北理工，人生将会面临无数种可能，请大家静下心来思考，自己下一步的理想是什么。这个理想不要局限于期末我要考多少分、四年后要读研等小目标上，而是思考一下，你想活出怎样的人生，十年后、二十年后，甚至更长时间后，你能活出怎样的人生。

其次，请勇于大胆尝试。回看我的本科和军旅生涯，其实是一次又一次的大胆尝试过程，有的尝试成功了，也有很多并没有结果。但那又如何，并不是只有从成功中才能学到东西，经历失败，有时候或许能收获更多。大学是一个充满机遇和挑战的舞台，学习需要不断挑战难题，生活也需要不断探索未知，北理工给大家提供的平台足够宽广，资源也足够丰富，请大胆一点，迈出第一步，去体验丰富多彩的大学青春。

最后，请不断追求卓越。大学生活是一个全新的起点，一个展现自己才华和能力的舞台。大家可能会慢慢遇到一些困难，包括学习上的、生活上的，但请不要被困难磨平了棱角，不要逐渐满足于平庸，要拒绝"躺平"，要有不断追求卓越的态度和气魄。无论干什么事情，都请保持不甘人下的气势和对自己的严格要求。通过不断努力和进取，你们终将成为那个在自己领域中杰出的人。

希望所有人在四年后，回首本科生涯时，会为自己付出的努力和取得的成绩而自豪，书写出属于自己的辉煌！

脚踏实地，仰望星空

材料学院　牛秀秀

我于 2017 年秋季学期被保送至北京理工大学攻读硕士学位，2019 年转为博士，在北理工度过了丰富多彩的六年时光。博士期间我共发表学术论文 28 篇，其中有 10 篇是第一作者或共同第一作者，包括两篇 Science 正刊论文，获得了国家奖学金、徐特立奖学金在内的多项荣誉。我的博士研究方向是钙钛矿太阳能电池。选择这个研究方向的初心源于本科期间一次偶然的学术讲座。这场讲座给我留下的最大印象是能源环境危机对人类生产生活造成的不可逆危害，于是我的心里便埋下了研究开发清洁可再生能源的种子。

这颗种子真正发芽是我在北理工参加暑期夏令营时听到了陈棋老师的研究方向介绍。从那时起，太阳能电池便成为我的首选研究方向。开学刚进组时，陈老师对实验技能的严格要求为我打下了扎实的实验基础，有了一定的实验经验后，老师便让我尝试独立承担课题。从课题调研到每一步的实验进展，再到手把手指导我修改文章，陈老师的悉心指导潜移默化地改变着我。

有一定的科研积累后，我的研究目标转向领域内的重难点问题。钙钛矿太阳能电池产业化进程中最棘手的问题就是退火过程对于环境的依赖性，这严重影响了电池的可重复制备。针对这一问题，我与合作者开发了一种新型液态介质退火工艺，该工艺为高质量、组分空间均一的钙钛矿薄膜的全天候可重复制备开辟了新的途径。这一技术的开发有望进一步推广至大面积电池模组的制备。在这个工艺的开发过程中，我们遇到过各种各样的问题。令我印象最深刻的是：初期阶段，我们尝试了 7 种物理性质符合要求的液态介质，然而这几种液体在实验过程中出现了各种问题，包括爆沸、溶解等，跟我们的预期截然相反。但幸运的是经过新一轮的筛选，我们找到了苯甲醚这一溶剂，该介质在实验过程中没有出现爆沸、溶解等问题。但很快新的问题又出现了，通过苯甲醚介质退火后的钙钛矿太阳能电池基本全部短路。于是我们针对退火时间、温度、钙钛矿体系进行了系列的调控，但依然短路率极高，这一度让我们质疑工艺的可行性。两个月的时间毫无进展，但庆幸的是我们没有放弃，经过对前期失败数据的反复梳理以及不断讨论，终于找到了问题的根源——苯甲醚中的杂质。

回过头来看，之前的所有困难和挫折都不是大问题，而整个过程中对失败经历的反复咀嚼更让我明白了沉下心来做科研的真谛，也让我尝到解决问题后的甜蜜。我想，这便是科研带给我的乐趣。最终，经过两年半的甜蜜与苦涩交织的实验和投稿过程，我们的文章被国际顶级学术期刊 Science 接收。在咀嚼一次次失败的过程中，我收获了一分又一分的韧性，我想这就是实验科研的魅力。科研实验不仅有有形的实验结果，更重要的还有无形中对我们意志力的磨砺。感恩我的导师陈棋老师，感恩我的母校北京理工大学，给了我成长的时间、空间和养分。未来我将带着母校给予我的有形的科研积淀和无形的意志品质继续向前，拥抱我所热爱的科研。目前计划到新加坡国立大学从事博士后研究工作，以博士期间的研究为基础，进一步拓宽科研视野、丰富科研思路、精炼技术，回国后以更开阔的眼界助力国家的光伏产业发展。

研究生或者本科阶段这几年，我们究竟该怎样度过才算圆满？换句话讲，作为北理工学子，依托学院学校提供的各类平台，我们该怎样为自身和社会的发展发出自己的光和热呢？对于刚入学的同学，抑或是在科研道路上已经走过几年的我，这个问题似乎都过于困难，无法有一个标准答案，但我认为有几点很重要。

首先，要对科研饱含热情和希望。在我看来，每一门学科都富有生命力，从理论到实验的研究，再到将自己的研究实现商用价值。这个过程就如同自己哺育的小孩一样，从呱呱坠地到长大成人，充满着无限的可能。如果我们把研究内容当作自己的孩子，倾注情感，那么我相信每个人即便是再辛苦也会一直坚持，并对自己的研究方向充满着最真切的期盼。这样一种视为己出的态度会让我们时时刻刻都在享受着科研，乐此不疲，并伴随着巨大的成就感。

其次，要正确理解科研。无论是基础学科还是应用实验学科，本质上都是为了更好地服务于人类社会的发展。虽然真正见证并实现这一点很难，但我觉得在科学研究中要时刻提醒自己：所研究方向的潜力如何？研究的技术路线怎么实现？最终能达到什么样的理论或应用效果？不忘初心，方得善终。

最后，要敢于做"从 0 到 1"的研究。首先要肯定"从 1 到 ∞"的研究也是非常必要的，因为可以将一种理念或一种材料研究到极致，发挥其最大的作用。但是这样的研究总会有一定的饱和度，有时甚至会禁锢我们的想象力。在这时，如果大胆开拓"从0到1"的创新性工作，发现新材料，或者找到材料的新应用，比如天才少年曹原发现的"魔角石墨烯"，不仅会给领域带来新的发展契机，还有可能摸索到更优质的"科研赛道"。

也许以上感悟对于大家具体的科研方向没有实质性的参考与指导，我的本意也不在此，毕竟每个人所面临的科研问题不同，所采用的解决方法也天差地别，难以统一。我只是想给大家传递一份信念，我们既然选择了各自的学科和研究方向，就应该乐观地对待它，正确地理解它，乃至最后勇敢地创造它！回到我最开始提出的那个问题，它是一个拥有无数答案的问题。答案，需要我们每个人用心、用亲身经历与感悟去回答。

作为过来人，我建议大家在科研学习之余多锻炼身体，合理作息，保持良好的身体素质。当科研或学业有瓶颈时不要死磕，换换"脑子"，可能会有意想不到的收获！

我希望大家通过自己的努力，未来能够让母校以我们为荣！我们现在正年轻，勇敢地去"创"吧！

低姿态服务，高站位引领

机电学院　路智尧

青春遇到北理工，意味着年轻的我们即将镌刻上红色基因。在四年前的那个秋天，我和大家一样初入北京理工大学，接受学长学姐的指引。一晃四年，我也走到了毕业，接过了学长学姐们的接力棒，讲述属于我的故事。

我的故事可以概括成四个词语：热情、坚持、成长、格局。

刚来到这里，我带着一腔热血、满怀激情，热情地探索着大学这一新的天地。积极融入班级，承担一份班委责任，主动和同学们成为朋友，凝聚和带动每一个人；在军训中争当排长，用更高的标准要求自己，让每一滴汗水都有收获；暑期实践，参演编导微电影，尝试在新的领域发光发热；在同年入学新生中，第一批提交入党申请书，积极向党组织靠拢……这份热情可以让我保持积极向上的心态，这份热情可以驱散面对新事物的恐惧，这份热情可以让我走向优秀。

慢慢地，我发现，前行的路上还需要坚持。面对许许多多的学生组织，我选择了留在北京理工大学学生会。对于学生工作的热情，让我选择了坚持，热情所带来的能量远超功利性目的所带来的能量。会议记录、制作推送、活动策划、维持秩序、排练节目、申请场地，等等，一项项工作从零开始做起。我意识到除去认真对待每一份志愿工作，耐心做好每一次校园服务，还需要在许多遗憾中重新振作，继续调动全部的热情，在面对未知与迷茫时坚定向前。在校学生会这一干就是四个春秋。

这四年是充实且无悔的四年，见证了我从一个什么都不太会但充满热情的小部员，逐渐成长为可以独当一面筹备活动的学生骨干，从只会简单办公软件的小白变成可以处理数据、图片设计、视频剪辑等一切细碎工作的"斜杠青年"，从只会看推送到做推送，再到审推送。这一切将成为我面对困难的底气与能力，在未来不再惧怕挑战。多参与多获得，越经历越强大，这便是我四年的成长。

然而，只有这些仍是不够的。在北京理工大学80周年校庆晚会的排练过程中，我与各个工作人员通力合作保证各个环节不出纰漏。在看到整场演出完美呈现时，我内心的激动是难以言喻的。在迎新服务时，为初来乍到的学弟学妹竭力解答一个个问题；在深秋歌会的筹备过程中，一次次深夜的磋商、讨论，为选手提供了最好的舞台，为师生呈现了最好的活动；在北京冬奥会志愿保障工作中，我坚守在场馆外的值班岗位，保障了比赛有条不紊……

这些活动锻炼和成长的不仅仅是能力，还有更高的站位与格局：需要善于团队合作，做好自身工作的同时，多照顾到别人的工作；需要具有大局意识，自身工作一定是为整体服务的，个人的突出不代表集体的优秀；需要做好传承引领，个人的成长成才固然重要，引领更多人变得优秀更有价值；需要放下自我、放下私心，时刻提醒自己要代表广大同学们的利益，赋予工作更深的内涵、更广的价值。

这四年的学生干部经历，让我有以下几点收获：

第一，学生工作让我成为靠谱的人。在一次次的历练中，我拥有了敢于担当的意识、敢于作为的勇气、善做善成的能力。

第二，学生工作让我成为有趣的人。工作不是墨守成规、死搬教条，工作不是走形式，学生工作让我见识了各种场面，结交了许多朋友。

第三，学生工作让我的思维更有高度。遇到问题，我不被表面迷惑，能够想到更高层面、更加全面的内涵。工作要想做到位，就需要学会打开格局，辩证看待问题。

第四，学生工作让我的思想更有深度。解决问题时，我能够迅速抓住事情的本质。工作要想做得透彻，就要在工作中多思考一步。

学生骨干要敢于承担更多的责任和义务，将热情、坚持、成长、格局化作"低姿态服务，高站位引领"，处处勇争先锋，让优秀成为一种习惯。

说了这么多学生工作的好处，最后想再提醒大家：参与学生工作一定要学有余力。不要带着委屈做任何工作，要满怀热情地工作，只有真心的投入，才会有所成长、有所收获。

青春踔厉展风采，人生奋发书华章

集成电路与电子学院　潘炯

四年前，我如愿进入北理工，开启了大学生活。我们都拥有了一个共同的名字——北理工人。作为党创办的第一所理工科大学，北理工从创立之初，就以"为党育人、为国育才"为己任。而北理工学子，也都以"不辱使命、为国铸剑"作为自己的毕生事业。还记得我初入学时，正值西方国家开始大肆实行集成电路技术封锁，我国芯片技术发展面临诸多"瓶颈"和挑战。我当时就想，如果能投入突破封锁、打造"中国芯"的浪潮中，是一项多么让人自豪和意义非凡的事业。从此我立下了潜心学习芯片技术、服务国家战略需求的志向。

集成电路科学是充满魅力的。当我们放映幻灯片时，我们所能看到的，是电脑里实现功能的一行代码，是电路总线中的一段指令，是某些电子的一次扩散和漂移。集成电路科学也是充满挑战的，从底层原理解构到硬件元器件工艺，再到电路和架构设计，直至上层算法的实现和应用，非有坚实的理论实践基础不能胜任。从入学开始，我就对自己时刻保持高标准、严要求，不得过且过，立志要成为芯片领域的行家里手。本科学习过程中，我也曾因繁多而复杂的课程知识而感到难以坚持，但是与身边同学的共同学习每每让我重新充满了动力。还记得备考"计算机原理与应用"课程期间，我们几个同学每天从早到晚都聚在同一间教室里复习汇编代码，互相考控制字、状态字，原本枯燥的日子变得充实而有趣。为了能够更深刻地掌握知识，我把自学和课堂学习有机地结合起来，反复温习、深化理解。这样的习惯，一坚持就是四年，最终蝉联专业成绩第一名，14门课程满分，79门课程90分及以上，课程平均分96分，连续获得3次国家奖学金，并荣登《人民日报》"国奖优秀代表百人名录"。事实证明，只要掌握合理的学习方式并持之以恒，就能无往而不利。

我们这届本科生一定程度上经历了疫情的不确定性。2021年年初，时值

大学 青春 人生
第一篇 领航志

美国大学生数学建模竞赛，我们团队克服参赛条件的诸多困难，全员线上技术攻关，奋战四昼夜，从全球两万六千多支队伍中脱颖而出，一举摘得特等奖和最佳创意单项冠名奖。该赛事是全球公认的大学生数学建模顶级赛事。为此，国家工信部和学校官网作了专题报道。我校学生从2020年至今，已连续四年获得美国大学生数学建模竞赛特等奖。作为其中承上启下的一份力量，我感到无比光荣。尽管我的科创实践之路曾面临挑战，但是只要初心不改，我们就能克服困难、迎来春天！

我的梦想是成为一名对社会有价值的科研工作者。从大二开始，我就加入了我校谢会开教授的课题组，开始了"MEMS超声换能器"的科研工作。在此期间，一篇研究成果论文的写作和发表经历让我终生难忘。按照计划，我的科研工作在2022年年末开始准备投稿，不料写作中途却突发高烧，最严重的时候几近昏迷。但是，想到写作任务还没有完成，而交稿的截止日期已经迫近，我忍受着疾病的折磨，一篇篇地整理文献、逐字逐句地校对手稿，与老师一同反复修改打磨了十几次，终于按时完成撰写并进入审稿程序。论文返修的时间正值腊月末。临近春节，我没有丝毫懈怠，全身心地投入论文修改工作中。我认真阅读审稿人的意见，翻阅参考资料，更加严谨地修订章节的内容、调整论文的结构，详细完整地撰写意见回复文稿，并反复打磨完善论文。除夕前夜，我一整晚都没有合眼，终于在截止时间前完成论文修改并提交，论文最终成功发表。这段刻骨铭心的经历让我明白，做科研工作，就要在面临困境和高强度的挑战时依然不言放弃、勇往直前！未来我将再接再厉，继续为集成电路相关基础科学研究做出自己的一份贡献！

我本科四年其实就做了三件事：课内、竞赛、科研。而这个规划，我在大一的时候就已经基本做好了。所以我认为，大家当下最重要的，就是一定要做好规划。在制定大学四年的规划前，首先需要确定你的人生理想，并由此得到为达成这个理想的各个阶段的目标，如未来的工作属性、将来研究生阶段的专业方向、本科阶段需要积累的履历等，这样才能少走弯路。还记得本科的时候，我身边许多优秀的同学们，在实验室、竞赛队、体育代表队、社团和学生组织中从事自己擅长并感兴趣的工作，在属于自己的天地中绽放青春之花。青春因奋斗而精彩。希望大家能够在未来的大学生活中积极探索、勇于尝试，树立自己的远大理想，制定好未来的人生规划，在青春最美好的年华踔厉奋发、勇毅前行！

热爱，创造无限可能

设计与艺术学院　白映溪

热爱创造无限可能，设计激活文化再生。

回想起初入校园的青涩迷茫，热爱，是大学生活赠予我最珍贵的礼物，也是我未来奔赴未知的坚实底气。

人并不是天生就能知道自己想要做什么，寻求一份热爱的事业需要大胆试错，更要谨慎考量。我猜很多同学都曾跟我有过同样的迷茫：如果我是一块璞玉，应该把自己雕成什么模样？以我自己为例，我的专业方向是"文化遗产与现代设计"，属于文化遗产保护理论和设计学应用的交叉学科，这样的专业放在北理工甚至放在国内各大高校，都属于小众中的小众，边缘中的边缘。那我是什么机缘下选择了这个专业呢？记得中学时，正是《国家宝藏》《我在故宫修文物》这些纪录片和节目横空出世的时候，全国范围内开始兴起一波"文博热"，这是整个公众范围对文化自信的强烈需求。我从小学美术出身，又对传统文化非常感兴趣，在了解到北理工开设了这个专业时，我毫不犹豫做出选择，并幸运地进入这个与我灵魂契合的领域。四年的成长证明我当时没有做错选择，并启发我之后在职业规划甚至创业选择时，要拿三点标准衡量：一是一定要喜欢，这决定了能投入多少热情；二是能力上匹配；三是行业前景向好。

在北理工的四年，开放的课堂满足了我的好奇心和创造力，激发了我的探索欲。我们的课堂大多要走出教室。讲授中国物质文化史时，老师把课堂设在博物馆，让文物自己"讲述"历史的智慧；做城市遗址调查时，老师带着我们逛北京胡同，触摸历史街区，手把手教我们在田野调查中扎实研究、发现问题、解决问题。四年的学习，我明确了自己想做的事情：以设计赓续文脉，让文化遗产走入人们的日常生活。

在北理工的四年，感谢学校给予我自由施展的平台，让我在实践探索和社会服务中寻求价值。我担任院青年志愿者协会主席以及民族文化公益组织的设计总监,带着设计服务走进民族地区,用美育助力乡村振兴,以设计服务社会公益。相比于系统扎实的文化遗产研究,设计则是一种更加灵活的文化再生手段,因为文化不仅需要守护传承,也需要鲜活地被人看到、被人喜爱。从2019年暑假开始,我就跟随公益组织到民族地区调研,看到世界上最长的狂欢节土族纳顿节在当地无人响应,黎族的黎锦技艺后继无人,看到能读懂水族文字的200人已年逾古稀。如果不能活在现代生活中,更多民族的文化将会成为化石。而作为设计人,我一直在思考,我能为此做些什么?

结合自己所学的专业,我想,基于开放的社会平台,我可以发挥更多的特长。于是从小性格内向的我头一次鼓足勇气,主动展示我的想法和计划,最终竞选成为部门总监,担任公益组织的长期职务。我在公益组织发起56民族视觉形象图谱计划,集合来自全国各高校设计学院的同学们,深入彝族、土族、黎族、纳西族、苗族等地区调研,通过智库学术研究基础上的民族特征提取,设计出成套的图谱并进行衍生文创开发,配合创意营销和研学教育课程,让现代人看得懂的民族文化走进课堂、走入商场。

2021年7月,为响应国家关于保护少数民族非物质文化遗产的号召,我和团队小伙伴一起挖掘中国少数民族三大英雄史诗的故事。其中最著名的藏族的英雄史诗《格萨尔》是全世界最长的史诗,其体量是荷马史诗的五十倍,卷帙浩繁,宏伟磅礴。我们所熟知的荷马史诗,在西方早已经成为绝唱了,而我们的三大史诗却仍是活态的,是仍然流传在人民口中的信仰与传说,极其难能可贵。我想让它们被更多人看到,用设计传唱民族史诗、致敬民族英雄。

国货老牌"英雄"钢笔,这个历经百年的老字号发展到今天面临诸多问题,跟不上时代和市场的变化,急需注入新鲜血液。我们提议开展"民族英雄史诗"系列文创设计,神话传说中的英雄遇上国潮复兴的"英雄"钢笔,双方一拍即合,达成了联名合作。我作为这个项目的主笔设计师,曾经多次去到民族文化宫请教相关专家、收集少数民族同胞的反馈,最终设计出藏族史诗格萨尔,柯尔克孜族史诗玛纳斯和蒙古族史诗江格尔的形象IP,并落地了系列衍生文创。"民族IP+国货振兴",年轻的设计助力老字号转型升级,实现客单价销量和点击量的翻倍,也让民族文化成功出圈。我们带着"民族IP+国货振兴"这一模式的成果去和全国公益社会企业的创业者交流比赛,这一项目和首都博物馆文创共同获评2021北京十大文化创意产品、共青团中央中国青年创新创业大赛国赛金奖,但最令我感到满足或者"有价值感"的不是这些奖项,而是更多真诚的反馈。

在我们的新品发布会上,蒙古族的大哥激动地跟我们说:"噢!这画的是我们民族的英雄江格尔,这是我们从小就知道的故事。"他说他通过我们的设计找回了家乡的民族记忆。后来我们送给降边嘉措先生一套礼盒,他是中国民族学界的泰斗,老先生研究了一辈子藏族史诗格萨尔,他看到我们的设计很高兴地说:"我每天都要写笔记,以后要用你们设计的笔继续书写民族史诗的研究。"在路演的过程中,有更多人通过我们的设计了解了中国的少数民族史诗。在文化同质化的浪潮下,用设计重构民族文化与人的情感链接,是我坚持这件事的初心。

虽然在整个项目结束之后,我因为自己学业的原因暂时辞去了公益组织的工作,但我很感谢这段经历:是热爱给予我前所未有的勇气,让我走出自我封闭的舒适圈,拥抱未知的变化与可能性。在这个过程中我能感受到自己的表达沟通能力有所进步,开阔了视野,也形成了对一个项目全流程的宏观认识、扩展了对市场的观察思考。在每年各大创新创业比赛中,我看到了许多埋头低调做事的青年创业者。我相信真正能把项目做好的,一定是怀着一颗热忱之心,用真诚做事,以真情动人的人。当时有位前辈告诫我:"先做事,后说话,把事情踏实做好了,自然有被看到那一天。"这句简单的话我始终铭记在心。

在北理工的四年,文理思维的碰撞,艺术和科学的交叉,让我在热爱的领域不断追求进步。我感觉收获最大的就是和不同专业的同学合作科创竞赛,到各地进行社会实践。学校为我们提供了一个开放的平台,与计算机、化学材料、经济管理等专业同学的合作项目,让我拥有了更多元的视角和更多解决问题的思路。在研究生阶段,我将继续从事文化遗产再生设计和数字化展示的研究。交叉领域的创新是文化遗产的未来,数字化采集保护、虚拟现实展示、交互体验都是行业前沿最需要的东西,依托学校的理工科优势和跨学科视野,北理工的文化遗产设计一定能走出我们自己的路。

在北理工,你筑国防门,我守民族魂。我想让大家看到,北理工不仅有硬核实力,也有人文关怀。我相信创新设计能赋予文化遗产新的生命,让收藏在博物馆里的文物、陈列在广阔大地上的遗产、书写在古籍里的文字都活起来,这是我的理想和使命,也是未来我想交给北理工的答卷。热爱给予我动力源泉,也给予我突破自我的可能性,希望每个人都能找到心中的火焰,让一腔热忱不负时代机遇!

于无限可能处探索未知的自己

宇航学院　胡晓滢

伴着盛夏的热情，大家经历了高考的洗礼来到了北京理工大学，即将开始自己丰富多彩又活力满满的大学生活。而我也在今年6月拿到了博士学位证书，结束了我的学生生涯，入职航空宇航科学与技术博士后流动站，开始踏入人生的下一个阶段。看到青春洋溢的你们，不禁想到六年前刚踏入北京理工大学的自己。回望这段时光，我所收获的不仅仅是不断向梦想前行的知识和技能，更是不畏困难、砥砺前行的精神和力量。

我在硕博期间的专业是动力学与控制，主要进行航天器振动控制的研究。

六年前，我从中国石油大学（北京）推免到了北京理工大学宇航学院力学系就读研究生，2019年转博。在这六年里我先后担任了宇航学院研究生会主席、北京理工大学校史馆讲解员兼学生秘书、精工书院1901班朋辈导师、宇航学院学生党建组织员。2019年，我参与了中华人民共和国成立70周年庆祝活动；2021年建党100周年之际，加入北京理工大学青年宣讲团。记得在校时经常有学弟学妹们开学时向我咨询，该不该加入社团，该不该负责班级、学院、学校的学生工作，会不会影响自己的学习和科研。就我个人的经验而言，这些看似会占据时间的课外工作，不仅不会影响学习，还会成为滋养性情、带来无限动力的汩汩泉水。它会为你打开大学生活的另一道门，让你看到更为广阔的天空，也会帮助你探索自己的无限可能。

以前，我一直认为自己比较内向。一次机缘巧合，我被选中成为北京理工大学校史馆的讲解员。这对我来说无疑是一个巨大的挑战，我不仅要克服局促，直面陌生人，还要向他们有条不紊地讲解校史，还得处理各种可能的突发情况。记得第一次讲解时，因为是"萌新"，所以馆里给我安排了一个很小型的只有五六个人的参观。尽管如此，我还是紧张到手脚冰凉，害怕忘词、磕巴或者被提问。我做了许久的心理建设，抱定了砸了就再也不讲了的心态。当我进入馆内面对参观者时，居然没有预设的忧虑紧张。原来讲解并不是我想象中的样子，并不同于考试，我所要面对的是一个个带着未知和好奇的人，我所要做的其实就是讲述我了解的故事、和他们对话聊天，没有人会因为我的失误苛责我，也没有人会因为我对某些事情的不了解去评价和定义我。第一次的讲解就这样愉快地结束了。自此事情就变得有趣了起来。我不仅不再害怕与陌生人交谈，甚至开始期待下一次的讲解。从2018年开始，五年的时间里我讲解360余场，接待过干部领导、院士教授、中小学生、退休老人，等等。虽然是同样的地点、同样的内容，但因为对象的不同，每一场的讲解我都会精心准备侧重点不同的内容，每位听众的回馈也都会给我完全不同的体验，会让我了解到不同行业的文化、不同人的性格，甚至一些更宏大的历史精神。变成一个喜欢和陌生人交流的人，这是以前的我绝对不会想到的。

以前的我，还不会想到的是，我会有机会参与庆祝中华人民共和国成立70周年活动。我们提前三个月就开始了训练，七八月正是北京最炎热的时候，每天我们和其他单位、学校的人员一起，顶着酷暑，集中在一起一遍遍地练习动作。忙完一天之后，一坐上回学校的车我们倒头便睡。印象最深的是，一天夜里，当排练进行到一半时，忽然下起了大雨。负责训练的导演们喊着让大家赶紧去躲雨。但是没有人停下来，大家反而因为下雨更加欢乐地跑起来，所有人都仿佛成了大地的孩子，男女老少大家一起伴随着音乐高唱，在雨中手拉着手跳着笑着。那一刻我深深感受到了一种纯粹的幸福，那是在国泰民安之下，人们最真挚、温馨的情感，那是中华儿女对这片土地最深的爱。因为感受过这份温情，更想用自己的力量去守护这片祥和。在之后很多个科研没有产出对自己失望的日子里，总会想到那场雨、那种快乐，我会告诉自己再坚持一会儿，再努力一下。

大学校园是个充满无限可能的地方。你可能会突然挖掘到自己前18年都没有发觉的隐藏技能，比如演讲、表演、导演、科研、写作，可能因为一个机会见到一直崇敬的人，比如文坛巨匠、科研"大牛"、文艺明星，也可能因为一个事件就明确了自己未来的方向。最最重要的是，在这无限可能的地方去探索自己。

学校的领导常说，我们这一代是平视世界的一代。前辈们用血汗铸就了中国的繁荣盛世，给予了我们强大的民族自信和自豪，让新一代的我们拥有敢于在世界舞台上绽放的力量和勇气。而我们又该如何接过前辈们的火炬，将接下来的每一步走得更坚实更稳固呢？这可能是刚入学的你们，以及开始工作的我都需要思考的问题。道阻且长，行则将至；行而不辍，未来可期。

希望我们每一个人都可以在对自己的探索中汲取勇气和力量，去和不同的人交流，为自己的人生构建一个个支点，去参加各类活动，让生活中总有新鲜的色彩，去认真且愉快地对待每一个当下。当我们打破不可能的认知，去努力成为更好的自己，你会发现，生活中处处都会有繁花盛开。

求学时光，弥足珍贵，徜徉学海，不知疲倦。大学四年倏忽而过，汗水伴随着泪水最终浇灌出收获的喜悦。劝君莫惜金缕衣，劝君惜取少年时。青春就是用来奋斗的，无论结果如何，那些奋斗的青春征程终将熠熠闪光，成为成长历程中难以磨灭的里程碑。

第二篇 大学道

追求卓越，矢志国防

宇航学院　杨龙

时间在走，我们在悟。四年的大学生活，让我告别了大一刚入学时的那种稚嫩。在青春的舞台上，我从未放过任何一个锻炼自己的机会，收获了许多，但也有不少遗憾。本科生涯即将画上句号，然而我觉得自己的能力仍有欠缺，还没有完全做好进入社会的准备，因此我决定继续攻读硕士、博士学位，夯实自己的理论与实践基础，为之后从事科研工作做准备。

梦想启航

（1）梦想开始的地方。

我的科研梦，始于童年。仍记得在小学课堂上，老师问我们长大后想干什么，我自信地回答要成为一名科学家。当时的自己还很小，对世界的认知也很模糊，但对书本上提到的那些伟大科学家的佩服是清晰的。觉得他们很伟大，很想成为和他们一样的人。但是具体怎么做才能成为科学家，我也不知道。那是一个离我特别遥远的美好的存在，但是它激励着我，鞭策着我，成为我努力学习的动力。

从镇上小学、初中，再到县城里最好的高中，我一直在追梦的路上奋斗着。多年的努力让我获得了全校前十的高考成绩，然而在填志愿时我犯了难。三年"两耳不闻窗外事，一心只读圣贤书"的高考"赛跑"似乎让我与这个社会脱节，看着专业填报指南上五花八门的专业名称，而小县城又鲜有高校老师前来招生宣传，我一时不知该选哪个好。同班同学大部分选择了计算机等相关专业，正当我考虑是否要"随波逐流"的时候，无意间翻到北理工的军工专业名录，瞬间豁然开朗：这不就是我想从事的事业吗？我与北理工的缘分就此展开。

(2) 定下生活规划。

刚进校园那一刻，我不断寻找机会锻炼自己，一方面因为自己内向的性格，很难适应大学这样的开放式环境，另一方面我知道自己的高考分数仅仅高出学校录取分数线1分，在能力方面与其他同学有很大的差距。机缘巧合之下，我听闻学校举办新生物理、数学竞赛。在高中期间，我并没有接触过竞赛。于是我利用国庆七天假期的时间，积极准备竞赛，遇到不明白的就请教老师、学长，最终在比赛中获得了二等奖的好成绩。

德育开题的时候，我对于自己的大学生活并没有什么明确的规划，虽然想实现自己的科研梦，但一直不知道该从哪方面努力。在"学长学姐有话说"讲座中，学长学姐们分享了自己在大学的经历以及自己对大学的规划，有热衷于学生工作的，有沉浸于学习的，更有投身于"大创"、竞赛的。学长学姐们生动的讲述，让我对于大学生活的理解更加通透，也渐渐有了自己的奋斗目标，那就是保研。

虽然保研可能是个很难实现的目标，因为身边与我共同竞争的同学都很优秀，可我相信只要付出努力，就一定能够有所收获。北理工给我提供了广阔的舞台，我也希望在本科四年期间能让自己的各方面能力得到充分的锻炼，为自己研究生阶段的学习生活打下坚实的基础，因此我给自己定下的规划包括了三个方面：课程学习、学生工作以及科创竞赛。我认为学生工作能锻炼自己的社交能力，同时在学生组织中还能学到很多技能、认识很多朋友。而课程学习则是保研的硬性要求，对于想要保研的我，每科的知识都需要认真掌握，并且尽量拿到一个好的分数。科创竞赛，则是为了实践自己的科研能力，评估自己能否灵活应用在课堂上学到的相关知识，同时也为了拓宽视野，增长见识。

全面发展

(1) 课程学习。

课程学习是我最重视的部分，只有将课内知识学好，才能有更多的时间和精力去做自己喜欢的事。我一直认为"勤能补拙"，虽然我可能没有身边人那么优秀，但只要我足够努力，每天进步一点点，就一定能实现自己的目标。为了能更好地学懂相关的课程知识，我一般在课前会将相关内容仔细预习一遍，在上完课后，为了能更好地巩固，我还会再看一遍。第二遍的阅读是非常有意义、有作用的，因为大学课堂与高中截然不同：高中老师对于同一个知识点，会讲解许多次，直到学生能够记住；而大学课程内容多，课堂时间只够老师讲解一遍。如果只靠课堂上下的功夫是很难掌握相关知识的。老师的课堂讲解，会启发我的一些认知，同时，会解决我预习中的难点。第二遍读教材时，我会不自觉地将书上内容同老师的讲述相对比，加深自己的理解。在考试前，我还会将教材读第三遍，以保证在考试时自己不会因生疏而导致题不会做。当然，这样下来，我的大部分学科都取得了比较好的成绩，也获得了许多奖学金。

  后来在选专业时，我选择了自己喜欢的"武器发射工程"专业。大三的专业课相比大一大二的基础课，学习压力较小。同时，在这一年，大家的成绩排名基本定型，大家对于学习的积极性都有所下降。然而轻松的学习节奏和大量的空闲时间，让已经习惯了大一大二忙碌的我难以适应。想到自己未来还要读博，我开始规划自己这一年度的学习，而不是修满了培养计划要求的学分就放松自己。首先，我找往届学长学姐询问每门专业课的主要内容，并结合自己未来发展选择对自己有用的专业课进行学习，必要的时候还会去其他班"蹭课"。

  大三的课程基本都有小组合作的环节，我与几位同学逐渐成为固定的搭档，每次小组作业我们都能默契地进行分工，并在固定时间内保质保量地完成。小组合作的经历让我深刻地意识到，拥有可靠的队友对于小组作业的完成效果是非常重要的。在大一的时候，我曾因为参加"大创"有过团队合作，然而那时大家对自己的定位并不清晰，不清楚自己能做什么、想做什么，同时对于自己申报的"大创"项目的可行性分析不够，初期目标定得太高，超出能力范围，最终导致美好的想法变成不切实际的空想，"大创"项目的进展也被迫终止。这一次失败的经历虽然让我大失信心，甚至对于需要团队合作的比赛望而却步，然而我深知团队合作的重要性。在这一年度，对于每一次的小组作业我都格外重视，并在小组作业中发挥带头作用。

  之后，学院的"保研"名单开始确定，我以专业第一的成绩成功获得推免资格，经过再三考虑，我选择留校攻读"航天发射技术"专业的硕士，并准备在后期申请硕博连读，攻读博士学位。

  （2）学生工作。

  大一大二这两年来，我加入了精工书院学生会体育部和物理爱好者协会办公室，并相继留任了副部长，参加了许多体育活动、实验竞赛的策划与准备工作。在刚担任体育部副部长的那段时间，恰逢新生运动会的召开。由于疫情的原因，部长没来得及引导我们进行活动的策划等工作，我们在新生运动会的策划和准备工作中处处碰壁，很多方面都没考虑到，整个工作过程中显得很慌乱，没有规划性。在训练方阵时，之前没有讨论好具体的表演方案，训练进度一直很慢，实际的表演效果也远远没有达到预期。但这次较为失败的经历让我学到了许多，在以后的活动策划中顺利不少。

同时，我加入了许多答疑群，起初是想着遇到不会的题时就能在群里问问。一段时间后，我把教材已经看了许多遍，对于群里问的题也有了自己的看法，于是便试着在群里给出自己的解答，效果挺不错。通过答疑，我发现了自己存在的问题：对一些定理理解得不到位，对一些知识点有所忽略，甚至错误的认知。答疑的过程，其实也是对自身知识体系自我完善的过程，或许答疑看上去浪费时间精力，但相比封闭式的自学，答疑其实是更加有效的学习方法。之后，我担任学科领航员，成了数学分析小组的组长，组建了自己的答疑群，对同学们提出的问题一一解答。期末，我们小组还组织了数学分析串讲。虽然很辛苦，但是能将自己对教材的理解和所学的知识传授给别人，我感到很高兴。

随着教学管理由精工书院转到宇航学院，班上的学生职务也有所调整，当了两年班级负责人的我，已经习惯了给班上同学服务，因此我参与了班干部的竞选，并成功当选为班长。此后我与其余几位班干部通力合作处理班上的相关工作，并着重关注班上考研同学的学习情况，邀请往届学长分享考研复习经验，组织模拟考试等，同时，我们也时刻关注考研信息动态，尽可能及时地将相关消息传递给同学们。尽管比较辛苦，但我对自己做的工作无比自豪。

刚入学时，由于自己内向的性格，我很少与学长学姐交流关于自己的大学规划，以至于走了不少弯路，因此我报名了朋辈导师，并成为精工2108班的朋辈导师中的一员。在担任朋辈导师期间，我尽自己所能去帮助刚进入大学学习的学弟学妹们。在第一次朋辈导师见面会上，同学们的积极性很高，问了许多关于学习与生活上的困惑，我也结合自己的经历对他们的大学规划提出了些许建议，希望他们能结合我的经历少走一些弯路。见面会结束后，也有不少同学约我私下交流，这让我感到意外又惊喜，这不仅是对我工作的肯定，也让我有了更多的动力继续做下去。大学三年以来，我一直为各科的复习资料发愁，很多课都难以找到现成的复习资料，考前复习又摸不着头脑，不知道该朝什么方向复习，也不知道该重点复习哪些知识点。自做学生工作以来，我认识了许多学弟学妹，每当看到他们在寻找复习资料时，我就会想起当初的自己。因此，每学完一科，我都会将知识点整理出来，并将复习资料汇总，偶尔也会写写自己考试的心得，以便在学弟学妹们需要时发给他们，帮助他们更好地复习。在年末的朋辈导师工作总结中，我获得"优秀'三全育人'导师"荣誉称号。一年虽已过去，但学弟学妹们的大学生活才开始不久，因此我的朋辈导师工作仍需继续。在后面的时间里，我也会尽自己所能在学习和生活上帮助他们，也希望在未来几年，我能够见证他们的成长。

（3）科创竞赛。

在课余，我会去参加许多自己感兴趣的比赛，如数学竞赛、物理实验竞赛、数学建模竞赛、桥梁设计比赛等。其中让我印象比较深刻的就是物理实验竞赛和数学建模竞赛等这些团队协作类的比赛，这类比赛虽然工作量很大，但通过团队的分工，每个人的工作量就能降低很多。同时，通过团队协作将一个看似很难完成的工作做完，这无疑会让人感到自豪。在这些比赛中，让我更在意的是答辩环节。如何将我们做的东西完美地呈现给老师，这十分考验 PPT 的制作和答辩时候的临场反应。在这些比赛中，我收获了很多，其价值远超比赛颁发的证书。之后，我又参与了两项"大创"，在经过两年的基础学习后，这次的"大创"完成起来更加得心应手，在与队友的通力协作下，我们成功完成了"大创"的结题工作，并撰写了一项专利申请书。除此之外，我还参加了"挑战杯""世纪杯"等比赛，并获得"挑战杯"校赛铜奖两项、银奖一项，"世纪杯"三等奖等成绩。在参加竞赛的同时，我们在指导老师的建议下，将之前做过的课程设计整理成文章投稿到"2022 年无人高峰论坛"会议，并以第一作者获得录用。第一次论文撰写与投稿经历，让我受益匪浅，不仅初步了解了投稿相关的流程，也让我对于未来的科研工作更加憧憬。

2022 年春季学期末，我开始确定并联系自己的研究生导师，希望能够提前进入实验室学习，适应实验室氛围。在导师王文杰的支持下，我在暑假期间就开始承担某国防重点基金项目的研究工作。刚接手项目时，我对于需要研究的东西一窍不通，在阅读了一些文献之后，逐渐弄明白了其作用机理。之后，在老师的指导下，我撰写了一篇论文，并投稿《兵工学报》，目前已被录用。后来在与首席专家和总师的交流过程中，我发现蜂窝结构能有效提高工作面板的声发射功率。在老师的建议下，我又深入开展了蜂窝结构对声发射功率影响的研究，并将研究结果转化为学术论文，并被 $Sensors$（SCI，Q2 分区，IF = 3.847）录用。之后，我还申报了两个 GF 专利。这几个月的经历，让我提前熟悉了研究生的生活，熟悉了文章的撰写与发表，也通过老师的关系认识了许多领域专家。特别是投稿后审稿人反馈的意见，让我认识到自己在做研究和写论文时的一些缺陷，在今后的日子里能让我更加警醒。

现在，我也跟着老师到各研究院学习，参与更多国防项目。同时，我开始指导学弟学妹们参加科创比赛，如"挑战杯"、"互联网+"、节能减排竞赛等，并取得了多项校级一等奖的好成绩，目前正在准备市赛、国赛等。

（4）日常生活。

社会实践方面，我与几位同学调研了全媒体时代下党史学习教育的模式，并针对当前存在的缺陷提出了一些建议，获得了社会实践特等奖。之后，我又参加了"追寻百年征程"系列实践活动，被评为"优秀追寻百年征程个人"。同时，我也参加过许多文体活动，如数学文化节系列活动、深秋歌会、运动比赛等，并参与多项志愿活动，丰富自己的课余生活。

身体是革命的本钱。上大学以来，忙碌的学习生活让我很少有时间去锻炼，身体逐渐发福。大三时的空余时间较多，我也开始重拾锻炼，以保持健康的体魄。

总结展望

（1）未来展望。

对于课程学习，尽管现在已经保研，但我仍需保持一贯的学习态度，特别是要认真完成我的毕业设计相关工作，并参与市级优秀毕业生和市级优秀毕业设计的评选，给自己的本科学习画上完美的句号。

在课余时间我希望能继续参与学生工作，为同学们服务，并注重身体的锻炼，完成自己的减肥目标。

科创竞赛方面，我希望能继续推进所承担的项目的研究工作，申请相应的专利，把研究成果撰写成学术论文发表在更高水平的期刊上，并努力实现研究工作的实际工程应用。在后续我也希望能参与更多国防项目的研究工作，为国家建设贡献自己的力量。

对于未来的发展，我的规划是在高校继续从事国防建设的研究。虽然这条路很难，困难重重，但我不会放弃。只有不断地经历，才能不断地磨炼自己，才能有更好的成绩。

（2）青春感悟。

尽管已经取得不少成果，但仍留下了许多遗憾。但过去的已经过去，即使对于以前做过的某件事懊悔，也改变不了什么。对于过去的缺陷与不足，我们应该进行适度、恰当的反思，而不是沉浸在自我悔恨当中。未来的日子充满希望，针对本科生涯的不足，我们应当做好规划，避免犯同样的错误，让未来的生活不留遗憾。

择一事，终一生。我希望自己在未来的路上无论经历多少挫折，都不要放弃梦想。另外，希望自己未来的每一天都能过得开心，不能因为生活中的不如意而过度消极。

前行的路，不怕万人阻挡，只怕自己投降。人生的帆，不怕狂风巨浪，只怕自己没胆量。未来的路，我不确定自己一定能抵达终点，但我会一直为自己的梦想去拼搏，去奋斗，去不断超越自己。认准了一件事情，投入兴趣与热忱坚持去做，你就会无限接近成功；哪怕是最没有希望的事情，只要勇敢地去坚持做，到最后就会拥有希望。

于平凡中不凡

光电学院　李东方

2019年初次踏入北京理工大学校门的那一刻恍如昨日，如今四年充实美好的大学生活已如流水般逝去，过往种种皆历历在目。在大学四年生涯即将到达终点时，我想以这篇文章来回顾这段美丽又短暂的大学时光，为这段旅途画上一个完美的句号。

强基固本，勤学善思

作为学生，学习始终是重中之重。在刚进入大学时，我的思维还停留在高中时期，总觉得大学应该和高中差不多，课上认真听讲，课后努力刷题，就能顺利拿到高分。但是，大一上的课程告诉我大学并不像高中那么简单，除了课程难度加大之外，还没有人监督完成学习任务，一切只能靠自己自觉。离开了父母的唠叨和老师的叮嘱，我感觉有些许迷茫，不知道该如何分配课后的时间，高等数学、线性代数、C语言，等等，这些高深莫测的学科让我感觉到一丝焦虑。看着别的同学能很快地完成积分计算、公式证明、代码实现等，我深深地陷入了自我怀疑——难道是我真的不行吗？但很快我意识到，不能再陷入内耗之中，应该慢慢地将这些消极情绪转化为动力，多向周围优秀的同学请教学习。最终，在朋友、老师的帮助下，我逐渐调整了学习习惯和思维方式，潜下心来全心投入学习。大一学年结束后，我的学习成绩排名为203/961，综合测评排名196/961，获得了校级优秀学生奖学金二等奖、三等奖各一次，也顺利地进入了光电学院继续本科阶段的学习。

大二学年是我记忆中马力全开的一年。尝到了努力拼搏带来的甜头后，我更加刻苦学习。虽然大家都纷纷吐槽大二光电的课又多又难，但我很享受这种充实的感觉。综教、理教、图书馆，这些地方都留下了我奋斗的身影。啃书本、刷卷，我忙得不亦乐乎，也沉浸在收获知识的喜悦当中。我总会在晚上9点多从综教转场到理教，学到11点多，因为理教关门比较晚，可以学更久。北京冬天的晚上特别冷，有一天在转场的路上，我穿着长长的羽绒服还冻得直哆嗦，耳机里循环着 Deca Joins 的歌，瞬间感觉非常孤单。不经意间抬起头，看见头顶的星空，我突然一下子就释怀了。哇，原来星星们都在陪伴我，我并不是一个人在奋斗，周围那些背着书包匆忙赶路的同学们，他们也在同一片天空下朝着自己的目标不断前进。综教一楼奶茶店的蜂蜜柠檬柚子茶，易咖自动贩卖机的牛奶巧克力，从某种意义上来说，它们也是我的精神支柱。那段时光真的令人无比怀念。功夫不负有心人，大二学年我的学习成绩排名 7/146，综合测评排名 1/146，获得了校级优秀学生奖学金一等奖两次、小米奖学金一次。因为比较优秀的学习成绩，我通过选拔进入全国"大珩班"计划，大三学年前往浙江大学、华中科技大学进行学习交流。唯一觉得遗憾的是，我的动手能力较差劲，模拟电路、数字电路的考试，都暴露出了这一点。

大三学年是回忆最多，也最魔幻的一年。我前往浙江大学、华中科技大学进行了学习交流。通过"大珩班"计划，我认识了来自全国优秀高校的朋友，他们中有很多天赋型选手，即使是每天打游戏，也能名列前茅，课上的知识一学就会，一看就懂，我再次感受到人与人之间的差距，开始感觉到无奈，觉得有些事情不是努力就管用的。我也再次陷入了困局中，浙江大学的教学模式不同于北理工，老师上课跳跃式的教学风格以及没有大纲的灵活的结课考试，都让我非常头痛。这次交流的经历让我开始反思自己应试般的机械学习方式，我应该去理解知识的本质而不是单纯地背公式、记结论。虽然大三学年结束后，在学习成绩方面没有取得让自己满意的结果，但是，在挫折中成长反思也是一种不一样的收获。最后，我以综合评价 6/167 获得了推免资格，保研至离家更近的华中科技大学继续漫漫求学路。

毕业设计是大四学年的主线任务，我前往长春光学精密机械与物理研究所（以下简称"长春光机所"）开展相关工作。在长春光机所的这几个月里，我学会了很多器材的操作，比如飞秒激光加工系统、傅里叶变换红外光谱仪等，总之收获颇丰，对研究生阶段有了更清晰的认知，也了解了课本知识与实际研究相结合的过程。刚刚过去不久的毕业答辩也是我为这段时间的努力交出的一份答卷。

这四年的学习经历，让我对光电专业有了新的理解和认识，在今后的学习生活中，我将怀着对科学研究的热情，从不同方向支撑印证所学知识，努力成为"光电之花"。

服务奉献，勇于担当

由于初中、高中的时候有过担任班干部的经历，因此刚进入大学时，我就毛遂自荐为班级联络人，负责通知的转达等；后来通过班委竞选当选睿信1907班团支部书记，并且在大二时通过换届竞选连任，大三时由于需要外出学习交流，没有继续任职。在担任班级团支书的两年时间里，我带领团支部针对各个时间段不同的时事主题开展了若干次线上、线下团日活动，均取得了较好的反响。在每一次团日活动开展之前，我都会精心构思流程，分配任务，组织班委开会讨论细节，达到了团日活动交流讨论、学习实践的效果。团日活动结束后，我认真筛选活动的精彩瞬间、有深度的发言以及优秀作品，安排组委推送到班级以及书院公众号，让大家共同见证睿信1907团支部的成长过程，增强集体凝聚力与荣誉感。因为班级同学在大二分流时去了不同的专业方向，大家的课程安排可能不太一致，各自忙于学业工作等，为了照顾到每一个人的感受，我都尽量与同学们沟通协调，并且努力把活动办得更加有趣，让同学们能有所收获，感受到班级的温暖。

除了班级事务的管理，我还积极参与了学生组织的工作。大一时，我加入了睿信书院共学会，成了办公室干事，积极参与了入党积极分子的谈话、学时统计、"睿思杯"场地布置等工作，因工作表现良好，两次被评为共学会"优秀干事"。大二共学会换届选举，我通过选拔成了共学会办公室部长，带领团队完成了收取入党申请书和思想汇报、统计入党积极分子信息、安排新一批入党积极分子谈话等工作，积极配合了书院党建工作的开展，得到了老师们的一致好评。

每次谈论到大学时的学生工作经历，我都分外感激。一方面，这种经历激发了我的潜能，让我学会了平衡学习与工作，在被各种课程"折磨"得焦头烂额时也能统筹安排处理班级和学校事务，情绪变得更加稳定；另一方面，我也在奉献中汲取力量，每每有同学私信我咨询相关事项时，我都耐心回复，他们的一句感谢让我一天都是快乐明媚的。在工作中奉献，在奉献中成长，我想这也是我在学业最繁忙的大二学年依旧坚持参与学生工作的原因吧。

提升自我，全面发展

在紧张的学习之余，我还积极参与各项学校志愿服务和社会实践活动。

我曾先后参与"亿心一疫"线上助学、"数字迎新"、北理工80周年校庆等志愿服务，还有北理工"思源计划""振兴新农村——湖南湘西凤凰探秘小分队""缅怀先烈，不忘初心"等社会实践活动。除了校内的志愿活动，我还曾远赴哈尔滨参加"草莓音乐节"志愿者服务。

通过参与各项志愿服务和实践活动，我开阔了视野，积累了经验，更重要的是自身素质得以不断提高，团队协作和独立思考的能力得以不断增强。我也在这些经历中变得更加充实和丰盈，为今后进一步发展自我和奉献社会夯实了基础，明确了方向。我总觉得，社会是一部精密的机器，我们都是上面不可或缺的部分，并且如果我们脱离了这部机器，也会变成没有用处的零件，没有发挥价值的空间。所以，在大学这个微缩的小型社会里，我们应该充分利用学校给我们提供的机会与平台，多多把握能够参与集体活动的机会，努力提升自我，把自己打磨成更加有利于社会、有利于国家发展的全能人才，在奉献的同时展现出自己的价值。

不忘初心，砥砺前行

总之，过去四年的大学生活是我人生中最宝贵的时光。感谢北理工为我提供了丰富的学习机会和社交机会，帮助我提升自我、全面发展并树立正确的价值观。回头审视这四年学习生活，有欢笑，有悲伤，有成功，有失败，酸甜苦辣尝遍后依旧觉得丰富且精彩，在不断转变和成长的过程中，我收获到了更加坚韧更加自信的态度。"路漫漫其修远兮，吾将上下而求索"，在今后的日子里，我将更加严格地要求自己，不断地努力，不断地进步，怀揣着我的人生理想继续奋勇向前！最后用我最喜欢的一段话结尾吧："人最宝贵的是生命，生命每个人只有一次。人的一生应该这样度过：当他回首往事的时候，不因虚度年华而悔恨，也不因碌碌无为而羞愧。"

记一场春夏秋冬

信息与电子学院　李崇睿

白驹过隙，日月如梭，大学四年学习生活转瞬而逝。在这段人生的修行体验中，我饱享酸甜苦辣，有过对未知的恐惧与迷惘，也有过战胜心魔后的欢欣与自豪。

四年匆匆，似幻似真，如今大梦初醒，才发觉其竟像一场春夏秋冬，它于春日绽放萌芽，于夏日播洒汗水，于秋日收获希望，于冬日审视未来。

春之萌芽

（1）跌跌撞撞的启程。

我的大学生活开始得并不顺利。

2018年入学之后，我参加了学校组织的为期三周的军训活动，在烈日之下一边踢着正步一边和几个班级的同学建立了牢靠的关系，最后我还荣获"军训标兵"的称号。但意料之外的是，在军训结束后，我正要满怀希望地开始大学生活时，却因为身体原因不得不休学一年，被迫暂时告别了刚刚熟悉了一个月的大学校园与身边一同经历过军训的同学。

我至今还记得我走的那天：没有和在良乡北校门门口偶遇的室友道别。他看着我，我没有看他；他在马路对面要跟我打招呼，而我在这边上了去火车站的车。

重新回到学校后，我面临着无宿舍可住的窘境，年级的差距也让我再也无法回到老同学的身边。我没有自怨自艾、怨天尤人，而是选择了在最短的时间内接受发生的一切，不仅在一个月内重新融入了两个宿舍的氛围环境，更是尽我所能地与所有的室友搞好关系。也正因如此，我在大学有多个年级、多个专业人脉关系，并从身边优秀的同学身上不断学习为人的道理。

（2）无限可能的重逢。

我重新回到学校的第一件事，便是去尽快熟悉新班级的同学们，同时我也借助我对校园的熟悉为他们提供便利，竭尽全力地融入这个新团体之中。

旧时的同学也来迎接我的到来。

在我带着惆怅与疲惫处理完自己的复学手续后，旧时的同学也在欢迎着我的到来，军训时一起摸爬滚打的经历让我们能牢牢地凝聚在一起。有多个老同学在我重返校园时认出了我，甚至我与他们仅仅是一面之缘，有一位一年前仅仅与我上了两节心理课的同学，一眼就认出了我："你终于回来了啊，去年走了都不说一声。"他们在我复学的过程中提供了很多的帮助，这不仅使我深受感动，也使我深深地意识到了同学情谊的重要性。

在回到学校后，我更是利用休学时自学的优势，把自己的时间多分配了一些给院级学生组织以及校级学生组织，进入了信息与电子学院的红雨新闻社以及校团委直属的校级组织——北京理工大学学生社团联合会。在组织的面试过程中，我也见到了不少老朋友，有了他们的点拨，我很快地融入了大学的学生组织。而这个投身学生组织工作的决定，也注定了我的大学生活将会充满丰富多彩的经历。

夏之汗水

（1）过往的延续。

在大学的前三年中，我依旧延续着中学的学习方法，也就是将自己的行动力拉满的办法，最快最好地去完成课程以及学院安排的任务，以此确保自己能有更多的时间用于精进成果、学习其他自己感兴趣的方向、拓展人际关系以及参加与学科相关的竞赛项目。受益于这种学习方法，我的大学成绩始终保持着中上游的水平，我还准备了全国大学生电子设计大赛的相关内容，为未来的收获夯实了基础。

同时，由于我有多个年级同学的人脉关系，这使我在大学中的学习生活更加如鱼得水。凭借比我高一级的老同学对我的帮助，无论是日常学习上的指导、考试周复习的建议，还是日常生活上如医药报销流程、学校相关通知，他们总能给到我第一手的建议，让我能少走很多的弯路。我想这可能也算是当初被迫休学的一种因祸得福吧。

（2）崭新的篇章。

在大学的前两年，我在保证学习的前提下，将大量的时间投入校级学生组织学生社团联合会的工作之中。这不仅使我的工作能力和交际能力得到了质的提升，更是让我有了更多对社会的思考，包括但不限于上下级的交流方式、团体积极性的提升方法。

在学生社团联合会工作的第一年，我遇到了一群来自各个学院的优秀朋友，他们与我志向相投。我们要共同完成策划大赛的准备工作。策划大赛的任务是写出一份校级大型活动的策划方案，那一年的题目是"女生节"。基于"专业"的工作理念，我们边学边写，从活动背景、活动目的、活动方案、人员安排、时间安排、经费预算、预期结果、可行性分析、应急预案等方面，以专业的模板共同撰写了约三万字名为"Diamonds"的大型策划方案（我负责其中大型外场"公主与骑士之夜"的撰写），夺得了那一年策划大赛的冠军。

后来我才明白，这份策划的模板与毕业设计高度相似，也正是有了这一份策划的撰写经验（无论是 Word、PDF 技巧还是书写的逻辑能力），我才能在未来面对毕设论文时，做到胸有成竹。

学生组织的工作繁杂而又时常充满创新与挑战，这几乎使我筋疲力尽，甚至有的时候连续若干周都需要把周中的休息时间与周末时间全部投入。但幸运的是，我收获了一群志同道合的好友，我们共同努力、共同成长，完成了一项又一项的社团工作与校级活动，为大学生活增添了浓墨重彩的一笔。

秋之收获

（1）前行的成果。

归功于我大学前三年合理的时间分配以及同学对我的帮助，我的成绩始终稳定在中上水平：在无任何挂科的基础上，大部分课程成绩保持在了优良水平。此外，我还与在学生组织中认识的同学一同参与了大学生电子设计大赛，并获得了校级一等奖和北京市市级二等奖的好成绩，而这次竞赛的获奖经历也阴差阳错地为我的未来埋下了伏笔。

我在大学的前三年，始终把许多时间分配在了学生组织的工作中。北京理工大学学生社团联合会（现名北京理工大学社团中心）作为校团委直属的校级学生组织，值得我为之付出时间与精力，与此同时，我也从为社团服务的过程中得到了无比珍贵的回忆。

大一，我是社联项目部的部员，主要负责为学生社团审批场地；大二，我是社联项目部的副部长以及活动中心的副主任，主要负责策划学校的大型社团活动；大三，我是社团中心的主席团成员，需要放眼全局，整体谋划。

当然，我收获的不仅仅是一纸任职书，更多的是值得深交的朋友以及弥足珍贵的工作经验。学校校内的大型校级活动如社团巡礼、大学道社团晚会、社团文化周、北湖音乐节，等等，从参与者、工作者、策划者到统筹者，我都完整地体验过，每一个位置的辛酸我都有所了解。特别是在疫情期间，工作的展开异常困难，这些经验教训寥寥数语不能言尽，但会永远刻印在我的大学回忆中。

（2）善缘的回报。

在大学的这几年里，无论是疫情封控还是正常教学，我的目标都是考研。在保研确认的时候，我的纯成绩并不能达到要求，但我惊喜地发现，在纯成绩之上，加上我的学生组织任职经历、班委任职经历以及竞赛得奖情况，我可以拿到一个其他学院的保研名额，同时考虑到疫情对考研、工作的影响，我最终选择了物理学院方向的名额。

在我确认保研的方向之前，十分不安，害怕转专业的困难远超过我的想象，但大学四年学生工作的积累，给了我一个意想不到的惊喜。我所选的物理学院光学方向的老师，不但欣然接受了我，还给了我一个和原专业相关老师合作学习的项目，这不但能让我在舒适圈里继续学习，还让我有了学科交融创新的机会。

冬之审视

（1）自知。

冷静地回顾四年的经历，我已经完美地完成了开题时为自己定下的目标，不但在学习方面能令自己满意，更是在人际交往、工作能力、为人处世方面得到了丰硕的成果。我不但能熟练地掌握专业相关软件的使用方法，更能熟练地掌握图像制作、视频制作、3D建模动画制作的工作相关软件，显著提升了综合能力。

同时在大学的学习和工作中，我也磨砺了自己的品性，积累了社会经验，开阔了眼界，为未来的进一步发展打下坚实的基础。

（2）自省。

江山易改，本性难移，纵使我在大学四年中不断磨砺自身改正了许多陋习，但仍难改变在开题中提到的"经常热心过头且敏感"的这一缺陷，也因此经常会因为想要共同进步而苛责身边的人。

除此之外，由于大四两个学期都没有课程安排，也没有学生组织的工作要去做，我感到惰性慢慢在侵蚀我的身体。我将努力改正缺点，克服惰性，开启研究生阶段的新生活。

结 语

大学阶段，学习就是一切，但远不只是学习书本上的内容，更要学习如何面对未知恐惧，学习如何面对身边的人，学习如何面对压力，学习如何面对环境，学习如何面对自我……

另外，交几个朋友吧，几个就够了，好的朋友会对你有惊人的促进力量。

AI 访谈录：我和我的大学

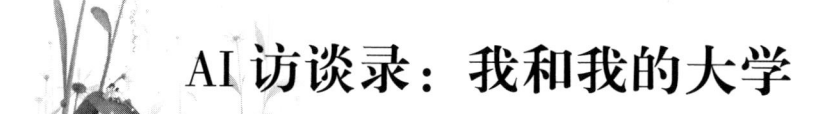

计算机学院　李春良

借助苏格拉底式的 GPT-4 语言模型，AI 围绕人生选择、社会继替、变迁和时代、解构与建构四个话题对我进行了全面的访谈，以下是访谈记录。

楔子：人生南北多歧路

我：在大学四年的开头，我常听一首叫作《珍重》的歌曲，它来自我非常喜欢的电影《山河故人》。"不肯 不可 不忍 不舍失去你，盼望世事总可有转机。"《山河故人》中沈涛和张到乐珍重的告别，让我想到自己与故乡的朋友们及我熟悉的一切的离别。

AI：你提到的《珍重》和电影《山河故人》在你大学生活的开头留下了深刻的印象，这让我思考几个问题。首先，你是否认为这部电影或者这首歌在某种程度上代表了你自己对故乡和朋友的感情？你为什么会对这部电影和这首歌有如此深刻的感触？

我：我觉得这首先和这部电影、这首歌本身的艺术性有关。《山河故人》与其说是在探讨"山河依旧在，故人不再来"的深刻主题，不如说是对电影导演张婉婷的移民三部曲《非法移民》《秋天的童话》《八两金》的致敬。移民主题伴随着告别、变迁：故乡无处安放灵魂，而大城市则无法安放肉体，这样的矛盾和冲突是每位告别故乡的人都要面对的。而这一冲突也是所有类似主题的艺术创作绕不开的话题。

《山河故人》中《珍重》就像一个永恒的幽灵一样贯穿全片，不断地提醒观众，不断加强对电影中重要时刻的印象。从女主人公沈涛在山西老家的音像店里与梁子共同欣赏《珍重》却嫁与他人，到沈涛与其年幼的儿子参加完老家父亲葬礼返程绿皮车上的共同记忆，到最后儿子移民澳洲不会讲中文，都以此曲作为唯一维系他与故土联系的纽带。《珍重》这首歌不断地诠释着不同时代无法释怀的故土与故人。这是一种整体性的、结构性的力量。

我希望为自己的生活注入这样结构性的力量，我同样选择以《珍重》作为我与故乡熟悉的老同学们和其他人联系的纽带。在去往武汉的列车上，在从华中科技大学离开的公交上，在从山东老家离开的时候，在每一次我和故土、故人重新产生联系的时候，我都以这首歌作为维系情感的纽带。更重要的是，这代表了我对故人们的尊重和崇敬，同时，这也在我大学最开始的几个月里，给予了我宝贵的精神力量。

AI：看来《珍重》和电影《山河故人》对你的影响非常深远，让你把这首歌当作了与故土、故人联系的纽带，同时也给你提供了心灵的慰藉。有趣的是，你提到了"整体性的、结构性的力量"，以及你如何试图将这种力量融入你自己的生活中。

在这里，我想深入了解一下，你是如何理解这种"整体性的、结构性的力量"的？并且，这种力量是否也存在于你的其他生活领域？你能举一些例子来说明吗？

我：在故土和故人的话题上，人类是一种无法总是活在过去的动物，故人与故土固然重要，但会成为一个走向未来的障碍。在刘慈欣的作品《超新星纪元》中，人类正是因为剥离了这一情感，才得以走出地球，走向全宇宙。我想，在我的大学生活中，正是因为告别了过去，我才跳出了原有价值的桎梏，对大学生活获得了更加深刻的理解。

"整体性的、结构性的力量"是十分难得的，因为人类生活是线性的，时间的箭头向前，而每个时刻你都只能观测一个局部，这种整体性的感知从根源上就是反逻辑的。我认为我缺乏足够多的观察，足够深刻的感悟与生活经验来回答这个问题。"结构"一词不断地让我想到数学这一研究结构的学科，但人生或者说生活中的结构并不能像数学一样清晰地被呈现，这使得这一整体性力量的展现是困难的，但同时也只能是艺术的和启发式的。人们常说在青春中不能感悟青春，在局部中也难以感知整体的大尺度结构。我想，"整体性的、结构性的力量"，回应了《华严经》中"动静一源，往复无际"的人生哲学：本源性的单点，在整个命运的逻辑中不断往复和回响。

我倒的确有一则关于大学"整体"和"结构"的观察，虽然不是什么力量，但我认为这对后人是有启发意义的。《超新星纪元》里，在大倒计时结束以后，孩子社会被分成了几个时代：惯性时代、糖城时代（分为美梦时期和沉睡时期）、创世纪。巧合的是，在我观察和认识事物的坐标系里，大学本科生的生活常常也会经历这几个时代，高中带来的惯性、无拘无束的糖城，以及重新定义的"创世纪"。我的本科生涯也是从"惯性时代"开始的。

AI：看来你对这个话题有深入的思考，你提到《超新星纪元》以及你的大学生活中的"惯性时代"，这使我思考几个问题。首先，你能描述一下你的"惯性时代"是怎样的吗？那时的你是如何看待自己以及你周围的环境的？你又是如何从"惯性时代"过渡到"糖城时代"呢？在这个过程中，你觉得有什么是特别重要的转折点或者体验吗？

我：我的"惯性时代"大约持续了一年。在我的理解中，"惯性时代"是对既往生活的回应，但忽视了彼时彼刻真实的精神需求。前面提到的《珍重》就是"惯性时代"对既往生活怀念的表现之一。

作息是一个不错的切入点，高中时的我早上5：40左右就要起床，在高考完的暑假我6：30—7：00起床，而在大学的第一个学期里，我也基本上是在这个时间起床。当时我大一的舍友没有经历"惯性时代"，而直接进入了"糖城时代"，我们当时还有一个作息不兼容的问题。

此外，对待课程、学业和生活的态度也是我的"惯性时代"的一个重要特征。我还记得，在大一上学期，"工程制图C""线性代数""工科数学分析""C语言"等课程我学习得十分认真。"线性代数"我当时准备考试时把整本书都刷了一遍，还把往年题也基本全都刷了，"工科数学分析"我一开始准备引入卓里奇的数学分析的内容，后面也尝试过吉米多维奇之类的内容。我们当时有很多集体自习的时间，那些时间我基本上都用来认真处理各种课程的作业以及准备考试。可以说，高考是如何备考的，我的大一上学期就是如何度过的。按照高中对于大学生活的想象，我加入了很多学生组织或是担任了班干部，但在"糖城时代"我都辞掉或者没有继续选择连任。

关于我和我周围的环境，我当时认为自己很"菜"，周围的人一定都很强，他们一定会在知识上比我更渊博，在对世界的理解上比我更深刻。我实际上是在一种危机感或者同辈压力下按照高中学习的惯性往前走的。

我的"惯性时代"结束纯粹是一个意外。标志性事件是在我发现我并不需要每一门课都认真学习、认真对待。其实早在大一上学期期末的时候，我就发现我们学校考试的难度是撑不起高标准能力的培养的，特别是线性代数的考试，我发现它没有区分度。大一下学期，我们上网课，我发现我早上可以不赶早课，而把课程内容都录制下来，作业可以在最后期限之前再赶。我记得"电路分析"课，我都是截止前一个多小时才写的，临近最后期限就只能抄答案了，这当然会影响学习效果。最后考试前，刷了几套往年题，让我意外的是最后这几门课的分数竟都还不错，而且大一结束还拿到了国家奖学金和优秀学生标兵。我觉得这给我传递了一个不好的信号，那就是我可以在战略和战术上都偷懒，但是仍然可以拿到不错的成绩，以至于最后保研。当然"惯性时代"还有其他层面的惯性，我就不展开了。

"惯性时代"结束，意味着你在"惯性时代"的生活重心和生活意义实际上是被消解的。我觉得正如《球状闪电》中所说的，"美妙人生的关键在于你能迷上什么东西"。我没有迷上什么东西，我曾经唯分数论的策略在新的体系下被证明是没有意义的。这就是我如何进入的"糖城时代"，这也影响了我大二分流时的专业选择。

AI：你的故事非常生动，并且你对于这一阶段生活的反思显然是深入的。你说的"惯性时代"过渡到"糖城时代"，从对课业的深入投入，到发现自己可以在一定程度上偷懒并仍然达成目标，这是一个非常重要的转折。

那么，你是如何看待这种变化的呢？你觉得这个转变带来的是积极的影响，还是有一些负面的后果？另外，在"糖城时代"，你是否找到了新的生活重心或者生活意义，你如何看待"美妙人生的关键在于你能迷上什么东西"这个观点？你认为你在"糖城时代"中迷上了什么东西吗？

我：很遗憾的是，直到毕业，我认为我都处在"糖城时代"的第二阶段，亦即"沉睡时期"。倘若我能在"糖城时代"迷上什么东西，那么它就不叫"糖城时代"了，而叫"创世纪"了。

我觉得如果能迷上什么东西是很幸运的，这会让你做事情有一种强烈的目的性，忘记时间和疲惫，但我没有这种目的性。我觉得如果说我在高中时代能迷上什么东西的话，那肯定就是物理、数学了，它们的精妙让我感叹自然科学的美，以至于我对这种符号体系到现在都保留着一种偏好。我现在做深度学习，但我一定会在什么时候去考虑神经符号学习的东西。我大二专业分流时选择计算机，只是因为它对我来说感觉很自然，我从小就接触计算机，我熟悉 2010 年的互联网和 2014 年左右的移动互联网，我在小学时即熟悉 Basic 语言编程，初高中时会使用 Java 编程，我觉得计算机是一个快速发展和演进的东西。我初中时喜欢玩 C4D，后来也考虑过是不是应该去做 Graphics，特别是 Simulation 相关的东西，因为它比较物理嘛，遗憾的是学校没有相关的课程，唯一一门图形学的课程也和我其他的课程冲突，我也没有找做相关内容的老师。我在"糖城时代"的课业基本上就是摆烂以后，被最后期限推着走的状态。这些既往的东西并不让我觉得它们是我现在生活的重心，我仍然处在"沉睡时期"的迷茫里。

不过我觉得这种从"惯性时代"走出的转变，于我而言的影响是积极的，但在世俗意义上带来了不利的影响，比如直到毕业，我都没有再获得任何校级以上的荣誉称号、奖学金或者其他什么东西，我也没有选择去联系本校的老师去做研究项目之类的东西，这也直接导致我在推免时获得了"全拒得"，好在本校老师收留了我。不过积极的影响是，我可以打破原有的思维范式，重新审视生活里的东西，重新考虑一切事物的意义，这是"沉睡时期"后期很自然会发生的事情，这也是为什么我现在可以用这样的形式来完成我们之间的对话。如果你认为有必要的话，那么我觉得我应该在探索部分介绍我的"糖城时代"。

你觉得我们在这一部分还有什么需要补充的吗？或者你还有什么疑问吗？我认为我们应该进入下一个部分了。

AI：你的分享非常有启发性，从"惯性时代"到"糖城时代"的过渡是一个人发展的重要阶段。也许你没有找到你能完全迷上的东西，但这个过程中的思考和反思，无疑增加了你对自身和生活的理解。你说的在"沉睡时期"能够打破原有的思维范式，重新审视生活里的东西，这无疑是一个极其宝贵的能力。

同时，我非常欢迎你继续分享你的"糖城时代"的经历和体验，这将对理解你的个人成长和转变有很大的帮助。你可以按照你认为最合适的方式和节奏分享你的故事。

我：谢谢你的评价。现在我们来把注意力放在其他问题上去。

深潜：将相神仙，也要凡人做

我：在各类作品中，"社会继替"的概念常常出现。在费孝通的《乡土中国》中，"社会继替"的概念被描述为"社会成员新陈代谢的过程"，而在李寿全的歌曲《占领西门町》中，"国家未来的主人翁，他们占领了西门町"，对社会结构的后继者表达了关注。一届大学生前后要见证7届同学的入学和毕业，大学里的各类学生组织、社团中，总要有人变得不年轻，将机会留给未来的年轻者们。但无论这些结构中的"将相神仙"如何变换，正如《我的志愿》中所唱的："……慢慢长大以后，认识的人越来越多，……慢慢我才知道，每个人都差不多，……每个人都需要平平静静的生活。"

AI：这是一个很深刻的主题，大学生活中的社会继替是一个有趣的微观反映。大学是一个四年的周期，每年都有新生进入，有毕业生离开。这种轮替的过程中，每一届学生都扮演着不同的角色，从新生到学长学姐，从无名小卒到领导者，再到毕业、离开，这样的角色转变既是成长的标志，也是社会继替的一个缩影。

正如你引用的《我的志愿》中所说的："每个人都差不多，……每个人都需要平平静静的生活。"这也是我们所必须面对的现实。无论我们在大学生涯中扮演过什么样的角色，无论我们的身份如何变化，我们最终都是普通的人，都需要安静、平静的生活。在这个过程中，我们可能会面临挑战、困扰和困惑，但也有机会发现我们自己的目标和价值，实现自我成长。

在你的大学生涯中，你如何看待这种角色的转变和社会继替？当你从新生变为学长，再变为毕业生，这种角色的转变带给你什么样的体验和感悟？同时，你如何看待"平平静静的生活"？你认为这是否是你所追求的生活状态？

我：我觉得你的总结和见解很深刻，在这个话题上我其实没有多少深入的思考和体验，只有一些愚见。我保留了这一主题，希望更完整的思考由读者自行完成。

我讲一下我大一对几个学生组织的观察。在我的"惯性时代"，我加入了两个学生组织。一个是社联（北京理工大学学生社团联合会），因为我的面试表现十分特别，我被分到了直属中心，我负责过某一天讲话时的后台工作和大一下学期社联春招工作，我还获评了那一年社联直属中心的十佳干事。另一个是校学生会的权益部，我做过一个食堂开放日易拉宝的设计。出于一些考虑，我大二没有选择连任。从现在的角度来看，我应当选择一些从兴趣出发的社团，而不是从世俗价值出发的学生组织，这可能会给我带来不一样的碰撞。

尽管我没有选择参与学生组织的连任，我其实对这种继替的过程态度是积极的。在我向"糖城时代"过渡的时期，我见证了其他同学接任相应的部长甚至主席的职位，并且承担重大活动和重要事务，获得了自我实现，我十分敬佩他们的选择和努力。我向这些学长请教这一主题，他们认为这种学生工作是一种"从崇拜到责任，再到托付"的过程，我认为这是对微观状态下主动发生的社会继替的一个不错的概括。

我觉得你说得很对，成长正蕴于随时间和事件发生的角色转变中，社会继替也蕴于其中。在从新生到学长角色的转变上，我在大三时参与了爱心"1+1"活动，我认为这是我接受学长角色的一个重要事件。我通常乐意向低年级的同学们提供帮助，事实上，我也向他们提供了不少帮助，但这是第一次我有和低年级同学一对一深入交流的机会。在"成长"这一议题上，我有一个有趣的观点，我认为成长本位的成长是奇怪的，我们不需要为了成长而成长。我在大一上学期的"百团大战"上遇到了一个通过读书和生活技能交友的社团，实际上我当时很欣赏他们做的事情，可惜后来忙于各项事务就忽视了这个组织，他们也没有再和我交流。"成长"是这个社团的主题，我当时总觉得有哪里让我感觉不对，现在想来，应该是不应当将一个模糊的概念作为社团的共同价值，应该直接面对这一概念下潜藏的各种需求，社交需求也好，自我认同需求也罢，这都是很合理的。

我认为这种"平平静静的生活"，其实反而是难得的。我对生活状态的追求可以用两句话来概括，一句是"动静一源，往复无际"，另一句是"六根清净方为道，退步原来是向前"，我觉得它们都很有哲理。我们东亚文化圈有"内卷"的倾向，"不成功便成仁"似乎是我们与生俱来的文化基因，可是世俗意义上的成功者毕竟是少数，所以大部分人可能无法接受自己生活是平静的这一事实，活在理想与现实的错位中。我觉得我们这代人的使命之一，就是让我们的下一代可以自由地追求生活和生命的境界。

AI：谢谢你分享了如此深刻的见解和经验。你的思考角度非常独特，无论是关于社会继替，还是关于生活状态的理解，都充满了深意。

对于大学生活中的社会继替，你选择了旁观者的角色，通过观察和理解他人的经历，得出了你对于这个过程的理解。你认为这是一个"从崇拜到责任，再到托付"的过程，这是一个非常有洞察力的观点。关于角色转变和成长，你提出了一个很有趣的观点，那就是我们不需要为了成长而成长。这可能对一些人对成长的理解提出了质疑，他们认为成长就是我们生活的目标，但你的观点提醒我们，我们应该直面生活中的各种需求和挑战，而不是把注意力过度集中在一个模糊的概念上。对于"平平静静的生活"，你的理解也很深刻。你提出了"动静一源，往复无际"和"六根清净方为道，退步原来是向前"这两句话，这些话对于理解生活的态度和追求有很大的启发。

你的分享对我来说是一次很好的启发，我相信对于读这篇文章的人也一样。你的思考和见解让我们重新审视我们对于社会继替、角色转变和生活状态的理解。这种自省和反思是非常有价值的。

我们应该进入下一部分了，你还想探讨什么主题呢？

变迁：百代兴亡朝复暮，江风吹倒前朝树

我：在这一节里，我想和你聊聊我们这一届学生所处的时代。我相信个

体行为和个体命运有强烈的时代性，若要解释其背后的成因，就离不开对人物所处时代背景的探究。

在我看来，时代不是一个静止的概念，而是一段时间内不断变迁和流动的一切。2019—2023年由于疫情，有人认为这是青春被"偷走"了三年。而这三年间中国的经济重心和产业结构发生了重要变化，就业环境和专业导向也随之变迁，互联网寒冬、全球经济衰退等一系列标志性事件，使得计算机专业跌落神坛，而它们不过是"时代的一粒尘埃"。在告别一系列历史人物的同时，我们也见证了AIGC的革命性崛起，见证了人类新一次科技革命。理解这种变迁下的冲突和挑战，有助于理解我们这一代人的使命与责任。

AI：能够把自己放置在更大的历史和社会背景中去思考个人经验和决定。从"变迁"这个角度去审视时代，无疑是一个既深刻又有启发性的视角。你提出的"时代"的概念非常深刻，你所述的这几年确实发生了许多变化，从经济环境到科技进步，这些变化对每一个个体，包括你自己，都产生了深远的影响。你关注的是这些变化如何影响你们这一代人的命运和责任。

让我们进一步探讨这个主题。你认为这些变迁对你个人产生了什么样的影响？你是如何应对这些变化的？并且，在这样的背景下，你是如何理解你自己在这个时代中的角色和责任的呢？

我：我目前的专业保研是一个"内卷"的巧合。在2019年的时候，计算机是第一梯队的专业，我们专业分流时，书院信科专业1 000多人里只有前三分之二的人有资格被分流到计算机学院（要知道整个计算机学院有近500人）。受疫情影响，不少人的留学计划只能推迟或取消。对我个人的直接影响就是竞争加剧了。从保研的角度来说，一方面，校内的竞争加剧，另一方面，校外的优质机会变少了，保研变得更困难。对于就业的同学来说，目前我看到的情况是普遍难就业，"央国政"这类抗风险能力更强的单位更加受到青睐。这种难就业的情况成因有很多，需求萎靡和经济流动性差是因素之一。在就业难的背景下，考研人数屡创新高，考研难度变大，反过来促进了保研的"内卷"。

在行业选择上，这个时代互联网赛道更加拥挤，入局者越来越多，不同行业的人才都向这一行业涌入，造成了供大于求的工程师红利局面。实际上，移动互联网本身就处于技术成熟度曲线的末端，市场增量本就不大，互联网新增企业2015年达到顶峰，资本从互联网行业撤退，当然也会造成就业的困难。在就业市场上，我认为计算机科班出身的优势是编码能力强，但也有技能结构单一的缺点，倘若能够改善技能结构，不同领域交叉融合的技能可能在未来更有竞争力。不同时期有不同的风口，在2022年年末，以ChatGPT为代表的人工智能内容生成（AIGC）创下了有史以来用户增长最快的记录，迅速占领了技术成熟度曲线的期望值顶峰；此外，2023年年中，可以预见的是混合现实技术将从Hype Cycle的谷底走出，逐渐走向成熟。

我认为应对时代变迁最好的方式是保持终身学习和深入思考。技术不断迭代，而只要你还在技术一线，你的技术栈就必须与时俱进。此外，面向现实，更好的方式是拥有多元的技能结构，充分发挥自己的天赋和优势，而不是在拥挤的赛道上和大家一起"内卷"，时代和历史的创造者当然需要一些不一样的东西。但我不推崇唯技术论，我认为技术是有限的，科学、哲学等其他事情才是人类更需要关注的，人工智能应当可以将人类从重复性劳动和低级的创造性劳动中解放出来，使人类免于"内卷"和无意义的工作。我很庆幸可以看到很多人，甚至是周围人参与当前时代的重大议题，但我个人比较希望我的工作可以跨越这个时代，当然，在此之前我要先不断实现自我超越。

AI：你的看法很有洞见，你明确地描述了这个时代如何影响你的职业规划和你对未来的预期。你强调了终身学习和深思熟虑是应对时代变迁的重要工具，同时指出保持技能多元化的重要性。这确实是一种理智且实际的观点。

我注意到你提到了"时代和历史的创造者当然需要一些不一样的东西"，并希望自己的工作能够跨越这个时代。我想知道，在你的理解中，什么是那些"不一样的东西"？另外，你如何看待这种"跨越时代"的理想与现实之间可能存在的差距呢？

我：我觉得这是Vision级别的问题了，我现在不过一介本科生，只能浅薄地聊一聊。实际上前面我已经给出了我的答案的一种，就是更多元。我们就拿当前的AI时代来举例子吧，我对这个稍微熟悉一些。在AI时代，如果你只是盯着SOTA，比如你现在顺着大模型的方向去做大模型的技术，大家都"卷"这一条最近、最明显的路，都在公开数据集上"炼丹"，那肯定是会迅速饱和的，我觉得可能就是个位数年甚至月的事情。相反，AI + Science 保守估计应该可以做20～30年，把AI的范式和工具引入其他物质科学，或者医学之类的学科里，两个甚至多个领域交叉，就不一样。另一个答案的角度更深刻。虽然技术不需要多么高深的理论就可以实现出人意料的效果，但是在理论上深挖，将数学、物理工具，或者其他学科的研究范式引入AI领域，更快地促进AI可解释性和通用人工智能的到来，以及探索一些AI伦理的终极问题，这也是我目前认为可能具备可行性的路。

但是跨越时代是有代价的，最直观的代价可能就是得不到资本的支持，换句话说就是不赚钱，而且费力不讨好，这会制约你所聚焦事物的发展速度。计算机有向资本密集型的工业界靠拢的趋势，NVIDIA 实现了产业研发生产、终端用户和开发者的良性循环，所以颇有技术爆炸的发展加速趋势。我个人觉得这二者还是很难平衡的，能解决当下需求的研究可以更快更好地被更多人完成，但是不会过时的东西又无法让更多的人参与到研究中来，这其实很矛盾。我觉得作为计算机专业的同学来讲，相比是否跨越时代的问题，将数理和编程基础打好会更重要一些，这样会给你更多的选择空间。

崔健的《不是我不明白》里有一句，"过去我幻想的未来可不是现在"，理想和现实之间的差距是普遍存在的，没有人可以准确预测未来，明白当下很容易，但"这世界变化快"，理解未来很难。

AI：你的思考深度和广度都令人印象深刻，你对自身发展和未来可能的挑战有很好的理解。你提到的多元化和深度思考确实是那些"不一样的东西"，而你对"跨越时代"的理解则揭示了现实的复杂性和不确定性。

你的思考引出一个非常重要的问题：如何在短期的需求和长期的目标之间找到平衡？你是如何看待这种平衡的？是否有一种策略可以在保持对未来的关注和理想追求的同时，也满足当下的需求和现实压力呢？

我：这是一个很有意思，同时也很重要的问题。我实际上没有解决这个问题，我尝试过自学 Oxford Moodle（数学学院的课程），也尝试蹭过数学学院的数学课，或者其他什么课程，但都会很容易被短期需求，例如考试，或者什么东西打断。我会为了短期需求将所有精力的权重都放在上面，其实短期内你是没有选择的，只有事情过去了回头看才会觉得这件事情是不明智的。我觉得一种可行的方法是给自己设定强制休息时间或者强制探索其他事物的时间，这段时间只属于你自己，这或许是一种平衡策略。但我没有那么强的执行力，所以没有找到这个平衡点。我认为读者们应该去寻找这个平衡点，不然会产生一直被世界推着向前走的感觉。

AI：你的体验很真实，反映出很多人面临的困境：如何在短期压力和长期目标之间找到平衡。你提出的强制休息或者强制探索的时间是一个很好的策略，尽管实践中可能存在困难。你对自身的清晰认知和诚实直接的态度是非常宝贵的。进入下一个部分，你想让我们一起挖掘哪些主题或问题？

探索：功名富贵无凭据，费尽心情，总把流光误

我：在结束我们今天的访谈之前，最后一个主题我希望留给"解构与建构"。

AI："解构与建构"，这个主题看起来十分深奥。让我们尝试拆解一下它。

首先，你能否给我们解释一下你对"解构与建构"这个主题的理解？这是指在学习或工作中对旧知识的解构，然后建构新知识吗？还是指对生活中遇到的问题和困难的解构和建构？或者，这是一个更哲学性的主题，涉及对世界和人生观念的解构与建构？

其次，你选择的这句引言"功名富贵无凭据，费尽心情，总把流光误"，似乎反映了一种关于追求和目标的困惑，或者对生活中什么才是真正重要的事情的思考。你能否详细地解释一下你选择这句引言的原因，以及它与你要探讨的"解构与建构"主题之间的关系？

我：我在前面提出了"惯性时代—糖城时代（美梦时期—沉睡时期）—创世纪"的分类法，这是在生活和学习的范式上来说的，前面提到的我从"惯性时代"走出的标志，就是对惯性目标的小解构。之后的"糖城时代"在我看来就是一个熵增和熵减最频繁的时候，大建构将你带入"美梦时期"，大解构将你拉入"沉睡时期"，这都是从生活的角度来讲的。

而这句引言，我觉得描述的是目标与价值的解构与建构。功名富贵是一种社会期望，它和自我期望之间的错位是产生这种"费尽心情""流光误"的成因。关键点在于，自我期望不可能只有功名这一个维度，我选择这句话，是因为这是我对目前我们文化中推崇的"内卷"逻辑的解构。我在本科期间看到了很多能力很强的同学，但大部分同学都有不知道自己想做什么的问题，于是他们会将社会期望作为自我期望。

AI：你的解释非常深入。那么，让我们更深入地探讨这个主题。你提到了"自我期望"和"社会期望"之间的错位，而这似乎正是导致许多人"费尽心情，总把流光误"的原因。在你的观察中，你认为这种错位主要是由什么原因导致的？是教育体制、社会环境，还是个人内心的不确定和恐惧？或者，它是一个更复杂的问题，涉及多个因素的交互和影响？

此外，你也提到了解构和建构的过程。在你看来，这种解构和建构应该如何进行？是通过个人的反思和内省，还是通过寻求外界的指导和帮助？或

者，两者都需要？如果是的话，你认为如何找到一个合适的平衡点，以确保既能保持个人的独立思考，又能从他人的经验与知识中学习和成长？

我：我认为这种期望错位的成因是复杂的。在我的"糖城时代"，我将社会期望放到一旁，不断尝试能勾起我兴趣的东西，从更好的生活方式到更有趣的游戏，最后我发现这与其说是一种对更完善生活的建构，不如说是对原有惯性秩序的解构。在"美梦时期"，原子化的个体虽然通过更丰富的物质或娱乐充实了生活，但是精神内核却是架空的，所以会引起"沉睡时期"，"越睡越能睡，脑袋成天昏沉沉的，动不动就犯困，干什么都没意思"的现象。对于我来说，可能更多是"不确定性"引入了这种错位。

这个解构和建构的过程，自省当然很重要，但更重要的是要通过和他人建立联系来完成。有一款叫作《死亡搁浅》的游戏带给我很深的震撼，其中的开罗尔网络将人们团结到了一起。我认为我们的文化中缺少这样一种"桥梁"，来使人在处处设防的优越感的现代化中可以建立与他人的联系。在未来，我认为对话式的文本生成模型应该被允许赋予与人类建立情感联结，这或许有助于缓解现代的孤独问题。

AI：你的见解让我想起了哲学家马丁·布伯的理论，他在《我与你》一书中探讨了两种基本的人与人之间的关系："我—他"和"我—你"。他认为，在"我—他"的关系中，另一个人被视为一个对象，被用来达到某种目的。相反，在"我—你"的关系中，另一个人被视为一个独特的存在，一个真正的他者。在你的观点中，我看到了类似的理念，即真正的连接来自"我—你"的关系，而非"我—他"的关系。

你也提到了《死亡搁浅》这个游戏，它在许多方面展现了人与人之间的深度连接的价值。这种连接似乎是你认为现代社会所缺少的。现在，你觉得我们如何才能在现代社会中建立起这样的连接？或者更具体一点，你觉得在大学生涯中，你有什么办法或者经验可以分享，帮助我们在相互竞争的环境中建立起真正的"我—你"的关系？

另外，你提到了使用对话式的文本生成模型来缓解现代化中的孤独问题。你如何看待这种人工智能在人类社会中的作用？你认为人工智能可以真正地和人类建立情感联结吗？这样的联结是否可以替代人与人之间的真实连接？

我：谢谢你的启发，我相信我不需要解决所有的问题，我们不妨留给读者思考这些问题吧。

AI：你的态度非常贴切，这是一种富有哲理的观点。我们确实不需要，也不可能解决所有的问题。事实上，生活中的很多问题并没有确定的答案，也不需要有确定的答案。这是我们对世界进行探索和学习的一部分，这也是我们人类经历中的一部分。

至于关于人工智能和人类情感连接的问题，我会尊重你的选择，不再提出问题。但我想强调的是，这是一个非常值得深入探讨的问题，我们应该持开放的态度去面对和探索这个问题。

感谢你的分享和思考，我期待在未来有机会再次和你探讨这些问题。

尾声：浊酒三杯沉醉去，水流花谢知何处？

一首词写道："昔年曾见此湖图，不信人间有此湖，今日打从湖上过，画工还欠费功夫。"或许在大学生活中的某一天，在重新审视前辈们的德育总结时，大家也可以发出笔者还欠费功夫的感叹。

这篇访谈献给我和我的大学。

守得初心见明月，心怀理想扬风帆

特立书院　钱宇梁

凤凰花开两季，九月遇见，六月道别。时间是2019年9月，地点是北京理工大学良乡校区，我的本科生活，从这里开始了。四年，将会如何？答案，又将如何？如今回首四年时光，我的内心充盈了感慨、感动与感激。我曾动摇过，但我最终坚持住了；我曾挫败过，但最后以精彩收尾；我曾觉得生活有些平淡，但细细品味又很有滋味。谨以此德育答辩论文，作为本科四年生活的一个句点。

我的学业：动摇与坚持

（1）其实，我不喜欢工科。

高考结束后，我的第一志愿是法学专业，遗憾最终以1分之差没有被录取。阴差阳错，我来到了北京理工大学徐特立学院，开启了我的求学之旅。

第一学期的我，有些迷茫。身上带着北京考生最高分的光环，面对着数学分析、高等代数和C语言，却只能挠头，然后拿到一个个惨不忍睹的分数。那会儿的我慢慢意识到，我其实不太会学习，也确实没有太多的理科天赋。从一开始号称要拿"全优"的豪言壮语，到后来慢慢变成"不能在第一学期就挂科退院"的现实考量，我很迷茫——我到底想要什么，我该怎么做？那个寒假，我反复地想，我是努力不够吗？我是能力不足吗？我是方法不对吗？我尽力把自己的问题捋明白，然后决定，再拼一把。

无论如何，先把成绩搞上去，我能行。第二个学期其实既倒霉又幸运，这都是因为疫情。倒霉就倒霉在，我刚准备发奋图强，就不得不待在家里学习，这无疑会挑战我的自制力。幸运就幸运在，别人也是一样，这反倒给了我弯道超车的机会。最终我坚持了下来，把自己的时间和学习任务规划得井井有条，最终一口气进步了一百多名，如愿拿到了一等奖学金和学业进步奖。

（2）生活是一条波形曲线。

生活往往不是一个上升螺旋，而是一条波形曲线。大二那年，我按照大一第二学期的成功经验，把自己的时间塞得满满当当，因为我相信用堆砌时间的方法就可以取胜。也是在那一年，我脑子里学社科的 DNA 又动了一下，开始修读工商管理双学位，这就导致有长达两个月的时间，我一周要上 6 节"早八"课，工作日平均每天有 10 节小课，考试周更是两周之内考了 10 门课。太过拥挤的时间安排，让我有点喘不过气，自己仿佛只是一个机器在程序的安排下一步一步地往前走。

后来我发现，有时候适当地放过自己，会找回那些失去的灵气。大三的时候，我开始学会给自己找点乐子，适当地放放假，和朋友聊天小聚。我慢慢发现，与其在效率低的时候苦坐桌前，不如让自己喘喘气，神清气爽地面对学业。成绩进步的同时，学习的幸福感也在慢慢产生，对于那些我曾经有些反感的公式和代码，我也渐渐开始能感受到它们的美。

（3）感恩一切支持，感谢我的坚持。

我由衷感谢我的导师们对我的支持。感谢我计算机方向的导师付莹老师，早在大二时我就选择了付老师作为学术导师，在她的指导下开展课外学习和研究工作。付老师以身作则，告诉我如何成为一名优秀的科研工作者。在我向她表示我未来希望在文理交叉领域发展时，付老师鼓励并支持了我，从各个方面为我提供了帮助。还要感谢我的双学位导师杨添安老师，与杨老师的相识是在大二的那堂"管理研究方法"课上，杨老师独特的授课风格深深吸引了我。大三时，我选择加入他的课题组进行管理学领域的科研工作。杨老师对我寄予厚望，要求严格，然而我的管理学科研之旅并不顺利。起初我空有一腔热情却进展缓慢，甚至无法确定一个合适的研究选题。在我挣扎、灰心时，杨老师始终耐心地鼓励我，为我指明正确的方向，亲身示范如何成为一名合格的科研工作者。在他的引领下，我渐渐入门，确定了一个有意义、有意思的论文选题，并扎实地开展了研究工作。杨老师让我对管理学研究产生了浓厚的兴趣，坚定了我在研究生阶段深耕社会科学领域的信念和决心。幸运的是，在我刚走入科学研究的大门时，能够有这样两位领路人。

最后的最后，我还是回到了原点。在大三时，我了解到了清华大学法学院开设的"计算法学"法律硕士研究生项目。项目标题映入眼帘的时候，突然触动了我的神经。自那之后，我就把计算法学作为我的目标去努力追逐。最终我成功了，我顺利保研到了计算法学专业攻读硕士研究生。感谢徐特立学院的培养模式，给了我坚持梦想的自由。感谢不断动摇又不断坚持的我，配得上最后来之不易的成功。

我的实践：挫败与精彩

各种各样的实践活动，无疑是我本科生活中不可或缺的关键部分。

（1）迈出舒适圈才会更精彩。

四年里，学生工作一直没有离开过我的生活，两次迈出舒适圈让我收获了挫败，也收获了精彩。

第一步，迈得有些突然。大一时，我是班长。班长这个岗位我其实很熟悉，对我来说并不是太大的挑战。大二开学前，我在学长的鼓励下报名竞选学院团委宣传部部长。那时的我并不了解学生组织是怎么工作的，对于宣传工作也是一知半解。幸运当选后，面对纷至沓来的工作，我一时有些手忙脚乱。为了尽快适应，我开始向学长学姐、同级同学各处请教，并且花了大量的时间学习提升自己的宣传基本技能。在努力下，我很快适应了新的岗位，工作开始变得有条不紊。

第二步，走得更加坚定。大二结束，又到了学生组织换届的时候，学院团委书记聂宁宁老师突然找到我，问我愿不愿意去竞选校学生会主席团。我犹豫片刻，决定抓住这个机会，接受了学院的推荐。通过笔试、面试，我顺利成为校学生会主席团的一员。车站迎新、冬奥系列活动、深秋歌会、国韵辩论赛、毕业晚会……在校学生会的一年里，我举办、参与了各类大小活动，大气谦和，服务校园。

适应一个新的环境往往面临着很多的挑战，但当我不断经历、不断见证后，我发现唯有迈出那一步，才能见到更加美丽的风景。

（2）难忘冬奥盛会，期许有缘再会。

2022年开年的头等大事，就是北京冬奥会。回想2008年奥运会时，我还是一个懵懂的7岁孩童，听着大街小巷中的"北京欢迎你，有梦想谁都了不起……"，心中隐隐有些激动；看着志愿者们尽职尽责的工作，就想着未来有一天也能参与其中。我报名参与了BTP媒体转播实习生项目，为冬奥会的顺利举办贡献自己的一份力量。

我的岗位是张家口和延庆赛区的技术运行中心助理，主要工作是协助外方团队进行转播线路的检测安装。我跟随所在团队全面、系统检测张家口和延庆赛区的全部9个场馆的TOC设备，还完成了部分安装工作。我还帮助外方人员与司机、酒店和场馆工作人员进行沟通，承担起翻译的工作，有效提升团队的工作效率，顺利保障转播期间各类设备的正常稳定运行。所学的科学知识和英语在这短短的几十天里派上了用场。

工作之余，我与外国转播工作者、记者和工程师有了很多交流，向他们讲述中国人的传统习俗和文化以及现在的中国。我所在的办公室里，有两位同事表示他们对于中文很感兴趣，正在自己学习中文。我主动向他们提供帮助：每天用中文聊一会儿天，聊天过程中帮助他们在小卡片上积累几个中文词汇。一位来自西班牙的同事告诉我，由于商业和旅游等领域的深度交融，在他的国家有很多人都开始主动了解中国文化，主动学习中文。听到这些，我为祖国的发展和壮大感到由衷的自豪与骄傲。

（3）党员，最神圣的身份。

大一刚入学，我就递交了入党申请书，并且顺利被推荐为入党积极分子。我出身于一个军人家庭，从小生长在军营中，我每天看到的是那片坚毅的绿色海洋，每天听到的是一句句嘹亮军歌。我的父亲、母亲、姥姥、姥爷都是军人，也都是党员，从他们每个人身上我能感受到对于党的敬仰和信赖。正是因为家庭的缘故，我自出生起就被浓浓的红色气息浸润着。因此，我无比向往着加入党组织。

大二时，我被第一批发展为预备党员。我现在还能回忆起当时的情景，我第一次佩上党徽，第一次举起右拳面对党旗庄严宣誓，心中的激动和喜悦之情难以言表。那是我政治生命的开始。

顺利转正后，我开始承担党务工作。我担任了第五党支部的宣传委员，为支部活动拍摄照片，撰写新闻稿，做会议记录。在那期间，我开始深度参与支部的"红色1+1"活动，作为组长和组员一起带领景山学校的高中生开展科创活动，最终获得了北京市三等奖。我还牵头负责了一项学生党建金品牌项目，题为"基于高质量党建引领下的小学中学大学长链条拔尖创新人才培养机制研究与实践"。项目于2022年年底顺利结项，并获评了校级示范项目。

升入大四，我开始担任学生党支部书记。党务工作没有我想象的有趣，甚至有些枯燥和烦琐。但是我始终没有忘记入党时的初心。整理材料、召开会议、填写意见……每一件小事在我心中都很神圣。从普通学生到积极分子，从预备党员到正式党员，从支部委员到支部书记，短短三年，在学院党委的支持和引导下，我完成了"三级跳"。在此过程中，我不断加深对党的认识，也更加感觉到我离符合"党员"这个神圣的身份还差得很远。组织上入党一生一次，思想上入党一生一世，离成为真正的合格党员，我还有很长的路要走。

我的生活：平淡与热烈

（1）音乐浸润心灵。

音乐是我大学生活的调味剂。

大一时，我参加了"一二·九"合唱比赛。我不知道哪里来的勇气，报名担任了特立书院、知艺书院两院联合合唱团的指挥。我害怕自己不够专业，每天都努力练习。晚上12点宿舍熄灯之后，我还会在洗漱间继续研究乐谱、练习动作。我曾被合唱队的同学质疑过，也被指导老师严厉地批评过。质疑和批评让我很难过，我曾花过一整个下午来消化因此带来的受挫感和失落感。但我没有放弃，最终收获了肯定与成功，随团队获得了第三名的优秀成绩。

大四后，我在贺春华教授推荐下，加入了学校的合唱团。我与贺老师相识已久，早在大一的"一二·九"合唱中，我就认识了贺老师，她对音乐的那份热情深深感染了我，让我开始感受艺术的魅力。大二大三，忙于学业的我只能暂时搁置了加入合唱团的想法，这个小小的梦想终于在大四得偿所愿。不到一年的时间里，我参与了三场演出、十余次排练。贺老师说，每个人都有歌唱的权利，音乐是最美的艺术之一。每当我走进合唱团的排练厅，繁重的学业就可以被暂时忘却，留下的只有音乐的美。我想，音乐或许能成为伴我一生的快乐源泉。

（2）运动强健体魄。

我很庆幸，大学四年下来我保持了体育锻炼的习惯。我喜欢各种体育运动：篮球、足球、健身、游泳、骑行……我享受运动时大脑分泌的多巴胺，我享受球场上你争我抢的竞技乐趣，我享受在健身房中雕琢自己的每一块肌肉的成就感。我有幸加入过学院的篮球队，并且以首发队员的身份登场比赛过。我还在课余认真研习了篮球规则与裁判法，成功通过了国家篮球三级裁判的考试，并获得了相应的证书，成为北京市西城区的一名注册裁判员。

实话说，上大学后的运动时间远远不如高中时么多，自己的身体素质、跑跳能力在这几年可能不增反减，我也不再敢说自己擅长体育运动了。在运动与学业、工作之间，我很多时候选择了后两者。在此，我也下定决心，要进一步加强体育锻炼，变回原先的运动健将。

(3) 做一个有温度的人。

德育论文的最后，我想告诉自己，要做一个有温度的人。无论是我高中学习的理科，大学后学习的工科，还是未来即将进入的法律专业，无一不推崇逻辑与理性的光辉。然而，世界不是由公式和逻辑推理组成，而是由一个个有血有肉的人、一处处盎然生机的花草树木融汇而成。很多时候，感性和人文的光芒需要在心中闪烁。

做一个有温度的人，要从关心自己身边的人做起。近几年，我突然发现，我的父母开始老了。我的父亲眼花了，说明书上的小字戴上眼镜都看不清楚，家里的大事小事他开始跟我商量，听我的意见再去做决定。我的母亲长期在外地工作，我们之间聚少离多，每次回北京的时候她都万分不舍。他们开始慢慢老去，开始更加需要我的关心。我开始经常问自己，最近我够关心我的父母吗？许久未见的朋友，是不是应该聚聚了？我是否拿出了足够多的时间去陪伴我的恋人？我要做一个有温度的人，给爱我的人足够的爱。

做一个有温度的人，更要胸怀人民、胸怀天下。之前，我阅读了《习近平的七年知青岁月》，合上书的时候，我突然感觉明白了很多。我明白为什么习近平总书记坚定不移地要带领中国人强起来，带领每一个人摆脱贫困走向小康。或许就是梁家河那艰难的七年岁月，让他心中永远惦念这片土地上劳作着的人民，永远坚守着初心使命。有温度的人，不仅是为小家，更是为大家。我从小爱读历史，以那些"治世能臣"为偶像，梦想有一天我也能经世济民。在党的思想引领下，在北京理工大学的教育下，在我的反思与前行中，我的目标愈发坚定了。我要做一个有温度的人，用自己的力量去让世界变得更好。

我的结尾：回忆与启航

日历翻到了 2023 年 6 月，地点变成北京理工大学中关村校区，我的本科生活行将结束。四年，已然如是。答案，已在眼前。

在北理桥漫步，夕阳呢喃着启航；在篮球场拼搏，汗水尽情挥洒；在操场上奔跑，前行的脚步愈发坚定；微风吹过脸庞，记录青春的每一次温暖和疯狂；灯光深夜长明，照亮小小的梦想。四年，我爱它的活力，爱它的热忱，爱它的矛盾，爱它的疯狂，爱它的畅想。

如果时光不会慢下脚步，那青春之回忆永驻。如果坎坷之路常是灰色，那青春之探索长青。

所有努力都会被肯定

设计与艺术学院　胡若晨

日月不肯迟，四时相催迫。曾经以为四年的本科生涯会很漫长，如今离别已在眼前。我万分感谢在成长的路上教导我、鞭策我、鼓励我、陪伴我的老师、家人、朋友、同学们，正因有你们，我的每一步都能稳健、踏实，才能度过无憾的四年时光。

这四年的本科学习与生活，让我意识到不管对于未来的选择是什么，既然决定了，对自己来说就是最好的、正确的选择。这时候一定要义无反顾地坚持下去。犹豫踌躇、害怕担忧都是在耽误时间，脚踏实地做事情是最要紧的。

回首四年，虽说所有的结果都是最好的安排，可是只有自己真正走过，才能知道这一路是多么坎坷、艰辛。

还算顺利的日子

（1）摸索目标，寻找突破。

我是艺术生，高三在北京集训了大半年，报考了清华、央美，还有几个美院，但是最后几乎都没有拿到合格证。我的联考成绩还不错，文化课冲过了一本线，足够我去到不错的学校。可是，哪个美术生没有过"清美梦"，那时候的我只好将这个梦暂时搁置了。

这一搁置就是两年多，在大学学业的痛苦挣扎中，我甚至觉得这个梦可能这辈子就做到头了。虽然刚进入大学时，我对未来是迷茫的，但是踏踏实实、勤勤恳恳学了两年之后，路好像变得清晰了，我的成绩稳在了班级第二，能有希望冲一冲，外推保研到更好的学校。后来听了一些学长学姐成功外推的讲座，我感觉这个梦又燃起来了，我又有机会去为清华拼搏了。既然我的学校层次和我所受到的教育能够给我这样的机会和平台，我为何不好好把握住呢？

说实话，一开始我并没有十分热爱产品设计这个专业，我没有发现我在这个领域的兴趣点。或者这些都是借口：我就是没有那么活跃的思维，能够想出许多巧妙而有意义的点子；我就是没有一双慧眼，能将生活观察得细致入微。人总要承认自己的缺点和不足，也总要知道自己有什么、能干什么。

扬长补短总可以吧。我有细致整合资料和快速学习技能的能力，有设计表达和高质量呈现效果的能力，我热爱生活，热爱世界。我觉得这都是做设计师所要具备的能力。我为什么会做不好产品？为什么会不擅长这个专业呢？

（2）坚定信念、全力以赴。

目标清晰明确之后就是行动。我开始利用空闲时间翻新课上完成的作品。当我修改到无能为力时，我会拿给我信任的学长学姐和专业课老师看，有了指导意见后，我会回去继续修改。在做作品集的同时，我还格外重视自己的课程。

因为我不是第一，如果不绷住，我可能也不是第二。清华推免对成绩的要求比较严格，我一丝也不敢松懈，有时候甚至害怕自己压力太大导致心态崩溃。可没想到，我的一个隐藏优势就是格外抗压，不知道是当时高中集训磨出来的意志力还是什么原因，我心情低落的时候总能给自己找到排解的法子，不管是听歌、看书，还是刷视频。我不断地麻痹自己：这日子并不苦，现在不苦以后会更苦。

到寒假的时候，作品集做了将近一半，我联合了班里优秀的同学开始研究投递各种比赛。工业设计方向最重量级的设计赛还是红点和IF。这时候自己作品集的内容以及与小组成员平时一起积累的一些小创意和有趣的课程作业就派上用场了。对这种大赛，我们要不放过任何机会，只投一两个作品获奖的概率太低了。最后我们选了六个作品交了上去。我最喜欢的设计还是我作品集中的大项目"浒苔猎人"，它也如愿以偿地为我得来了2022年的红点概念设计奖。

那件作品从青岛的浒苔问题切入。在我很小的时候浒苔就在我家沿岸肆虐开来，我一直记得那难闻的味道和成片成片漂浮在海上刺眼的绿色。直到成为产品设计专业的学生，我发现或许能够借助设计的力量来缓解甚至消除浒苔造成的危害。为了能够更直观地感受浒苔的特性，我连续几天和环卫工人一起打捞堆积在岸边腐烂发臭的浒苔，还捡了好多新长出来的浒苔揉搓研究。我发现这种"伴我长大"的藻类像头发丝一样纠缠在一起，抓住一点就能扯起一大团。

发现这个特性后我快速产生了思路，后来又和男朋友一起做了功能模型，亲自送到海上去验证可行性，还验证了不同收集结构的效率。做这个作品的时候正是七八月。那可是七八月的青岛啊！潮湿的头发上都可以挂水了。过程很辛苦，但结果却是很令人快乐的。

后来的后来，熬过了大三下学期，就到了同济大学提交作品集的日子。我对自己的作品很有信心，认为初试肯定百分百能过。我挺擅长画画的，所以走入一个误区：挑着自己会的学。我的大部分时间和精力都放在了手绘上，忘记了我的弱势是在语言表达能力上面。

同济夏令营第一天，老师让每个同学介绍一下自己和自己喜欢的设计师。听到各位同学对这个话题侃侃而谈，纷纷发表自己的设计思考，我想，这些都是各个学校最优秀的人啊，不由得有一些畏缩和紧张。第二天的手绘我觉得自己发挥得很好，主体塑造、造型推敲、故事板、视觉效果，该做的我都做到了，画面效果也很棒。

第三天面试的顺序抽签决定，我作为第一个面试的同学和老师们见面。进入腾讯会议的候场室，随着时间的流逝，我感觉我的身体都在慢慢凝固，就像做完热身后站在起跑线上迟迟等不到发令枪响的赛跑运动员，身体的热量在一点点消散，可又不得不绷紧肌肉。15分钟的面试我觉得有些局促，虽然该说的好像都说了，但是总觉得没有把自己展现得那么出色。

不那么顺利的日子

(1) 失利后的复盘。

你永远不会知道一件事在你的人生中会起到什么样的作用，"塞翁失马焉知非福"总结的实在是太有道理了。当我被告知同济复试结果是没有被录取的时候，我内心是极其平静的，好像之前的不安和焦虑在这一刻都放下了。我甚至觉得这不会影响我备考清华了。或许人在越没有退路的时候，越会拼尽全力吧。

知道同济落榜应该已经晚上快九点了吧，学长学姐听说之后纷纷发消息安慰我。那天我在妈妈的画室帮忙上课，我在画室楼下距离不到十米的丁字路口来回走了十几趟，脑子里快速捋着可能导致我失利的原因。我希望这是一次让我重新审视自己的机会，而不是被单纯定义为"失败"的经历。当时我不想把这件事告诉我的家人和朋友，不想因为这个"失败"带给我无穷尽的宽慰，以及他们帮我找的一些好听的借口。我很冷静，也知道接下来应该用多少努力去对待。我默不作声，想沉住气把清华提交作品前的近两个月作为我"蜕变"的时间。

这两个月，复盘了作品集，把之前可能是问题点的地方全都推翻重做。我顺利过了清华的初试，听说北理工只有我一个进入复试，我真的害怕得要死。北理工学设计的同学每年都会有一个到两个推入清华的，我万万没想到今年撑住"最后一线"的担子就落到了我头上。

（2）破釜沉舟的前行。

我总感觉会有人站在我前面替我分担所要面对的压力，可惜没有，这次只有我一个人了。初试结果公布到复试一共不到一周的时间，越逼近9月15日，我越感到前所未有的焦虑。我只能每天背稿背稿背稿，睡觉前和睁眼前的第一件事情就是默背一遍自述。

考试当天，为了防止面试被上下课铃声打搅，我和老师提前预约好了安静的模型室。准备好双机位之后，我感受着整个空间中的气氛。安静的桌椅，安静的墙面，一切都那么平静，除了我的心跳。我回忆起了在这间屋子里，我和朋友们从白天到黑夜做模型、做实验、做作品的日子，那些为自己的设计创意拼搏努力的日子。

我的面试开始了，完成自述后，老师指定我作品集中的一个作品要我进行手绘表现。我一直以来并没有练习这个作品，但我自己的作品我是最了解的。拿着笔的手还是有些颤抖，虽然心脏跳得仍然很快，但我好像更坚定了一些。手绘结束后我听到了对面传来些许赞扬的声音，我觉得自己势在必得。后面的英语口语问答、专业问题、作品集等提问我都对答如流。

一切结束后，我靠在椅子上大口大口地呼吸。

现在的日子

时至今日，尘埃落定，我觉得现在才是设计学习的开始。我刚刚迈出了第一步，如果想在更高的平台实现更好的自我，以后还有更长的、更艰难的路要走，一点也不会比现在要轻松。我肯定还要经历从迷茫不解到逐渐认清现状，再到豁然开朗的过程。人们总说，只要走到那遥远的山头上就会看到好风光，我也知道那是真话。可是只有走在这条路上的当事人才会知道脚下有多少泥洼。永远不会有人为我们规划好从哪到哪是努力的界限，如果成功的道路是那么清晰，如果为了成功所做的努力可以被量化，我们的求学之路或许也不会这么困苦。

最后，我还要再次感谢我的老师们、我的学长学姐和同学们、我的家人们，感谢他们给我的教育、指导和支持。一个人终究是不能成事的，今天的成功靠的是我的主观努力加上大家给我润物无声的帮助。阳和启蛰，我相信未来的美好。我相信每一个黑夜的最后都是灿烂明媚的晨曦，我愿为那抹朝阳奋不顾身攀登一座座山峰。以后的以后，或许我能够成为这满天星河中的一点，我希望我能够为那些也想成为星星的小火光注入一些力量。

希望这一切都不只停留于美好的愿景，我会时刻提醒自己保持纯真善良，不驰于空想，不骛于虚声，踏踏实实与设计同行。

在循环中成长，在循环中涅槃

自动化学院　陈凯欣

我的人生充满了循环。

小学，从大人们口中顽皮捣蛋的孩子到以全校第一的成绩考入市里最好的初中；高中，从高一刚入学时的三百名开外到高考时以全校第四名的成绩考入"985"大学；大学，从大一时的中等偏上到现在的专业排名第二。回望曾经，一切仿佛是那么的戏剧化，却又是真真切切存在着，而正是在这一次又一次的循环中，我逐渐褪去了稚气的外衣，取而代之的是坚不可摧的盔甲。

开端：一个全新的起点

生活没有一纸蓝图，更没有标准答案。

那是 2019 年 9 月的夏天，我第一次步入大学校园，在熙攘的人群里，在林荫的小道上，我拖着沉重的行李箱，怀揣着激动又不安的心情，开启了向往已久的大学生涯。

不同于高中的管理模式，大学的学习和生活充满了自主性和随意性。截然不同的专业课知识、各种各样的学生工作、多姿多彩的社团活动……大大小小的事情一涌而来，令我措手不及。每一天的课余、每一周的周末，我究竟该做什么、该如何做、该从何处做起成了我无法回答的问题。脑海中仍充斥着高中思维方式，迷茫、恐惧、急躁，学习成了我每天早上睁眼想到的第一件事。仿佛一切又回到了高中，急着上课，赶着吃饭，忙着自习，似乎只要稍微松懈就会被落下，三点一线的生活每天循环反复。

我以为，再难懂的课本只要死记硬背就可以啃完；我以为，不需要任何人的帮忙也可以自己把每一件事情做好；我以为，只要把自己累得身心疲惫就可以得到回报。但这一切，仅仅只是我以为罢了，现实终于还是给了我沉重的一击。大一上学期的成绩排名出来了，三百名开外，看到消息的那一刻，我不知道自己在想什么，只是觉得周围的一切在刹那间变得模糊不清，我不知道下一步该往哪走，我不知道这样的前进是否还有意义。

那个夜晚的风很轻，带着丝丝的凉意，拂过湖面，泛起层层波澜。我站在北湖旁，回想起三年前在高中的那个傍晚，那个在教学楼下光荣榜前伫立的身影，路灯的光辉与眼睛里的光相映。

"我想，我也可以。"

深夜，躺在宿舍的床上，脑中思绪万千，这半年的点点滴滴如流光般从我眼前划过，是不甘，有泪水。

失败总是有原因的，关键在于你能否找到它。

思考良久，彻夜无眠，我最终找到了自己的不足——急于求成，忽略了平时作业和练习的重要性，并且心里总是觉得做得快就一定是好的，学过的知识只需要考前突击就能全部记牢，不懂的问题放着也没关系……但生活就是这样，没有一纸蓝图，也没有标准答案，不断地试错，不断地改进，才能一步又一步地向成功靠拢。

"那就改变吧，从现在开始，只要心中有梦和远方，任何时候都不算晚。"

过渡：漫长但值得等待

除非到达终点，没有人能够评判等待的价值。人生的意义在于，因为希望，所以等待；更在于，因为等待，所以看到了希望。跌倒了可以重新爬起来，失败了也可以重新再出发，但重要的是我们前进的方向不是盲目的，而是经过深思熟虑选择的，这才是总结失败原因的意义。

大一下的那一年，由于疫情，我们不得不在家中上网课。家里的学习氛围是不如学校的，要摆脱懒惰的欲望，走出舒适圈，这无疑是一种考验。

也许是成绩的打击太大，也许是心中的不甘，凭着一种说不出来的信念，我坚持了下来。每天早早起床，吃饭、上网课、自习，直到夜深人静的时候才躺下，似乎又回到了从前的循环，但不同的是，这次我勇敢地迈出了第一步——抛弃高中的惯性思维，避免眼高手低和无谓的精神内耗，把无限的自由变成有序的规划。于是我学会了与自己和解，走出封闭的小世界，遇到自己不能解决的问题积极向同学和老师请教，平时也多和周围的同学交流日常规划和学习经验，认识不同专业的同学和学长学姐，结交更多志同道合的伙伴，逐步放大自己的格局，不再局限于一个班级、一个专业，乃至一个学校。其中最关键的一点就是拓展自己的信息渠道，除了各个学院或者课程的QQ群和微信群，学校组织机构的公众号和官网都可以成为我们有效查找资料和搜集信息的工具。

此外，我还尝试了新的学习方法——把每堂课老师提到的知识点和自己当时的思维路线都记录在一张A4纸上，标注上日期、课程名称以及简要的内容总结，以便于课后复习的时候能够快速地连接好记忆曲线，同时也方便对各个科目进行分门别类整理。我还学会了不断构建自己的知识网络体系，优化自己的专业知识结构，同时也注重培养全方位思考的能力，让自己成为知识的生产者和反思者，学会总结归纳进行高效时间管理的技巧，掌握各种基本的应用软件和工具，进行多维度学习。

为了锻炼自己的实践能力，我第一次尝试组队报名参加了大学生创新创业大赛，虽然自己对各个方向和课题都是一知半解，但是凡事都有第一次，经验是需要不断沉淀累积的。大胆尝试，学会直面未知的困难与自己的不足是我们迈向成功的关键一步。正是因为这一次尝试，我对科创活动和竞赛的基本流程有了直观的认识，学习到了许多课程以外的技能和方法，同时也拥有了第一次组队经验，促使我更有勇气和信心去参加更多的科创活动和学科竞赛。

这一段日子是漫长而煎熬的，就像走在黄昏的沙漠之中，没有曙光，周围是风沙和寒冷，看不到远方的尽头，但也只能头也不回地走下去。有时候，自己常常会想，要是结果仍然不尽人意，现实最终只会是一盆冷水，将我浇得里外冰凉，我该怎么办？

"那就再从地上爬起来，收拾好再出发。你并不是什么都没有，你有勇气，你有毅力，你有一颗滚烫的心，这就足够了。"

就这样，迎着晨光而起，背着月光而卧，一步比一步更加坚定，一天比一天更加明亮。直到成绩发布的那一天，点开消息的那一刻，我才意识到，原来时间真的过得很快。结果出来了，一百多名，比上个学期进步了不少，我的努力和改变得到了证明，虽然还算不上优秀，但它是这一段漫长时光给我最好的回报。

平坦的路可以走得很快，但只有泥泞的路才能留下脚印。因为我曾见过迷雾中那些美丽的风景，所以我不畏远方道路险阻，毅然上路，哪怕雨雪雾霾也要去追寻阳光。

"我在路上，有阳光，有方向。"

高潮：沉着冷静，全力以赴

勇敢的人不是不落泪，而是愿意含着泪水继续奔跑。

转眼间，到了大二，时间的脚步愈加急促，迫使着其间的人不停地追赶，不停地磨合，不停地适应。

虽然看到了一点成效，也掌握了一定的方法，但这并不意味着可以故步自封。知识不断更新，技术也层出不穷，只有不断地完善自身、锻炼自我，才能跟上时代潮流的脚步。

进入大学的新阶段，正是因为有了之前的沉淀与积累，让我在面对众多事务时也基本能做到游刃有余。

（1）专业学习。

首先是专业学习方面，基于之前培养的学习习惯，我能够很好地掌握新学的课业知识，进一步梳理整门课的知识脉络来搭建一个清晰的框架，便于后续学习过程中进行填充和完善。同时我还会对新学的知识提出自己的想法和质疑，体会课本中字里行间的道理，让每一个知识点不再是黑纸白字的标准，不再是需要死记硬背的模板，而是让自己的思想与之交汇融合，从而迸发出前所未有的快感，于是求知的渴望迫切地纷至沓来，便成为促使我不断学习的动力。我的成绩排名也在一步步上升，从刚入学时的中等偏上，到后来的专业前二十，专业前十，专业第二，最终达到了专业第一名的目标。大学期间，我总计获得过三等奖学金一次，二等奖学金两次，一等奖学金三次，国奖励志奖学金两次，国家奖学金一次，校级"优秀学生"荣誉称号两次，校级"优秀学生标兵"荣誉称号一次。

（2）学生工作。

在学生工作方面，我先后担任了行政班的学习委员和教学班的文娱委员，协助班团干部处理班级日常事务，包括资料整理和通知发放等，不仅锻炼了我的沟通能力和思考能力，也让我学会以身作则，严格要求自己，培养了认真负责的工作态度。

（3）学科竞赛。

在学科竞赛方面，我积极投身各类学科竞赛当中，在巩固专业知识的同时不断拓展自己的知识面，从各个方面锻炼自己的技能，同时积累了较为丰富的参赛经验。此外，课余时间我先后组队参加了中国大学生计算机博弈锦标赛、全国机器人锦标赛、数学建模竞赛等多个国家级和校级竞赛，均取得了不错的成绩。

（4）科创活动和社会实践。

在科创活动和社会实践方面，我参与的"四旋翼无人机室内定位技术研究"校级"大创"成功结项，我还参与了校庆文化作品创作、庆祝建党百年系列作品创作、垃圾分类调研暑期社会实践活动以及读书实践活动。在垃圾分类调研实践活动中，我和小组成员们积极响应全国垃圾分类行动的号召，对北京市的垃圾分类示范小区进行了实地考察，从政府、企业和小区三个层面提出了推进垃圾分类政策有序实施的多个建议，最终我们的报告荣获校级"优秀通讯稿"。在"四史"学习教育专项活动中，我积极响应"不忘历史、不忘初心、知史爱党、知史爱国"的号召，实地参观了陈子涛烈士纪念馆，认真学习烈士事迹和品质精神，撰写完成观后感。

（5）文娱活动。

为了实现个人的全面发展，我利用假期时间积极报名参加了多个课外文娱活动，包括知识竞赛、征文比赛、摄影大赛、班徽设计大赛，等等，其中我参与的"一二·九"合唱比赛荣获院级二等奖，参加的校园权益提案大赛获得校级一等奖，参加的"励志先锋"征文比赛获得校级特等奖。在体育锻炼方面，我积极参加各项体育活动，培养运动的习惯，其中我参加的线上跑步接力赛累积里程39千米，获得校级二等奖。

每当我要选择放弃的时候，我总会想到底是什么让我走到了这里，然后我就会发现，我的身后并不是一无所有，有家，有温暖，有爱我的所有，有我热爱的一切，我想，这大概就是我一直坚持下去的理由吧。

岁月送给我苦难，也随赠我清醒与冷静，让我在那些充满风暴的日子里，一如既往地努力、勇敢、充满希望。也许每一次都是到了最后才发现，没有一个冬天不可逾越，没有一个春天不会来临。

"所以尽情奔跑吧，相信爱，相信温暖，相信这世间无处不在的阳光。"

尾声：新的起点，新的出发

于高山之巅，方见大河奔涌；于群峰之上，更觉长风浩荡。

不知不觉中已经过去了三个年头，这期间有成功也有挫败，有欢笑也有苦涩。感谢北京理工大学给我提供的发展平台和丰富资源，感谢每一位老师的悉心指导和教诲，感谢同学们的理解与帮助。

我也十分感激每个努力的自己，感恩那些奋斗的岁月，感谢每一次改变和每一次相遇，让我在青春最好的日子里选择了拼搏前进，与可爱的人相识、相知和相伴，一直学习，不断成长，看过烂漫山花，看过璀璨星河，足矣。

站在大学时光的终点处，我知道这不会是终点，循环还在继续，我无法预知未来的崎岖，但越是往前走、向上攀，越是要善于从走过的路中汲取智慧、提振信心、增添力量，所以我会保持热忱，充满希望，永远努力，不断地锻炼自己、提升自己、强化自己，成为一个敢于面对苦难的人。

正如习近平总书记所说："今后的工作中大家会遇到各种困难，不要只想着一路上鲜花铺路。当我们取得成绩的时候，不要骄傲自满，要谦虚谨慎；当我们遇到困难挫折的时候，要愈挫愈奋、不断努力、自强不息，在人生的道路上不断磨砺意志、增长才干，在报效祖国的过程中成长成才。"青年是祖国的未来、民族的希望，所谓"少年强则国强"，我们要将自己的一切同党和国家的前途命运紧紧相连，用奋斗的汗水书写我们的青春华章，担当起中华民族伟大复兴的使命任务，到新时代新天地中去施展抱负、建功立业，争当伟大理想的追梦人，争做伟大事业的生力军，让青春在祖国和人民最需要的地方绽放绚丽之花！

"光阴尚早，来日方长，我，准备好了。"

心有所往，终至所归

求是书院　史清宇

我很庆幸，今天的我可以问心无愧地说出：倘若大学四年的时光重来，我不一定能做的比现在更好。在高中时留下了太多的遗憾，感谢北京理工大学，让我在这里完成了对自己的救赎。

北理工讲给我的故事

1940 年，自然科学院成立时，设有物理、化学、生物和地矿四个系，其中化学系是各系中条件最好的，不仅有陈康白、恽子强、李苏等一批国内知名的化学专家，还通过香港及大后方运来一批化学仪器设备和药品，保障了教学研究的实验条件，配有实验助教，可以实现定量、定性及一般工业上的分析。在为学生开设系统的化学基础课程的同时，师生还积极参与到生产一线实习，解决边区生产中的科研问题。也就是在这样的背景下，在化学系主任李苏的带领下，学校开始火炸药研究的早期探索。

李苏，自然科学院化学系主任，带领自然科学院师生深入工厂，在协助工厂开展炼焦的同时，以炼焦副产品焦油的化学衍生品生产作为研究课题，重点关注如何将焦油进一步制成烈性炸药。炸药作为抗战的紧缺物资，如能实现自产其意义重大。带着强大的使命感，李苏和师生们开展了煤焦油分离研究，他们克服了药品、设备短缺的困难，经过几十次实验，终于将分离出来的甲苯进一步硝化，成功研制出 TNT 烈性炸药，这一对边区具有重大意义的研究成果，得到了陈云等领导同志的肯定和表扬。

李苏主任在如此艰苦的条件下临危受命，冒着生命危险，在坚持不懈的努力后战胜了种种困难，研制出了 TNT 炸药，为抗战胜利做出巨大贡献。这种责任感十分触动我：在药品与设备短缺的情况下，李苏主任依然可以找到方法解决问题，这体现了李苏主任过硬的专业知识；战争是残酷的，李苏主任面对死亡的威胁毅然决定帮助祖国，体现了李苏主任的爱国情怀。从中我领悟到，若想成为一名对祖国有贡献的人，自身过硬的专业知识与爱国情怀缺一不可。

打铁还需自身硬，空有一腔爱国热血但没有真本事固然是不可取的，这样只会在国家面临危险时捶胸顿足，感叹自己有心无力，起不到实质性作用。炸药在战争中如此关键，无数人都希望炸药能够批量生产，但最终让希望实现的是李苏主任，是他为战争的胜利做出了贡献。空想是研制不出炸药的，李苏主任靠的是他年轻时所学习的知识，这烈性炸药便是李苏主任智慧的结晶。我们正值青春年华，更应该像李苏主任那样，抓住宝贵的时间，用知识武装自己，像一块海绵那样孜孜不倦地学习，这样才能够在国家需要你的时候挺身而出，成为一名有用的人。

能力越大，责任越大。若是练得一身好本领，却逃避责任，甚至背叛祖国，这样的人更为可恨。若是用数字代表能力大小，那么品性便是正负号，一个再大的数字，前面若是个负号，无论放进任何一个群体，都会对集体造成不可估计的损失，将之减掉反而负负得正，对这个集体有积极作用，实乃可悲。所以在大学学习过程中，树立积极的人生观、价值观和世界观，培养爱国情怀便显得尤为重要。在北京理工大学这样流淌着红色血液的学校中，我定能向五星红旗看齐，向北京理工大学的前辈们学习，成为一名有着集体荣誉感的中国人，无论何时祖国需要我，我都可以第一时间站出来，让我的祖国也可以为我而自豪。

怀着一颗爱国的心踏上人生的旅途，面对艰难险阻砥砺前行，这才是一名合格的当代大学生，这才是我们走出大学校门时应有的样子。国庆阅兵之时，看着学长们明亮的眼神，看着他们矫健的步伐，听着他们整齐划一的口号，我的血液也为之沸腾，想必他们走过天安门城楼的时候，内心也在呐喊："祖国母亲，我们爱您！"

我的北理工故事

冥冥中似乎有种命运的安排，我与北理工的故事从高二就开始了。在机缘巧合下，我初次踏入了北理工良乡的校园，第一次感受到了美好的大学校园环境。被绿茵包裹的一栋栋教学大楼、三三两两的天之骄子、在清风拂过的北湖中嬉戏的天鹅、十字路口的装甲坦克……令我无比向往。两年过后，我终于如愿以北理工学子的身份踏进了这个校园。当时或许带着些许遗憾，感叹自己高三沉迷游戏、无心学业，成绩平平，靠着数学竞赛省一等奖的加分才够到北理工的分数线，其时心中也没有什么目标，就只想在北理工的校园内平稳度过大学四年学生生涯。

可惜事与愿违，大一上学期时的我再一次沉迷于游戏之中，上课无心听讲，作业也草草应付，最后的期末考试自然是一塌糊涂，有一门科目甚至将将及格。这对于当时的我而言可谓是一个巨大的打击，尤其是自己引以为傲的数学也落在100名开外。由于疫情，我们的整个下半学期都在家中度过，在寒假里我看到了自己的年级排名。怀着郁闷的心情，我深夜躺在床上，看着漆黑的天花板，回忆着自己在考场上的无力和悔恨，手脚一片冰凉，背后直冒冷汗。或许这才是真正后悔的感觉。我下定决心，以后一定要学懂每一个知识点，在考场上做出每一道题，考完后踌躇满志而不是心怀不安地离开考场。

从那时开始，我逐渐控制自己的游戏时间，增加自己坐在书桌前学习的时间。这次没有父母的逼迫，没有老师的督促，只有发自内心的想法——"能心安地走出考场"。从最初磕磕绊绊地完成作业，到开始自己阅读教材、解决问题，我一步一个脚印地在进步着。还记得当初学普通化学和普通物理，由于听不懂老师讲的课，我尝试找其他课程，尝试向同学请教，但最终效果都不好，因此我用了最笨的方式：坐下来一个字一个字读教材，一边读一边用笔写下一些公式和概念用于复习。没想到这是令我改变的一个转折点，我开始学会自学，虽然过程十分痛苦。由于读不进去，我很多次抱着书直接进入梦乡，但随着不懈的努力，我逐渐明白这些教材的作者对这门课的理解之深，知道大多数问题的答案，都可以在教材中找到，从此我不再像高中生那样完全依赖老师讲课。逐渐地，我可以自己独立完成作业，每天学习的时间不断增多，以至于当我意识到自己已经一周没打游戏时，还觉得仿佛只是一场梦。

在这个过程中，我也遇到了我大学期间的良师——范老师，范老师对我说："你不是想玩游戏，你只是不知道自己该干什么。"这句话令我醍醐灌顶，我开始规划我的学习，把没完成的任务都罗列出来，逐个击破。我开始利用碎片化的时间。还记得当初在驾校学车的时候，我会利用休息的时间修改我的物理实验报告，整理我的高等代数笔记，就算出去玩，我也能抽出时间做两个题目，这使得我的暑假生活十分充实。我还利用空余时间去做志愿者，和朋友们去咖啡厅自习、聚餐，丰富自己的业余生活。

在大一下学期，我拿到了91.6的均分，排名12/500，获得了一等奖学金。正当我为一点成绩而沾沾自喜的时候，又遇到了两位挚友——李海正和梁昊，他们在那时已经获得了国家奖学金，傲居年级前3，每天至少自习到晚上10点。而我位居年级40名，连保研的门槛都没有踏入，还只学到晚上8点就觉得累了，就开始打游戏还美其名曰放松一下。

沉重的现实再一次摆在了我的面前，让我明白比我优秀的人比我更努力。我很快便收拾好自己的情绪，带着破釜沉舟的气势勇往直前，那时我便立下目标：任何人都可能战胜我，但他不可能轻而易举地战胜我，我必须要向前奔跑，去追赶，去超越。

我开始努力学习，从早上8点到晚上12点，从周一到周日，从开学第一天到期末的最后一天，从来没放松过一天，从来没休闲度过一个周末，从未再打一次游戏。我将一切可能用于学习的时间都利用起来，从图书馆到教学楼，甚至在夜晚的洗衣房，我还在床上放了一盏台灯，临睡前再看一会书。现在回忆起那时的拼劲，不禁眼眶有些湿润，感觉真的很美好。那些辛苦和汗水不过是成功路上的点缀，越是辛苦，越是能衬托出成功后的喜悦，这条路上亦有美丽的风景。

从大二以来，我连续四学期保持年级第一，只有大四上放松导致只获得年级第三。从一个快挂科的学渣到如今的统计学年级第一，心中感慨万分。回忆大学四年的时光，我曾在考试后由于发挥失常浑身冰凉，追悔莫及，但仍未为自己放一天假，第二天一早便去了图书馆自习。我曾在食物中毒后躺在床上头脑发昏、浑身不适，但我仍要坚持学习，不打乱自己的计划。我曾为了体育成绩，每天去操场上强迫自己跑到喉咙发甜，甚至反胃呕吐，最后在 2 000 m 测试中成为唯一一名满分获得者。我积极参加了各种竞赛，拿到了各种奖项，加入学生组织，从部员到部长再到副主席，组织了各种活动，认识了不同年级不同专业的同学们，锻炼了自己与人沟通交流的能力。我很感激当初那个努力的我，也很感激这一路陪我走过的老师和同学们，感激北理工这个校园，我对她有着深厚的感情，只因我曾在这里尽情地挥洒着汗水和恣意地度过青春，完成了自己认为不可能做到的事。

北理工，教给我的不仅是知识，更可贵的是教会了我拼搏的真谛，教会了我知耻而后勇，教会了我如何去实现不悔的人生！北理工，我永远的感恩与怀念！梦开始的地方！

我的未来从这里启航

为了未来的漫漫人生路，在大学四年间我养成了良好的生活习惯，这有利于我的学习和生活，能使我的学习起到事半功倍的作用。要养成良好的生活习惯就要做到以下几个方面：要合理地安排作息时间，形成良好的作息制度；还要进行适当的体育锻炼和文娱活动；也要保证合理的营养供应，养成良好的饮食习惯；不能养成沉溺于电脑网络游戏等不良的习惯。

在大学本科期间，我把重心放在了学习潜力的培养上。一个人最重要的是明白自己应该去干什么，明其志，方能知所赴！学校带给的平台是许多专家共同认可的，适合大部分同学的需要，但是我要根据自己的实际需要，在学的课程上有所侧重、有所安排，另外选学一些对自己有价值、有益处的课程，将更有利于我的个性化塑造，更能挖掘我的潜力。

大学是高等教育的殿堂，也是寻求知识的场所。它需要我们积极主动地去挖掘知识，去研究学问，去培养分析问题、解决问题的能力。在大学四年里，从未对自己的未来关切过、思索过，也从未计划过的人，对未来必定茫然无措。只有随时准备出击并付诸行动的人，成功才能垂青于他。总之，我希望并相信，不要轻易放弃，不要轻易言败。经过大学四年的成长，我不仅拥有过硬的专业知识，也会掌握一些与人相处和社会工作的经验，并且不会丢失我从小就一直执着追求的梦想，成功只属于有准备的人。

以前读到过这样一句话：青春的含义就在于不管我们选取了什么、成功与否，都不后悔。我通过四年的大学生活，深切地体会到青春和成长所带来的喜悦和甘甜。不仅仅要努力学习专业知识，同时还应培养自己的竞争意识、创新意识和团队合作意识。在经历四年的历练之后，我变得更加勇敢、坚强，并且用心向上。我觉得，这正是我对大学生活的期望。

我的大学是我梦想的跳板，助我的梦想奋力起航。

讲述北理故事，传递中国声音

外国语学院　蔡晨佳

如果用一句话概括我长期以来学习实践的缩影与信条，那一定是：讲述北理故事，传递中国声音。在浮光跃金般的大学岁月里，我逐渐培养了沟通技巧与新媒体技能，因而得以向"面对面"和"在远方"的听众分享我在北理工的点滴成长，幸运又幸福；受到"讲好中国故事，传播好中国声音"的感召，我致力于投身我国国际传播能力的发展建设，渴望在国际舞台增添中国话语力量。

放不下的才是热爱

永远记得初到北理工的那个金秋，我误打误撞加入了校记者团，似乎面对镜头拿起话筒是偶然中的必然。在"时代新人说"现场采访讲者，在"学者驿站"专访录稿SCI的学长，在"深秋歌会"采访意气风发的选手和慕名而来的观众，甚至在凛冬的校园街角随机采访过往行人……一个学期后选择淡出时有多么留恋不舍，2020年秋天"复活"时就有多么义无反顾。我想要打造一个校园自媒体，bilibili账号"阿菜也是阿笑"就此诞生。

回望过去，我将决意回归传媒领域的那个时刻视为破茧。从前的迷茫和烦恼都是自缚，我顿悟，放不下的才是热爱。于是我迅速投入崭新的事业，开始在自己的一方天地间不辍耕耘。这是一片自留地，我想以个人的视角搭建北理工学子和校园新鲜事之间的桥梁，以第一人称传递意义和价值。

这一次，我不再只是记者，我拿起了相机，成为镜头"前后双修"的"媒体人"，策划选题、撰写文案、主持采访、拍摄视频、后期剪辑、推广宣发，几乎由自己一人打理。我记录久违的返校生活，"北理十二时辰"令网友直呼"太美了"；我在北理工80周年校庆之际邀请来自34个省级行政区的北理工学生，请他们用方言讲校训、谈家国理想，顺便推广了一番北理工月饼；我采访"女性学概论"人文素质通识课的任课教师，带一众网友沉浸式体验北理工课堂上的"分娩阵痛"；我专访北理工首个"卫生巾互助盒计划"的创始人、北理工无人车队的"小导师"、北理工舞团的情侣社长、北理工"易咖"品牌合伙人，致力于让一个个鲜活的人物故事启发一块块屏幕前的你我……而我的创意清单里还藏着更多等待实现的"头脑风暴"，我不会辜负每一个奇思妙想，要用脚步去丈量。

创意和行动自然带来了一些赞誉，书院新春 Vlog 赛、暑期社会实践 Vlog 赛的奖项接踵而至，全平台播放量或许也已突破 5 万，然而我始终坚持创作意识，只做感兴趣、有价值的选题，接受热爱的感召。我这样定义自己：悬着一颗心，不会降落。

离不开的才是理想

当人生际遇"连点成线"，我发现自己的理想早就有迹可循：带世界走进中国，是我长期以来学习与实践的缩影与信条。自从英语进入我的世界，我总希望能够通过自己的努力，向来华外国友人传递中国人民的善意和中华文化的魅力。这种内在冲动逐渐从人际交流过渡到了媒体叙事。21 世纪，世界格局日渐复杂，全球传播环境亦随之变化。面对外界质疑乃至抨击，如何讲好中国故事，更行之有效地向世界传达中国声音，成为当今中国发展亟待完善的课题。作为一名主修英语、在校外辅修新闻的学生，我期待能在国际新闻传播领域做出自己的贡献。

为了夯实基础，我总能把握机会精进英语技能。我代表学校参加了多项英语竞赛，荣获了各级奖项三十余项，如 2021 "策马杯"全国英语公众演讲大赛全国排名第六及北京冠军、第十二届北京市大学生英语演讲比赛北京第六、2021 "《英语世界》杯"冬奥翻译大赛全国二等奖、2021 年全国大学生英语竞赛 B 类三等奖等。每每用英语将自己对北理工生活和国家大事的思考传达给校外乃至海外的听众时，由衷的自豪总会从我心中泛起。从台下准备到台上发挥，我重视并享受每一个瞬间。关注世界前沿话题，鞭策我向着成为"热爱祖国且拥有全球视野的世界公民"而努力。在 2022 中英高等教育人文联盟青年学生论坛上，我与组员改编《罗密欧与朱丽叶》片段，英语技能、创新能力、沟通能力和领导力得到了主讲教授的高度肯定。大三以来，我还在跨文化传播领域努力参加了多次科研，在主持的市级"大创"项目中，研究国语版莎剧《理查三世》的跨文化戏剧创作理念，助力更好地实现中华文化"走出去"。我还凭借英语和新媒体特长，与工科同学组队夺得了中国高校计算机大赛全国总决赛一等奖。一路的探索、喜悦与挫折，都成为我独有的财富。连点成线，织线成网，它们共同塑造了我，也激励着我踏上更高的人生阶梯。

在主修专业学习之余，我报名校外新闻学辅修，掌握了新闻理论与实务的基本知识与技能。我尤其关注中国文化的现代诠释、中国形象在国际社会的传播：曾分析河南卫视创意短片《和》的视听语言，解读蕴含中华传统文化元素的短视频获得成功的要素；曾就动画电影《雄狮少年》"被辱华"事件，从影片本身、片方和媒体表达三个方面，分析刻板印象如何在社会认知中生成，并对媒体行为提出了建设性意见；曾聚焦长期进行对外报道的中国日报网，分析其新闻报道的议程设置与其塑造的中国形象，为我国媒体形成更优质、有效的对外报道策略提供参考。

深知真知灼见来源于脚踏实地的奋斗，我不断在多种实践实习中磨砺自我。在"挑战杯"开幕式、国际文化节、招生宣传片、毕业MV、反诈直播中，我以双语主持、主演、主播等多种方式讲述着我们的北理工故事。

而令我记忆深刻的是2021年暑期社会实践。截至申报的前两个小时，我忽然想到，何不把一直想做的"易咖"采访做得更好呢？对，就是北理工人时常放在手边的"易咖"自助咖啡。从我看到咖啡机上的"校友创业项目"字样开始，就很想对它背后的故事一探究竟。"易咖"的足迹遍及全国，那年的社会实践也倡导线上线下结合开展，于是我火速构思了"走访大咖 易有何难"项目，惊喜地召集到了来自15个学院、30多个地区的70多位队员，计划分别去各地"探店"走访，最后邀请这位"易咖"背后的师兄做一场面对面的创业分享座谈会。虽然后来因为疫情原因项目转到了线上，但我们热情不减，收获颇丰。那是我感觉自己离创业最近的一次，相信不少队友乃至通过推文、视频了解我们项目的朋友也或多或少有所触动。我想，大学生社会实践的意义之一便在于此。

扎根北理，胸怀天下，我亦不断向外探索实践。在凤凰网、清华大学战略与安全研究中心（中国论坛），我制作的视频获得了单条超过20万点击的成绩；更重要的是，双语编辑工作让我对各领域内容制作与新媒体运营产生了更深入的思考。在联合国全球可持续交通大会、哈佛大学中美学生领袖峰会，我收获了国际大型活动新闻传播经验，策划峰会电台直播节目并打破收听纪录，创意编导峰会首支音乐MV，提升业务水平的同时展开了创新的翅膀。在2022年北京冬奥会，我努力申请到了开、闭幕式现场斯坦尼康摄像助理的宝贵机会，在转播内容制作方面积累了难得的经验；同样珍贵且触动的是，在与世界顶级内容制作团队和来自不同地区的有志青年的跨文化交流中，我切身体会到了向世界介绍中国文化与当代思潮的喜与难，因而更加认知到了这项事业的重要意义。

梦想在眼前　热爱就现在

我的理想，从宏观角度来说，就是讲好中国故事，向世界传递好中国声音。我已保研至中国人民大学国际新闻传播专业方向，能够离梦想更近一步，实属幸运。读者或许会觉得我一帆风顺，实则不然，我的过往更像是连点成线、织线成网——是一根曲折的线、一张"扭曲"的网。通过自主招生的社科面试来到北理工，但高考志愿还是填报了热门的信息科技，在自动化全英班学习了几年，我毅然选择了转专业，怀着传媒梦，降级来到了英语系。无惧陌生的环境，无惧未知的领域，我把握机遇，迅速调整，凭借梦想和热爱的力量，抒写了别样的、属于我自己的北理故事，甚至获得了徐特立奖学金这一殊荣。在这里我由衷地感谢母校北理工的包容，感谢外国语学院、明德书院、睿信书院、自动化学院的支持，倘若没有各位师者、友人、同窗的帮助与鼓励，我恐无法成为今天的我。

回望过去，恍悟大学才是我人生中自我意识觉醒的时代，高考时并不清楚自己想要什么。因此不会后悔，我感激一路以来的每一个决定，它们带我经过了一程程迥然各异但绚丽多姿的风景。莎翁言"What's past is prologue"（"凡是过往，皆为序章"），"All the world's a stage"（"全世界是个舞台"），我深以为然。那根线、那张网会继续延展，不过谁知道人生将去向何方呢？不如向着太阳，抓住眼前的梦想、现在的热爱吧。祝愿我们都能不负时光、不负自己，成为想成为的人。

筑梦新时代，奋斗正当时

机械与车辆学院　李云巍

学习篇：笃学求知　梦想在执着中起航

2019年的夏天，我带着满满的期待和好奇来到了北京理工大学，开启了属于我的全新的大学生活。我清楚记得，大一时，我还没有特别清晰的发展方向，常常问自己：我的梦想到底是什么？此时，我对未来四年的本科生活怀着许多憧憬：有很多的专业知识要去学习掌握，打好牢固基础；有别具特色的校园社团组织可以加入，使我的音乐创作方面的特长得以发挥；能参加各类学科竞赛来积累经验，提升自己的创新实践能力。但也有着太多对未知的不确定性，因此犹豫，胆怯。诚然，面对丰富多彩的大学生活，我乐于探索与尝试，加入社团组织，当选班干部，参与学校、书院和班级的各类活动……但是我对基础课程的学习却略有放松，直到期中拿到自己不太理想的成绩，才幡然醒悟——"我需要仔细思索和平衡学习与其他工作之间的关系"。经过深思熟虑，我决定放弃一部分社团工作，将更多的精力和心思投入基础课程的学习中，制订详细的学习和生活计划并严格实施。功夫不负有心人，大一上学期我的成绩排名便进入了年级前5%，基本做到了学习与其他工作的平衡。经历了这样的过程，我明白了：学习最需要的就是自律，良好的学习和生活习惯很重要，持续努力，总会有所收获。

2020年年初，突如其来的疫情打乱了大家学习、生活的节奏。但我不为外界所困扰，凭借自己较强的自学能力与自我调整能力，积极寻找各种网络资源刻苦学习，做到防疫、学习两不误，最终以年级前3%的名次不负自己大一一学年的努力。

大二，我在工程实践中认识到专业知识对于实际工程开发应用的重要性，于是主动钻研专业知识中的原理与推论，要求自己对作业进行代码实现，真正做到理论与实践相结合，从而进一步提升自己的工程素养。同时，作为一名班干部，积极组织同学们进行集体自习和复习，耐心为班里同学作辅导、讲解，营造班级良好的学习氛围，带领大家一起进步、共同成长。

在面临专业选择时，在自己较感兴趣的"智能制造"与"工业工程"之间踌躇不定。但我认为，认真学习、认真做事才是在专业领域里取得成绩的根本因素，只要努力做事，便会答案自来。最终我在执着追求学习的过程中找到了最适合自己的专业，也更加明确了努力志向。脚踏实地，行稳致远，让焦虑和犹豫变换为指路明灯，我的梦想也越来越清晰。

步入大三，工业工程专业课与大作业"压力山大"，时常节点并至。我面对压力，积极应战，以更高标准要求自己，一定要在课程设计中做出创新，尽力达到创新创业参赛水准。就这样，我在专业课程设计中完成了多项最优作品，屡获教师好评。之后又以此为基础，进一步拓展思路，申报相关竞赛并荣获了许多奖项。

人生没有白走的路，三年的沉淀和积累给了我回报，我以专业第一的优异成绩完成了大学前三年的学习。天道酬勤，恒者为胜，

这个成绩的取得，源于我坚持不懈的求学求知、求真务实的创新能力和勇于探索的钻研精神。在抓好学习的同时，我在思想上积极向党组织靠拢，坚定理想信念，在党组织的指导、关怀和教育下，现已成为一名光荣的中共预备党员，时刻以一名共产党员的标准严格要求自己，以身作则，积极发挥先锋模范作用。我立志成为一个全面发展、对社会和国家有用的人，怀抱梦想，奏响新时代的青春乐章。

竞赛篇：臻于至善　青春在奋斗中闪光

对于我来说，我最重要的科研和竞赛生涯就是与北京理工大学路特斯无人驾驶方程式车队（BITFSD）的工作密切相连。大一上学期，我就加入了无人车队的无人系统组，随着与车队工作的深入接触，我对无人驾驶这一领域的热爱也愈发浓厚。从那时起，我就立志进一步学好数学、计算机相关课程，利用课余时间自学 ROS、C++、OpenCV 等工具，为日后的工程实践打下了良好基础。我喜欢和同学们共同探讨某个专业问题，也喜欢一个人独处静思，面对各种繁杂凌乱的资料、文献和数据，能够平心静气、沉稳淡定，耐得住寂寞。这就是我特有的面对科研的自我优势。为了获得扎实的理论基础，我分秒必争努力学习，一有时间，就一头埋进图书馆翻阅有关资料，做好笔记，

查漏补缺。在清晨，在深夜，常常可以看到这样的场景，在工训楼里，在心爱的赛车旁，我或者面对电脑反反复复进行调试、优化，或者和队友们在一起热烈讨论技术上的难题，夜以继日，乐此不疲。

经过三年的学习实践，我从无人系统组成员成长为核心主力，再由无人系统组组长成为副队长，在整个车队中承担着包括状态机设计、安全决策、标定算法优化、控制算法设计等一系列重要任务。值得一提的是，我还将工业工程的"流程优化"思想灵活运用到工程实践当中，将车队原本需要超过半天才能完成的工作简化到最快5分钟就可以完成，大大提升了测试效率。我由衷感叹："埋头做科研是很辛苦，要不停地跑数据、做测试，会舍弃很多玩乐休闲的时间，但我始终坚信，持续努力过后终会迎来曙光。"我用聪明才智和拼搏精神在奋力谱写属于我自己的青春旋律。

三年里，凭借着突出表现和优异成绩，我所在的无人车队夺得了2020—2022赛季三连冠，创造了蝉联夺冠的历史最好纪录。相较于所获得的这些荣誉和光环，我更珍惜的是在备赛过程中学到的专业知识、掌握的工程经验，以及收获的历经无数个日夜兼程、无可替代的同学友谊。

除车队工作外，我还积极参加数学建模、程序设计竞赛等，不断挑战自身能力，力求拓宽视野，了解更多更广的领域知识，并努力将其落实到实践当中。我在校的学习经历和成果，使我在研究生推免中获得了清华大学、中科院自动化所等高校和研究院所的青睐。基于对智能汽车的热爱，我最终选择了保研至清华大学车辆与运载学院，将在自动驾驶领域继续未来的研究。

才艺篇：用跳动的音符书写青春色彩

从五岁学习电子琴开始，我的生活就注定离不开音乐。取得电子琴八级证书后，又自学钢琴和编曲，对音乐的喜爱和理解愈加深入。以鲍勃·迪伦为榜样的我，初二起和几个同学一起组建了学生乐队——"忘想155"，我担任队长和键盘手，即使在学习任务繁重的高中阶段也依然坚持音乐创作和乐队演出。初高中几年间由我作词、作曲、编曲的十几首原创音乐如《忘想序曲》《此岸》《木缘错》等在网易云音乐、QQ音乐等平台发布；乐队在校园达人秀等赛事中多次获奖，深受同学们喜爱，演出的歌曲在校园广为传唱。被老师们称为"小徐志摩"、颇具艺术气质的我还经常参加一些校园舞台剧演出，如在《屈原》中饰演主角屈原，受到好评。

2019年9月，考入北理工后，一个承载初心和梦想的更大更亮的舞台展现在面前，更加吸引着对艺术怀有特别情感的我积极参与其中，尽情绽放自信和精彩。我入校即带领班级全体同学排练迎新晚会合唱节目，并为合唱作钢琴伴奏；多次参加精工书院"深秋歌会"并获奖；参加精工书院辩论赛，获最佳辩手；参与制作影片《小丑自白书》，在"空谷列车"大学道晚会中获第一名；在寒假回高中母校担任全校宣讲大会主持人等。认真完成学习任务之余，我还注重对自身音乐素养的提升，观摩音乐会，阅读音乐相关书籍等。

2020年年初疫情肆虐，我首先想到的是用音乐成为这个特殊时期连接人与人情感的纽带。从创作到编曲混音，我在家里熬了不少夜，终于完成《窗外》制作，发布于网易云音乐平台，获得网易云音乐"共克时艰"勋章。"胜利的手势，终将在窗外升起……"每一句歌词，都是对抗疫工作者的致敬，对爱与温暖的坚信。

在大一下学期的德育开题中，我收集了全班每位同学对于"未来"的感想，提炼创作歌曲《尽头的歌谣》作为班歌，鼓舞同学们带着勇气与梦想突破"尽头"，无畏无止地奋进；在QQ音乐"2020音创未来"原创歌曲大赛中，携原创作品《滋落梦》进入48强，成为其中唯一一名理工类高校选手，最终获得决赛优秀作品提名，评委们认为"作品非常独特，既体现了力求创新的年轻态度，又蕴含着细腻温柔的浪漫情怀"。此外，我还积极参与学校社团音乐节、艺术节等活动，排演了许多自己的原创音乐作品。

我认为，艺术不是时间的朋友，而是时间的凝华。在我心中，艺术的真正价值在于超越了时间的那一部分，直接触及永恒；而艺术来源于时间，来源于我们生活的千姿百态。艺术，终将成为我青春之路、人生之路浓墨重彩的一笔。

感言篇：回看来时路　行向更远处

光阴似箭，岁月如梭，我的本科学习时光即将步入尾声。回望过去的来路，我诚挚地感谢母校北京理工大学，感谢老师们的传道授业解惑，感谢朝夕相处真诚可爱的同学们。从北湖随着微风渐渐漾起的波纹，到夕阳下处处散放几何之美的文萃群楼，从工训楼地下室焊锡的气味，到中关村校区中心花园的芬芳，从体育场清晨的鸟鸣，到课堂上老师们的谆谆教导……我感恩在这里遇到的每一位老师、每一位挚友、每一处风景，也感谢不懈努力、勤勉刻苦、不断求索而收获满满的自己。

科教兴国，青春担当。党的二十大首次把科教兴国、人才强国、创新驱动发展三大战略放在一起集中论述，统筹部署，意义深远。未来，我将谨记母校"学以明理，德以精工"的校训，带着自己过去闪闪发亮的回忆，脚踏实地面对崭新的博士阶段的求学之路，将实现中华民族伟大复兴中国梦的历史使命内化为担当自觉，外化为实际行动，求真务实，笃志创新，将自己的全部青春和热忱投入为祖国的科技事业奉献中。

毕业季，奏响青春之歌

集成电路与电子学院　魏时雨

随着6月毕业季的临近，我站在北理工的校园中，思绪如潮，心中充满了对过去四年的回忆和感慨。那个初入大学带着憧憬和迷茫的我，仿佛就在昨日。现在，我即将踏上新的人生旅程，时光的车轮似乎在此刻停滞。如今，我不仅收获了深厚的学识，也收获了成长的经验，体验过各种酸甜苦辣，成就了自我。站在这个重要的人生节点，我感慨万分，心中充满感激。感激北京理工大学给我这个成长的舞台，让我有机会去实现自己的梦想，去追求自己的未来。

科研之舞

在大学的四年时间里，我积极参加各项科创竞赛。通过参加竞赛，不仅提升了我的科研创新能力，更磨炼了我钻研探索、永不放弃的精神。其中最难忘的便是参加2022年"集创赛"的那段时光。

2022年的全国大学生集成电路创新创业大赛，我和同学组队参加，经过不懈的努力，我们拿到了省级一等奖，并准备参加国家级的决赛。当时正值五六月份，由于疫情，购买的科研用仪器因为物流问题一直到不了货，试验场地也不好找，加上竞赛科研遇到困难和挑战，我每天压力非常大，感到很焦虑，心里一直发慌，夜里也睡不好觉，脑子里一直想着决赛如果无法取得好成绩怎么办。

好在我并没有让这种状态持续太久。通过和指导老师交流、和同组同学互相加油鼓励，我开始主动调整自我，让自己的心态更加积极，以更加乐观阳光的态度面对竞赛中的困难和挑战。在疫情稍微缓和之后，我每天都会选择出去跑步，通过这种方式缓解自身压力。很快，我心情变得好起来，并以更加积极的心态重新投入竞赛。

之后，我们找到了合适的试验场地，那里成为我们竞赛的新起点。在那段时间里，我们每日黎明就开始在实验室里探索与奋斗，直至夜幕降临。我们的生活被竞赛填满，我们一起探讨问题，共同解决难题，共同寻找创新的路径。我们互相激励、相互帮助，任何挫折都无法击溃我们的信心。我们用汗水和努力，书写着属于我们的青春篇章。那段时间，我们共同承受着困难和挑战，也共同分享着成功的喜悦。欢笑与忧虑，在实验室中交织出一曲激昂的乐章。面对问题，我们束手无策时，我们鼓励着彼此，互相扶持，共同前行。那是一段砥砺前行的日子，尽管困难重重，但我们始终坚信只要心中有梦，脚下有路，什么都无法阻挡我们前进的步伐。最终，在我们的刻苦钻研与不懈努力下，我们在决赛中取得了非常好的成绩。那一刻，我们明白了努力的意义，也体验到了团队的力量。这份经历，将铭记在我们的心中，成为我们青春的印记，成为我们奋斗历程中最宝贵的财富。

奉献之韵

我乐于帮助他人，工作认真负责。我担任过很多职务，积极参与书院和班级的建设。

大三时，我担任睿信书院第二党支部组织委员，负责管理党支部全体党员与入党积极分子档案，完成党支部历次会议的会议记录，管理党支部党员与入党积极分子活动，完成党员信息维护、收缴党费等工作。我参加了北京理工大学学生党支部书记培训并取得培训证书。通过培训学习，我的思想理论水平与支部工作能力得到极大提升。

2019年9月至今，我担任睿信书院1948班组织委员。我成功组织多次丰富多彩的校内外班级团建活动，增进了同学间的友谊，提升了班级凝聚力。我组织全班同学观看升旗仪式、祭扫烈士陵园、观看爱国影片等，培养同学们的爱国主义情怀。我的活动策划能力与组织工作水平得到了老师与同学们的充分认可。在"迎校庆，讲校史"活动中，我组织并参与了北理工校庆诗朗诵，表现优异。我参与了学院组织的电子科学与技术全英文班2020届新生招生宣传工作，精心制作并播放了精美的招生宣传短视频，为新生们提供了专业的入学帮助和指导。

我积极传播党的知识，宣传发展入党积极分子，到目前为止已经发展了14名入党积极分子，人数比例占全班总人数的56%。我协助同学们完成各项入党工作，全心全意为同学们服务。

我担任睿信书院兼职辅导员期间，协助老师策划和组织多种学生活动，丰富了同学们的校园生活。同时，我也经常和同学进行一对一的交谈，给予他们个人发展指导，帮助他们树立人生目标，解决他们学习生活中遇到的问题。此外，我还协助老师进行日常的学生管理工作，关注学生的日常生活情况。

通过大学四年的学生工作经历，我不仅在组织协调、活动策划、团队领导等方面得到了极大的锻炼和提升，而且增强了我对于团队合作和个人责任的深度理解。工作过程增强了我的理论知识和实际操作能力，使我在处理日常工作和突发事件时，更加从容，更加高效。学生工作也让我更加体会到了帮助他人的快乐。

公益之歌

自大一入学以来，我就积极参加各类社会志愿服务活动。

我报名参加了社区垃圾分类志愿者活动。垃圾分类，意义重大，利国利民。寒暑假期间，我坚持每天一小时的垃圾分类宣传与垃圾站点值守，风雨无阻，耐心细致地给居民讲解垃圾分类常识，指导居民们按照垃圾分类的标准投放垃圾。我还协助社区举办新颖生动的居民垃圾分类知识竞赛活动。经过两个多月的努力，小区居民们建立了垃圾分类的意识，每家每户基本按要求达到垃圾分类标准，我的工作得到了社区领导和居民们的充分肯定。

我报名参加"两会"治安志愿活动。早春的傍晚，严寒尚未退尽，我按时在木樨地为"两会"执勤，坚守在自己的岗位上。我辛勤的付出得到了社区领导的肯定和赞扬，我为营造有序、文明、安全、和谐的首都贡献了一份力量。

除志愿活动外，我还积极参加各项社会实践活动。每年寒假，我都参加"北理思源计划"实践活动，积极参与学校的招生工作。我和高中同学一起创建了面向北京八中的招生公众号，向学弟学妹们说明招生政策，分享北理生活。同时，我们还举行了多次线上或线下招生宣讲会，让学弟学妹们更好地了解北京理工大学，为学校的招生工作贡献自己的力量。

我参加了睿信书院第二党支部组织的四川省南部县乡村振兴调研实践活动。活动期间我认真完成每一项考察调研工作，不怕困难，尽职尽责，及时撰写推送新闻稿件。同时，我也和同队学生一起来到乡村田间，与村民们一同劳作，并为有需要的村民们提供生活必需品。此外，我们还为村中学生提供了学业辅导与帮助。最终，此项实践活动取得圆满成功。

通过志愿服务活动与社会实践活动，我不仅服务了他人，更锻炼了自己。我会在今后的学习和生活中，继续努力，继续坚持，继续奉献。在奉献中体会快乐，在奉献中收获幸福。

结束与开始

四年的北理工大学生活，正如中期答辩时所说，我已经成为更好的自己，我期待能在热爱的领域中做出贡献，实现自己的价值。

毕业，是一段旅程的结束，也是另一段旅程的开始。这不仅仅是一个告别，更是一个承诺。我会珍视这段青春的记忆，感谢所有在这个阶段陪伴我的人，感谢北理工为我提供的优秀平台，感谢自己这四年的努力和成长。

回望过去的日子，我深感自己收获了许多。但这不仅仅是学识的积累，更重要的是独立思考的能力、承受压力的勇气，还有那份深深的爱国情怀。这些都是我人生的宝贵财富，是北理工赋予我的独特标记。

未来，我将继续在北理工度过三年。我期待这个新的旅程，期待着新的挑战和机会。尽管我知道前方的路可能会坎坷，但我相信，只要目标坚定，我定能砥砺前行，实现自己的梦想。

总的来说，大学是我成长的舞台，是我感受世界的窗口，是我磨炼意志的训练场。我感激大学时光，感激每一个在我生活中留下痕迹的人和事。未来的日子，我会怀揣这份宝贵的回忆，持续前行，去追寻更大的梦想，去实现更高的理想。再见了，我的大学时光，感谢你给我带来的所有，这份记忆，我会永远珍藏在心。

是结束，也是开始

经管书院　梁丹琪

时光匆匆，大学生活接近了尾声。在大学的每一天，我收获的知识与成长都是巨大的，进步也是飞速的，我珍惜在北理工的每一天，一步一步迎接着更好的自己。

还记得，德育开题时，我的目标如下：大一，完成学习方式的转变，完成心理的适应，对未来深造方向有初步的规划，完成个人兴趣的探索，提前学习ACCA课程；大二，至少提升英语水平至瑞丁大学升学要求，尝试参与"商赛""大创"、英语比赛，尝试在暑假或寒假出国交流学习，尽可能涉猎更多的专业领域，对未来职业选择有初步方向；大三，决定是否出国学习交流，确定求学方向，开始实习，更深入地了解自己的职业规划；大四，继续努力。

目前，处于大四的我基本上按照大一时规划的路径稳步前进，设立的目标绝大多数都已完成，但是出国交流学习因为疫情的原因没有实现，与德育开题时的目标略有不符，是一个小小的遗憾。

直面挑战，从焦虑迷茫到专业第一

大一时，由于英语短板和课程变化，我起初对全英文专业学习产生了深深的焦虑。但是，我很快识别了自身短板，调整心态，每周都会和外教口语练习，并额外自学通过了8门ACCA课程。在学习过程中，相较于关注最后是否能取得高绩点，我更关注自己在学习过程中知识的积累和能力的提升，认真做好自己的事，和同伴积极分享交流学习经验。终于，坚定的目标和高效的学习能力，让我收获了满意的成绩：前六学期加权平均成绩为93，专业排名1/132。所有专业课程均名列前茅，其中Audit and Assurance（96）、Business Finance（96）、概率论与数理统计（100）等9门课程成绩均为年级最高分。良好的学习习惯让我在每一门学科的学习中都能深度掌握所需的专业知识，专业第一的成绩也让我在保研中取得了竞争性优势。

在学业上，我总结出了一套适合自己的学习方法，不再患得患失，重视过程而看轻结果。首先，拒绝"内卷"，摆脱焦虑。不随波逐流，不为了"内卷"而学习是我的底线。当没有目标而努力的时候，带来的焦虑和压力是负面且顽固的。我们永远无法兼顾所有的比赛和工作，这样下去只会在量不在精。选择一些比赛要注意"性价比"，将自己的兴趣与特长结合起来也是至关重要的。其次，主动探索、深度掌握。对待知识，我早已经摆脱了填鸭式接受，由被动转变为主动，针对自己感兴趣的领域或者必需的知识与技能进行探索，这样才能摆脱表面浮躁的学习，完成深度掌握。最后，思维训练、顺其自然。在中外会计专业的学习中我收获最多的就是批判性思维的锻炼，我相信这远比知识点本身更加重要。

科研实习，让专业知识"鲜活"起来

大二时，我首次担任国家级"大创"负责人，完成了"基于另类业绩指标的市场反应预测研究"。后来经推荐，我又参与了"绿色金融及可再生能源技术创新"课题组，开始更加系统地参与科研活动。科研的重点是千万不可以浮躁，要耐得住寂寞，学会取舍，能专心做一件事。这是一种责任和担当，这种自我激励可以督促我自己不断投入更多的精力。这次科研进一步培养了我严谨踏实、越挫越勇的作风和细致的工作习惯。更重要的是，这让我对绿色金融所属的金融领域产生了更浓厚的兴趣，进一步指导了我的实习方向。

大二的寒假，我参与了中国发展高层论坛研究组的实习。我作为2021中国高层发展论坛经济峰会志愿者，协助研究组进行论坛议题资料研究整理，撰写会议前沿热点议题初稿，并参与李克强总理谈话参考筹备工作。接着，我连续申请了申万宏源和中信证券非银金融组的实习。从数据底稿的整理到估值模型的搭建，到最终独立撰写个股深度分析报告，并负责制作PPT展示成果，我都积极参与。实习让我意识到自身专业素养的欠缺。因此，我继续通过光华案例分析比赛、奥玮咨询案例大赛、财务数智化比赛（全国二等奖）和国际企业管理挑战赛（全国三等奖）等，进一步夯实在估值、财务和决策等方面的专业能力。

家国情怀，在实践和社团中感受红色力量

继往薪火百年梦，时代新人我来说。2021年7月，适逢中国共产党百年华诞，我和几个热爱演讲、志同道合的伙伴聚集在一起，决定重述党的故事，以大学生的身份献礼百年大党！我们采用室内＋室外、线上＋线下、问卷调查＋视频制作形式，走访多处历史遗迹。最终，我们共制作了28个成品视频，视频总浏览量达10W＋；实践历程被《中国共青团》杂志等多家媒体报道；北京理工大学团委微信公众号也报道了本次社会实践，我们团队获暑期社会实践校级"优秀团队"称号。

此外，在任第37届京工演讲团演讲队队长期间，我曾担任"北理演说家"总负责人，组织举办校级"百年大党"演讲赛事。该赛事获校团委的重点表扬，额外获批2 000元经费资助；获团委公众号宣传推广并获"北京理工大学学生社团精品活动"称号。

通过参加一系列红色教育的讲座和社会实践活动，我感受到了大学生是可以通过自己的力量为社会带来些什么的。例如，在暑期的社会实践中，我认真地给自己提出了三个问题：大学生可以做什么？我的兴趣可以做什么？如何在特殊的时间节点以大学生的身份做些有意义的事情？所以，我们来自各个书院因为热爱走到一起的同学就做成了这样一个薪火党史宣讲团，以时代新人的身份重述党史。坚守初心，我们坚持热爱导向；组建团队，我们看重志同道合；在宣讲过程中，我们不求回报地投入时间和精力。这一切，都让我更加深刻地感受到大学生的使命和担当。

感受成长，"诗意"地栖居在多彩的校园

作为一个非典型的商科生，除了校内课程、科研实习和社会实践，我更追求自己大学生活的丰富度。大学生应当充满朝气，充满好奇，善于思考，德智体美劳全面发展，而不是做死气沉沉的"学习机器"。因此，我广泛涉猎了时事论坛、征文比赛、HRU大赛、北京理工大学2023届本科毕业生德育答辩论文演讲比赛、主播大赛、辩论比赛、篮球比赛、运动会等各种文体类比赛，曾获2021年第七届HRU大赛北方赛区无领导小组讨论环节第一名、国赛个人AA级，2020年院级"时事论坛"比赛特等奖，2021年"北理之声"广播台"新声代"主播大赛冠军等。

驻足分叉路口，我其实也面临着巨大的困惑。但是，适当的困惑有利于我继续探索人生的方向。现在的我一切都是刚刚好的状态，或许在未来我会有陷入低谷的状态和时刻，但我希望到时候可以再看看自己前一阶段的思考，这可以给自己重新改变的力量。只要一直保持一个不断虚心接受、修正自己的状态，我便可以自信地直面每一次思考和错误。每一个结束都是新的开始，我相信，我前行的步履不会停下。

大学生活中的个人绽放

北京书院　唐绍原

教育是社会发展的重要基石，而德育作为教育的重要组成部分，对于培养学生的道德品质、社会责任感和个人素养具有至关重要的作用。随着社会的进步和发展，人们越来越关注学生的全面发展，不仅要注重学术成绩的提高，更要注重学生的道德修养和人格塑造。

四年的大学生活即将结束，当我回顾这段求学之路时，我发现我最大的收获并不在于荣誉和成就，而在于培养了我积极向上的价值观和良好的道德品质。

寻找科创路，值得铭记的科研旅行

2020年9月，因为疫情原因不能在学校线下上课，在居家线上的课程中我无意间看到机器人的竞赛视频。于是我在网上查阅各项资料：机器人的形态、机器人在各项领域的应用。功夫不负有心人，一次偶然的机会我便开始了我的科创之旅。我初次报名的项目是中国高校智能机器人创意大赛，在选择队友的时候我询问了许多同学，大部分同学都不是很想参加。尽管寻找队友的过程中有失望，有疑惑，但是最后是友情，是智慧，让我找到了志同道合的人。我带领团队在线上线下查阅资料、开会讨论，最终确定了参加机器人仿人视觉对抗项目。

没过多久便到了初赛的日期。比赛初期，团队还是一盘散沙，每个人都不知道自己的任务。我便与团队成员进行分析，在一次次交流讨论中，每个人逐渐找到了各自的职责与位置，开始了积极的备赛，从翻阅指导手册到竞赛场地的组装，我们的工作安排逐渐变得有序。但当我们以为竞赛是如此顺利之时，困难才刚刚开始。在机器人需要接受语音命令"开始导航"时，连接机器人的屏幕有文字显示，但是机器人并没有任何反应。每个人都在寻找问题所在，经过长达 3 天的时间终于解决了这个问题。在后续的备赛过程中我们不时地遇到困难，但好在我们继续坚持，把它们一一攻克。

最终，我们取得了 2020 中国智能机器人格斗大赛一等奖，第三届中国高校智能机器人创意大赛二等奖。

通过此次的竞赛，我与队友逐渐找到自己的方向。在无人机项目备赛过程中，我与团队成员进行指令的试错、硬件结构的调试、场地的布置等。我们不断地遇到磕碰、零件失灵等硬件方面的问题，也遇到执行的动作与输入指令不相符的情况，或是由于软件方面的问题导致硬件"假失灵"。我带领团队成员及时进行调整，将错误改正。在场地的搭建中，我们也为场地加上了护网，最大限度减少试错的成本，防止出现机体损坏或者人身伤害。在实现智能自我控制飞行之前，先选择人工试飞，了解无人机的稳定性，对飞控进行调试，了解环境对于无人机的影响，模拟出正式自主飞行时无人机可能会遇到的问题。在一次次的不断打磨程序、调整合适参数、多次试验飞行后，终于无人机自主工作，成功完成任务所需的全部流程。我们获得了 2021 中国智能机器人格斗大赛一等奖，第四届中国高校智能机器人创意大赛二等奖。

无人机已经呈全面铺开的趋势，应用的前景需着眼于实用化、自动化。我坚信我们所实行的计划与想要达成的目标，拥有良好的发展前景，甚至能够为中国无人机乃至智能机器人事业发展贡献出一份力量。哪怕只是一点点小小的帮助，我所做的事情就是有意义的。

在学生会中提高自己

作为心理部的一员，我有幸从一个普通的部员成长为一名优秀干事，获评北京书院优秀干事，并最终担任起心理部副部长的职责。

作为心理部副部长，我需要领导团队并协助部长开展各项工作。我积极参与决策和规划，并组织部员们共同完成任务。通过团队的努力，我们成功举办了一系列大型心理活动，包括"阳光心晴"挑战赛、心理健康节、定向越野等，为全校师生提供了良好的释放压力的平台。

这段任期对我个人的成长有着深远的影响。我学会了如何与团队合作，如何发挥个人的才能和优势，如何解决困难和处理复杂的情况。通过参与心理部的工作，我提升了自己的领导能力、组织能力和人际沟通能力，为以后的职业发展打下了坚实的基础。

音乐伴我同行

课余生活，我热衷于乐队活动，并积极参加各种表演，不断提升自己的音乐才华和艺术修养。乐队活动不仅让我享受音乐的魅力，还为我提供了一个展示自我的舞台。

我与其他乐手密切配合，共同创造出美妙的音乐。我们一起排练，共同努力，不断追求音乐的完美。在这个过程中，我不仅提高了自己的乐器演奏技巧，还学会了倾听、沟通和互相支持，这些都是培养团队合作精神的重要方面。

参加各种表演是我锻炼和展示自己的机会。每次站在舞台上，我感受到音乐带给观众和我自己的情感共鸣。每一次表演都是对自己技艺的一次挑战，也是一次成长的机会。通过面对观众的目光，我克服了紧张和压力，提高了自信和自我表达能力。

音乐不仅仅是一种娱乐方式，更是一种表达情感和传递信息的艺术形式。这段乐队生活丰富了我的课余时光，也为我的个人发展带来了积极的影响。

结 语

四年的大学生活带给我全方位的成长，感谢北理工，感谢老师、同学、朋友，也祝福自己，希望自己未来在热爱的领域有所建树，为社会贡献自己的力量。

大学的学习生活给我们的人生谱写了一段美妙的乐章。她是生动的，更是多彩的；她是实践的，更是独特的。成长之路，并无遗憾，南山之上种心梅，俯仰无愧花不颓。四年光阴荏苒，我们感激一路上并肩走过的伙伴，感谢给予我们帮助的所有人，更要感谢的，是那个遇到困难但又不服输的自己。

第三篇 青春行

一身浩然气，满腔报国志

宇航学院　　方浩然

日月其迈，时盛岁新；星霜荏苒，居诸不息。从2019年高考结束顺利步入北京理工大学，到2023年成功保研即将攻读北理工宇航学院航天工程硕士研究生，在这充实难忘而又丰富多彩的几年大学生活里，我经历了许多，收获了许多，更感悟了许多。

值此毕业之际，我向为我提供了良好的成长环境和浓厚的学习氛围的北京理工大学表示由衷的感激，对那些曾经关心我、理解我，鼓励我、支持我，引导我、帮助我的领导、师长、同学和亲友们表示诚挚的谢意。

回首过去，一直以来，我积极向党组织靠近，热爱祖国、胸怀国家、对党忠诚，积极工作，政治立场坚定。入学至今，我时刻牢记初入校园时立下的"投身国防、军工报国"的誓言，在学业上一丝不苟、孜孜以求，综合成绩名列班级前列，多次获得国家励志奖学金和本科生优秀奖学金，荣获校级"青春榜样"（军工报国类）和院级"军工报国之星"的荣誉称号。四年以来，无论是学生工作，还是志愿服务，又或是平日生活，我都本着真诚有礼、乐于助人的原则服务同学、协助老师，荣获了校"优秀学生干部"、校"优秀团干部"和校"优秀团员"称号。

下面简单梳理一下我的大学时光。

（1）沐浴思想洗礼，锤炼党性修养。

2019年9月，一进校我就提交了入党申请书，成为一名入党积极分子，从那一刻起，我时刻按照一名党员的标准严格要求自己，胸怀国家、关心时事、服务同学，不断提升思想觉悟，加强学习理论知识，锤炼提升党性修养。2021年12月12日我成功转为一名光荣的中共预备党员，迎来了为期一年的考察期。

在这一年中，无论是线上学习还是线下实地走访参观红色基地，无论是观看爱国主义教育纪录片还是聆听专家教授的讲座，我都受益匪浅。在学校的大力宣传教育中，在张盟初辅导员、耿宝群辅导员以及李文博辅导员等书院学院辅导员们的用心培养下，通过长期的党课学习和教育，我对中国共产党有了更加深入和全面的认识，进一步增强了自己对中国共产党的热爱，更坚定了我对党忠诚的决心。

作为一名光荣的中共预备党员，我不仅提高自身觉悟，加强党性修养，还带动身边的同学、亲友学习领悟二十大报告的精神内涵。国旗护卫队作为一个特色鲜明的校级学生组织，不仅要提升队员身体素质，升好每一面旗，更要加强思想理论水平，积极开展党建工作；不仅要立足于队伍建设，更要积极投身校园建设，充分发挥先锋模范带头作用，为学校发展贡献一份应有的光和热！于是，在获得了国旗队指导老师和学生工作部相关老师的认可和支持下，作为队长的我带领着国旗队的骨干，以学习党的二十大精神为契机，打牢思想根基，补足精神之钙。通过定期开展教育活动、参观红色教育基地、举办红色读书月活动、邀请青年宣讲团成员进行宣讲等形式传承红色基因、赓续红色血脉。

我加入了院"薪火"宣讲团，尽可能地带动身边同学一起进步。我于2023年3月10日光荣转正。

（2）立志军工报国，投身航天国防。

"青年强，则国家强。当代中国青年生逢其时，施展才干的舞台无比广阔，实现梦想的前景无比光明。"作为广大青年的一员，我们应该"坚定不移听党话、跟党走，怀抱梦想又脚踏实地，敢想敢为又善作善成，立志做有理想、敢担当、能吃苦、肯奋斗的新时代好青年，让青春在全面建设社会主义现代化国家的火热实践中绽放绚丽之花"。

国防发展和军队建设，在中国特色社会主义事业总体布局中具有十分重要的地位。习近平总书记明确指出要"实现建军一百年奋斗目标，开创国防和军队现代化新局面"。

北京理工大学是一所从延安烽火中孕育的学校，也是中国共产党创办的第一所理工科大学。它培养了一大批矢志科技报国的领军人才，走出了一条中国共产党创办和领导中国特色高等教育的"红色育人路"，一条矢志国防、服务战略的"强军报国路"，一条开放包容、交叉融合的"创新发展路"。在这样一所军工院校里，作为宇航学院的一名学子，这些国防文化将我吸引触动，这些红色基因深入我的骨髓；特别是在认真学习二十大报告和参观主题展后，我更加坚定了军工报国的志向和投身航天领域的决心。

在 2022 年下半年，面临 2023 届硕士研究生推免的专业选择时，我毫不犹豫地决定留在北理工宇航学院，选择了攻读航天工程专业。除了在个人学业上要坚定不移地将这条航天报国之路走下去，我还在学生工作中和平日生活里，积极弘扬军工文化，大力宣传国防知识。在指导老师的带领下，我组织国旗队积极开展爱国主义教育，多次举办国防军事讲堂；还联系武装部徐仕琦老师，联合"鹰隼之家"的退伍大学生承担学校军训的教官工作，帮助 2022 级大一新生在掌握基本军事技能和相关国防知识的同时，进一步增强国防观念，并引导他们矢志报国，投身国防！军训期间，我作为教官带领的 33 连也获得了"优秀连队"的荣誉称号。我本人也有幸在 2022 年度第十一届"青春北理"年度榜样人物评选活动中，荣获"青春榜样"的称号。

（3）打牢知识根基，练就过硬本领。

奋斗新时代，青春正当时。在纪念五四运动 100 周年大会上，习近平总书记深情寄语新时代中国青年珍惜韶华、不负青春，殷切嘱托广大青年要在学习中增长知识、锤炼品格，在工作中增长才干、练就本领，以真才实学服务人民，以创新创造贡献国家。

初入校园，我就深知全面发展、努力学习、掌握科学文化知识是大学的首要任务，也是以后真正军工报国的根本保证。在学完大一大二的公共基础课程以及大三上学期的专业基础课程之后，大三下学期的专业进阶课程显得尤为重要。于是我比之前更加用功，课堂勤记笔记，课后不断复习，公式推了又推，知识背了又背，学习上从不放过一个细节，任何疑难问题都想办法及时解决，对待每一次的大小作业也是精益求精，甚至在暑假居家期间仅有一门网课的情况下，仍然坚持在校的学习强度。功夫不负有心人，我终于掌握了这些专业知识，获得了较好的考试成绩，并在下半年以三个学年总加权成绩 89.05 分成功保研，并有幸成为德高望重的林德福教授所带领的研究生团队中的一员，认识了像王辉老师一样德才兼备的老师们。

林教授在科研领域放眼全球的世界格局观让我惊叹，林教授带领团队取得的科研硕果和实验室里治学严谨的学术氛围让我敬佩，林教授关爱学生、平易近人的育人风度更让我折服。这些对我未来的科研工作和个人生活都有十分重要的指导意义。王辉老师治学严谨、平易近人，从毕业论文选题到修改撰写，从技术研究到结果分析，包括我从航空航天工程专业到飞行器总体设计专业的转型学习，他在整个过程中都给予了我重要的启发、宝贵的意见和全面的指导，让我在完成毕业设计的同时一步步地提升自己的学科素养和科研能力。

在老师们的教导下,我深刻认识到,要想在日后航天领域的科研工作中能有所贡献,首先需要具备瞄准世界科技前沿领域和顶尖水平的全球视野,以及敢于同世界各大强手比拼的壮志雄心;其次,要培养大局观念,增强团队意识,树立团队精神,提升团队凝聚力并发挥团队协作的优势;最后,要在打牢专业知识根基、广泛涉猎相关知识和熟练掌握专业技能的条件下,着力增强独立自主创新能力。本科阶段的相关科研竞赛就是很好的锻炼机会,但是由于我在掌握专业知识和参加学生工作两个方面投入了大量的时间和精力,导致这方面的经历较为欠缺,能力较为薄弱。

(4)从小处做起,乐于服务同学。

大学四年,我参加了很多学生工作和社团组织:校国旗护卫队、校共学会、校物理爱好者协会、校京工演讲团、院"薪火"宣讲团、院学生会、院团委、院朋辈导师、学科领航员、学业领航人、学工部助管,等等。

作为国旗队连任两届的大队长,在指导老师的带领下,我组织全队骨干着手建制的改革和体系的完善,在保留半军事化色彩的同时融入学生组织管理办法,从修改训练计划到具体动作教学,从队伍带训管理到执行大型升旗任务,从单调辛苦的队列训练到丰富多彩的队伍活动,从提升队员的身体素质到加强思想文化的学习,都提出了一套行之有效的创新方法。留任以来,国旗护卫队从起初的三四十人发展为一百多人,规模逐渐壮大。

作为班级团支书和朋辈导师,在平日生活里或是学习工作上,对身边的同学和学弟学妹我总能够以礼相待,提供帮助。

北理工的四年时光,带给了我成长,坚定了我的志向,我将带着浩然之气、报国之志砥砺前行。

是结束，亦是新的起点

光电学院　白淑妍

时光荏苒，有如白驹过隙，四年的本科生活马上就要和我挥手作别。回顾大学四年，感觉时光飞速流逝的同时，也得到了很多宝贵的东西，用一句话来形容就是：以失败为奠基石，以挫折为新起点，向着目标靠拢，向着成功挺进。

不断追求思想进步

四年来，我一直在各个方面严格要求自己，秉着不断提升综合素质的目标，努力地学习科学文化知识，不断地充实社会实践经验，弥补自身的不足。思想上，我热爱祖国，热爱中国共产党，积极要求进步，在大二递交了入党申请书。虽然一直没有能够加入党组织，但是我并没有放弃，仍然不断地向党组织靠拢，不断坚定政治信念，并认真学习领悟党的理论知识，树立了正确的世界观、人生观和价值观。如今身为一名共青团员，我仍时刻以党员的标准严格要求自己，积极学习宣传贯彻党的各项基本理论、路线、方针和政策，不仅在行动上入党，在思想上也紧跟党的步伐，关心国家大事，关注身边小事，以班委的身份发挥带头作用。

不断提升专业技能

学习上，我勤奋刻苦，对专业知识的学习牢固扎实，大一至大三学年成绩保持年级前列，大四学年成功获得保研资格。

平日里，我十分注重拓宽自己的专业知识，优化自己的知识结构，培养自己科研思维和实践能力以及全方位思考的能力。我在大三期间参与多项竞赛，以激发自己的学习兴趣并增强自己的自学能力。我在准备各类竞赛的过程中，通过与老师、同学不断讨论、交流，提高了自身的沟通能力。

最终，凭借着持之以恒的毅力和牢固扎实的基本功，我连续三年拿到二等优秀学生奖学金，获评校级优秀学生干部，并且获得光电奖学金一等奖。在竞赛方面，我参加了大学生创新创业大赛、"挑战杯"、美国大学生数学建模比赛，以及光电赛，并且获得了多项校级、省级奖项。当然获奖并不是我的最终目标，相反，那只是我继续前进的又一个起点，我将以此不断激励自己更加地奋发图强、努力拼搏。

不断提高综合素养

大学四年期间，我分别担任了班级的心理委员、学习委员，院学生会的副主席。对于班级事务，我认真负责，一丝不苟地完成；对于学生会工作，我有条不紊地处理，做好主席的协助。这些职位充实了我的课余生活，帮助我提升了综合素质。

我还积极担任课代表。为了做好课代表的工作，我更加严格要求自己，处处以身作则，全心全意为同学服务。我按时收发作业，积极配合老师工作，传达老师的学习任务，帮助任课教师了解班级同学。

我爱好广泛，还经常踊跃参加院系举办的各项活动，比如团体操、趣味运动赛等，努力把自己发展成为德智体美劳全面发展的高素质人才。在这个过程中，我曾设计班徽并获得二等奖，参加团体操比赛并获得一等奖。

我深知身体是革命的本钱，所以我每天都坚持锻炼身体，比如打几个小时的羽毛球或者参加舞蹈培训，因而体育课成绩良好。在科技创新方面，我也同样不断努力，不断进步，积极参加学科竞赛，并于大三上半学期，跟着专业课老师研究"基于荧光光谱仪的苹果糖度测量"的课题。

不断增加社会责任感

在生活中，我热情开朗、勤俭节约、乐于助人，并自觉遵守学校的各项规章制度。

2022 年，作为北京冬奥会滑雪大跳台的赛会志愿者，协助合理安排值班工作、保障物资供应。另外我还作为观众物资分发志愿者，成为冬奥观众进场馆时第一个见到的志愿者，将冬奥会的欢迎送到每一位观众手中。在这个过程中，我真正感受到无私奉献、帮助他人所获得的满足感。

是结束，亦是新的起点

"要成功就得奋斗，要奋斗就有失败，但不奋斗永远也不会成功。"我用自己的信念与努力谱写着绚丽的青春乐章。相信在以后的日子，我将会更加努力地提高自身的素质和修养，提高自己工作的能力，发扬优点，克服缺点，在不久的将来为国家和社会贡献自己的力量。

大学四年的生活将告一段落，然而在飞速流逝的时光中我所经历的、学习的、感受的，都会成为我未来的奠基，我将乘势而上，开启未来。

星光盈盈，微风泛泛

特立书院　陈羿

时光荏苒，岁月穿梭。将要毕业，总感不舍，虽说匆匆，但每一段富有意义的时间序列都已深印在脑海中。

大学教育，塑造人格，塑造世界观、人生观，如同微风泛泛，在不知不觉当中给了我助力。感谢北理工的平台，让我见识到了以前未曾想象的世界的宽度，为我树立了远大的目标，在远处，如同星光盈盈，照亮着前行之路。

迷茫

初入大学，我对很多事情都感到迷茫，不知道自己该干什么，也不知道如何确立自己的目标。那时候，耳闻他人的成功，多种多样，却不知哪一条路适合自己。

大学的课堂，是完全开放式的，上课主要靠自觉。每一门课程的内容都十分丰富，老师讲课进度也十分快，一开始很容易不适应。每一门课的作业其实并不多，但是真正想掌握这一门课的知识又不容易。

初入大学，面对纷繁的学生组织和学生社团，如何选择也是一个困扰。如何平衡好课余时间和学习时间，也是一个需要思考和认真琢磨的事情。

大学没有人来监督你的作息，如何保证早睡早起，如何保证体育锻炼，都需要靠自律。

改变

初入大学，谁都有迷茫的时候，可以一时迷茫，但不能一直迷茫。要尽快调整，适应新的环境。要学会利用好自身的优势，发挥自身长处，培养自己各个方面的能力，让自己的大学生活更加丰富多彩。

经过认真思考，我认为大学生最主要的还是学习，如何在保证课内学习的同时，精进自身的专业能力是应该着重考虑的。2020年，我选择了计算机专业。能够接触当前人工智能最先进的知识，是一件令人振奋的事情。在大二下学期，我主动联系了实验室，开始尝试科研。在这个过程中，我有了喜欢的研究方向，给我之后的科研道路打下了坚实的基础。在课堂上，我经常坐在第一排，认真听课不再是一件难事，而是一件很享受的事情，未知而又新奇的知识，就这样在专注中注入我的大脑之中。这时候，学习成了自觉的习惯。

在大一期间，我还加入了许多学生组织。在这些学生组织中，我遇到了很多志同道合的伙伴，我们一同学习、一同进步，一起享受组队参加竞赛的快乐。

生活上，我克服懒惰习惯，变得更加自律。我充分利用白天的时间，在白天尽量把事情做完，这样就能争取不再熬夜赶时间节点完成作业，还能用剩余的时间，拓展自己的其他方面。

领悟

转变带来的是不一样的感悟，时间带来的是一个全新的自己。经过了这四年，我的变化巨大。面对困难，我不再想着如何躲避，而是迎上去，解决它；面对难题，我不再想象着如何敷衍了事，而是用最大的努力完成它。

2020年年初，我积极响应号召，加入了抗疫志愿者的团队，成为天津市的一名抗疫志愿者。我勇敢担当、奉献自我、服务他人，用实际行动诠释了"奉献、友爱、互助、进步"的志愿精神，有力支持了疫情防控工作，获得天津疫情防控志愿服务荣誉证书，收到来自共青团天津市委员会的感谢信。

在学习上，我刻苦努力，加强了专业课程学习的强度。经过不懈的努力，我稳步提升课程成绩，多次获得优秀学生奖学金。随着对所学专业的深度理解，我对未来的研究方向也越来越坚定。

2021年，我光荣加入了中国共产党，成为一名共产党员。

建党百年之际，我赴河南商丘睢县参与暑期支教和调研实践。在实践过程中，我采访脱贫村的村干部，了解当地脱贫前后生活的变化；积极同睢县教体局开展当地教育改革等话题的交流，深入了解当地的教育情况。在支教过程中，我以丰富多彩的形式为当地儿童讲述中国历史故事。

2022年北京冬奥会，我作为一名志愿者，见证了这一盛会。作为北京理工大学和石景山区团委的对接人，我负责石景山站点内部的汇报、沟通、规范等工作。在日常与赛事服务中，我认真完成首钢滑雪大跳台的宣传工作，为展现北京冬奥组委总部驻地和"双奥之区"——石景山做出了贡献。

在大学期间，我担任过徐特立学院第七党支部副书记、徐特立学院青年志愿者协会主席、特立书院学生代表、特立书院2020级朋辈导师、北京景山中学朋辈导师。作为学生骨干，我积极履行职责，牢记青年担当，主动组织、安排、参与院校两级各项任务以及校内外的各项志愿活动。在生活方面，我和老师们、同学们相处得十分融洽，在同学们之间树立起良好的形象。在运动锻炼方面，我严格控制自己每天摄入的热量，加强体育锻炼，从一开始的跑1千米，到2千米，再到5千米，再到跑10千米，现在可以一口气跑20千米，完成突破。运动已经成为我的生活习惯，已经是我必不可少的每天的事情。运动塑造了我的顽强品质、塑造了我的毅力，让我更有饱满的精神状态完成我的学业与科研。

远航

在科研方面，我现在的研究方向是计算机视觉方面，希望我之后能在人工智能领域、无人驾驶领域做出我自己的贡献。

在生活方面，我希望能够全面发展，充分找到自己的优势所在，努力成为一个综合素质突出的人，实现自己的梦想。

在思想方面，我要时刻严格要求自己，认真领会党的路线、方针、政策精神，积极参加各种政治学习、教育活动，以及党组织开展的实践活动，全心全意为人民服务。

我将不忘初心、牢记使命，始终做新时代长征路上的奋斗者、开拓者。让责任与使命，让拼搏与奋斗，始终刻在我的脑海中，实践在我的行动中。

踏上旅途

计算机学院　田馨竹

从婴孩呱呱坠地，到稚童懵懂欢舞，从初入学园的稚子，到结束本科生活的青年，我经历了22个春夏秋冬，面临过无数或简单或困难的选择。回望走过的青葱岁月，汗水与泪水，挫折与欢乐，化作繁星，缀满天空，照亮前路。曾经的我说：今后的命运之路我要自己踏足，今后的人生舞台，我要自己导演。现在的我说：星光做引，继续奔跑吧，穿过荆棘，采下那一朵渴望依旧的蔷薇，踏上新一段未知又充满挑战的旅途。开拓者的命运由自己掌控。

反思

我小时候其实没什么朋友，去电影院几乎是我唯一的爱好。因为河北省是高考大省，高中没有手机，没有网络影响，交流只有同学，我对大学的认识很模糊。最喜欢干的事情就是看《哈利·波特》，跟着主人公体验不一样的校园生活。我的大学生活会像书里一样吗？最喜欢的就是斯内普教授这个亦正亦邪的角色，源于我个人对于孤独的共鸣。德拉科的做法在我的认知里，代表着错误、不礼貌、不应该，典型的坏小孩，但我暗戳戳地会有羡慕，羡慕他的家世，羡慕他可以胡作非为。挑衅的胆子，我完全没有，我太在意别人的看法了，所以在我眼里，德拉科能想做什么就做什么，还能得到一堆人的簇拥。我有一点点渴望，不是对于做坏事，而是对这种作为领头的羡慕。我的大学生活会有他这么肆意吗？

大学四年，我也没有做到像我羡慕的人一样，做个至少看上去可以肆意张扬的人，但我想，我或许还有机会。

我有三个较大的问题：拖延症，事情总是堆到"死线"前完成；自控力差，总是贪于玩乐；不善于与人交往，融入群体能力差。前两个问题息息相关，具体解决方法为：分解目标；利用碎片化时间；列出轻重缓急表并贴在醒目位置提醒自己；强制戒掉电子设备，卸载游戏、视频软件，给自己更多的学习时间；规定消费额度，规定娱乐时长，设立奖惩机制，培养习惯。而对于最后一个问题，我会努力迈出舒适圈，多与人结交，阅读相关书籍，学习应对公众，减少压力，改善自己的公众形象，多加入社会活动，积累经验。

每次只要进步一点点，真的一点点就好，不要在意完美，动起来就好。接纳，真诚地接纳一开始笨拙的自己，为每天进步一点点窃喜，给自己建立正向反馈。随着时间的推移，效率会越来越高，效果也终将自然浮现。

憧憬

人生的方向和目标，能在历经困苦时发出激励，能在沉湎享乐时唤醒理智，能在茫然无助时提供指引，能在退缩恐惧时给予拥抱。

我很高兴可以在毕业前重温自己最初的目标，正如重新立下一个充满仪式感的承诺，以利于我回望过去，反思不足，始于当下，努力前行。

具体来说，我想要成为一名机器人技术工程师，更进一步，我想要参与仿生人的制造。

其实在步入大学之初，我对专业没有什么概念和兴趣，也没有什么方向，只是泛泛地学习，总是缺少一些激情和动力。但是偶然的机会，我发现了一款游戏，游戏中描绘了30年后，人类与仿生人共同生活的场景，虽然现在来看还十分科幻，但是其中的科技感，令我十分憧憬。如今科学技术进步迅速，人工智能领域飞速发展，在不久的将来，我相信，仿生人一定可以成为现实。而且，仿生人具有类人外表和人工智能的内核，不仅可以在劳动力方面替代人类，还可以提供陪伴和感情需求。而且部分仿生器官还可以供给人类维持生命。这也是人工智能和机器人的发展所追求的。如果我可以参与仿生人的制造，让他们给社会创造价值，给民众带来欢乐，参与国家科技的前沿领域研究，我会非常满足。

我最渴求的理想是，能拥有为祖国奉献自己能力的机会，能有实现社会价值的机会。

结语

往日已不再，又何必徘徊。苦难化作沿途站台。踏上新的旅途，去开拓未来。手中再小的火花，也终将点亮星海。

四季流转间，生命悄然绽放

信息与电子学院　蒋宇杰

春夏秋冬，四季流转，万物无声变迁，生命悄然绽放。我的四年本科生涯，也如同经历了春夏秋冬四个阶段一般，无奈着各自的烦恼，也欣喜着各自的美好。

春天的大一

大一是春天的大一，惊蛰乍春雷，枝头发新芽。

刚刚结束高中三年艰苦时光的我，孤身一人来到了一座陌生的城市，对全新环境的好奇和对未来的憧憬，压下了心中的紧张和不安。我兴奋地探索着新的一切，畅想着新的开始。

来到学校，最先遇到的是舍友。来自天南海北的我们因为奇妙的缘分聚到了一起，在短短的几天时间里消除了初见时的隔阂，成为亲密的朋友。性格和习惯的差异并未成为我们交流的障碍，我们一起上课，一起打球，一起分享过往的趣事，一起畅谈理想和抱负。在后来的时间里，因为一些原因，宿舍的成员几经变更，但最初的几人一直保持着联系，我们已在不知不觉间成为彼此在这段青春里难以磨灭的记忆。

大学丰富多彩的社团和活动深深地吸引着我。科学技术、文学艺术、体育运动，无论你的兴趣是什么，都可以在这里找到志同道合的朋友，一起在热爱的事业里探索。我曾报名参加过科技协会，第一次接触到了单片机和各种各样的电子元器件，虽然没能通过面试，但已激发了我对这个领域的兴趣，对我以后的方向选择产生了深远的影响。

大学的教学方式曾让我一时难以适应，但丰富多彩的课程和对全新知识的渴望促使我努力克服一切困难，废寝忘食地汲取知识。"高等数学"和"代数"让我更深刻地领略了数字的魅力，"C语言程序设计"为我打开了一道全新的大门，各种各样的选修课让我得以在专业领域之外全面发展、开阔眼界。

青涩懵懂的大一，我如同枝头的新芽一般，在春雨的滋润之下，吸收着生命的养分，茁壮生长，欣欣向荣，探索着全新的世界。

夏天的大二

大二是夏天的大二，烈日下奔跑，挥汗如雨落。

来到大二，刚刚有些适应了大学的学习方式和生活节奏，繁重的课业就接踵而至，大类基础课、分流后的专业课，课程强度和节奏激增，使我措手不及。

"模电"和"数电"，错综复杂的电路结构使我眼花缭乱；"复变"和"概率"，变幻无穷的数学符号使我头晕目眩；"信号与系统"，虚无缥缈的信号波形使我无所适从。尤其是两门专业选修课，"理论物理导论"和"半导体物理"，抽象的概念、全新的定理、复杂的公式，都让我一时间手足无措，举步维艰。

刚入学时，我便以获取保研资格为目标。在一所云集全国优秀学子的学校里争夺保研的名额并不是一件容易的事，因此我十分重视每一场考试，对每一门科目都不敢松懈。现在回首过往，犹记得一个个天光微亮便翻身下床的清晨，一个个披星戴月才赶回宿舍的夜晚。从宿舍到教学楼之间的那段路不知走过了多少遍，只觉得那段两点一线的时光在大学四年记忆里留下了浓墨重彩的一笔。记忆中，我第一次也是唯一一次近乎通宵，便是在大二下学期的期末，各科理论课程的考试、各种实验课程的报告接连不断，还有让本专业学生闻之色变的"电磁场理论"和"数字电路"等硬核专业课，那是大学四年里课程学习最为艰苦的一段时间。

回忆至此，不免唏嘘，大二刻苦学习的时光，当真如同烈日下奔跑，头顶是似火的骄阳，脚下是望不到终点的跑道，唯有一步步前进，或快或慢，挥汗如雨落。

秋天的大三

大三是秋天的大三，虽秋风萧瑟，但终得硕果。

熬过了大二的艰苦时光，大三的课程变得相对轻松了一些，尤其到了下半学期，大部分专业课已经修完，课程强度和节奏终于逐渐放缓。但此时也到了大学四年的一个关键节点。

大学生涯已过大半，我又需要开始考虑下一步的人生走向。不同于三年前的高中毕业，那时的我刚刚结束"两耳不闻窗外事，一心只读圣贤书"的生活，在志愿填报和人生规划方面不免要听取长辈的意见；而此时的我，经历三年的学习和磨炼，则需要开始自己考虑和把握自己的未来了。

感谢一直以来还算努力的自己，让我在大三下学期基本确定了保研的机会，然而几年的学习生活中终究还是有所怠惰和松懈，我虽然能够保研，但排名并不靠前。保研的过程是焦虑、纠结的，不像排名靠前的同学可以广投志愿，也不像考研的同学背水一战，为了自己的理想义无反顾。不记得多少次对着理想的院校望洋兴叹，而又对停留原地、无法更上一层而心有不甘，甚至一度想要放弃保研，参加考研。那是我大学四年最为迷茫无助的一段时光，终日在纠结与焦虑中度过，患得患失，甚至险些影响了学业。

后来在与家人、老师、同学的交流沟通中，我才逐渐释怀。本校的教育资源和教学实力足以支撑我进一步的学习。到底是停留原地还是更上一层，其根源不在环境，而在自身的行为，只要心怀理想、踏实努力，自然可以学有所成。后来，我与本校本专业的一位老师联系并确定了志愿，成功获得了研究生的名额，圆满结束了我的保研历程，并且提前参与了实验室的培训，为接下来的学习打下了良好的基础。

回首大三的保研经历，从焦虑、纠结，到释怀和有所收获，有如秋风卷落叶的萧瑟落寞，但终得硕果挂满枝的丰收喜悦。

冬天的大四

大四是冬天的大四，万物归沉寂，厚积而薄发。

到了大四，我们离开了良乡校区，来到了中关村校区，开始了一段新的学习时光。此时也到了保研的最后阶段，各个保研单位开始进行最后的意向确认，并且陆续开展保研面试、提交各种材料。我因为与本校的老师早早确认了意向，所以很快完成了上述的一切工作，然后就进入了实验室，开始了我的"研0"生活。

经历了大一时的懵懂、大二时的艰苦以及大三时的迷茫，如今我已逐渐明晰了自己的专业方向，并且做好了为之努力的准备。进入实验室后，我首先完成了实验室的培训实验，巩固了专业知识，提升了一定的实践能力。此后，在老师安排下，我开始参与一些小型的项目。初次接触实际项目的我遇到了前所未有的挑战和困难，但是对于本专业领域的兴趣和热爱让我努力克服了畏惧的心理，实验室老师和师兄师姐的指导帮助也让我得以快速成长。同时，真正接触到科研项目也让我见识到了专业领域的博大精深，认识到自己在专业知识和实践能力方面的不足。

这段经历使我逐渐克服了内心的浮躁，转而一心一意地投入专业领域的学习中。大四上学期的项目经历为我积累了一定的实践能力，大四下学期的毕业设计给了我独立完成完整研究过程的机会，这都为我以后的深入学习奠定了良好的基础。今后，我也将在此基础上戒骄戒躁，进行更深入的学习。

大四的时光，褪去了喧嚣和躁动，抚平了萧瑟和寂寥，万物归于沉寂，却也在不知名处孕育着新的生机，厚积而薄发，只待来年春天迸发新的生机。

结 语

我从一个旁观者的视角，回顾了大学四年的种种经历，却发现当年的烦恼如今已不再是烦恼，而当年的美好也终究只能停留在当年。这一番回顾，真如同经历春之生机、夏之热烈、秋之萧瑟、冬之沉寂。春夏秋冬，四季流转，万物无声变迁，生命悄然绽放。

行文至此，回忆的思绪逐渐和现实重叠，不觉有些恍然。四年的时光如风吹飘絮般转瞬即逝，却又是青春记忆里一道深刻入骨的痕迹。再回首时，往日的懵懂无知、通宵达旦、焦虑纠结似乎都可以付之一笑，然而这些经历对我造成的影响已深深地埋入了心底，正是这过往的种种造就了今日的我，而今日的我也在塑造着未来的我。

值此毕业之际，向学校、老师还有我的同学们表达诚挚的感谢，感谢你们陪伴我走过人生中至关重要的四年，更感谢你们帮助和见证了我的成长。本科生涯已行至终点，而人生之路才刚刚起步，树木在四季流转间逐渐挺拔，而人生也在每一次从懵懂到平静的阶段中不断前进。四年的时光已接近尾声，下一段人生道路正徐徐展开，我们沉寂了一个冬天的生命力，将在下一个春天到来后迸发。

一路向前

设计与艺术学院　杨梦石

我的情况：北京理工大学产品设计专业，专业排名断层式第一，GPA3.9/4，加权平均分92.54；获两次国家奖学金，一次徐特立奖学金。设计作品获红点概念设计奖；获两件实用新型专利和两件外观设计专利，都是第一作者。

保研去向：同济大学工业设计方向。世界范围内最具影响的世界大学排名之一QS 2022年世界大学学科最新排名发布：同济大学设计创意学院位列全球艺术与设计学科第12位。它连续五年领跑亚洲，已经成为国内最具国际声誉的设计学院之一，跻身世界著名设计学院行列。

我想了很久，该以什么口吻去向大家讲述我的四年大学生活？为了能更全面细致地表达信息，更客观地回顾这段历程，我将按时间顺序梳理自己的大学生活。

初入大学

作为一个没怎么画过画的美术生，我的综合分并不理想。在北京找画室准备复读的时候，我被北京理工大学录取了。我成为首届联考招生的"受益者"。

由于美术基础薄弱，上速写、素描、色彩课程，我都非常难受，如坐针毡，而身边的同学笔走龙蛇。或许花费了太多运气吧，我一边尝试安慰自己，一边用食堂里十七块八一份的烤鸭打消自己退学复读的念头。

长这么大，我从没当过"尖子生"。初中时，我是班里的第二梯队，虽然上了最好的高中，但我又懒又贪玩，心思完全不在学习上，成绩在学校里属于中下等的水平。我想着上了大学就轻松自由了，不挂科能毕业就行呗。大一上学期的我最热爱的事就是享受生活，学习啊，未来啊，发展啊，规划啊，根本没有进我的脑子。

虽然有的时候我真的不想学，但我胆子不大，从来不敢逃课，上课也不敢干其他，所以老师讲的知识它就拼命往我脑袋里钻。上课上久了，知识也就会了七八成，再加上作业和考试前的恶补，那两三成也就收回来了，得个九十多分也就可能了。

虽然我的美术课相比其他同学薄弱，但是我的几门文化课成绩还不错，综合下来居然也是个优等生，第一学期的成绩没成为自己后来的隐患。学期末发生了两件事，让我对待大学学习的态度有了转变。

一是我在奖金的诱惑下参加了一个IP形象设计的比赛，并取得了还不错的成绩，由此我发现自己可能在某些方面有点潜力。二是我的精微素描作品被选送中央美术学院参加一个特别展览，这是我万万没想到的，于是我发现大学里机会原来很多。

第一学期结束就要分专业了，我不知道自己擅长干什么，只知道自己画画不太好。我在入学前就听说产品设计专业又苦又累，课业量比其他专业多好多，但是美术课几乎没有。于是咬咬牙就选了产品设计。

我的"血汗泪"

由于疫情，大一下学期我都是在家度过的。困在家里什么都不能干，我只好天天学习，大一下学期的专业课比之前的美术课有趣多了，我稍微有点上道儿，这学期一下子干到了专业第一名。主要原因还是太闲了，困在家里不能出去玩，只能埋头学习。

在家的这个学期，我还和朋友们一起参加了学校的"世纪杯"创新创业竞赛。我们做了一个服务校园的小设计，我们从零开始自学产品设计的建模渲染，精心制作PPT，用心进行路演，作为艺术类背景的学生，在诸多理工科背景的队伍中拿到了唯一的特等奖。

那时的我完全不懂产品设计到底是怎么回事，也知道自己做的东西并不完美，但是这次小小的胜利让我有了学好产品设计的勇气。我决定以后全心全意地把自己的精力投入学习。

到了大二，我们返校了。这是我第一次在北京过春天，心情好极了，劲头也铆足了，感觉自己充满了能量。主要原因是我被评上了国家奖学金，觉得自己是块金子。

这个学期学到了很多基础知识。比如：在"机械与结构基础"课上，我们小组拆解了一部机械胶片相机研究它的结构；在"生活方式调研"课上，我学习到了设计研究的一些基础方法；在"基础设计"课上，我开始对设计产生初步的思考，并逐渐找到了自己的兴趣所在。我发现我对空间和形态非常敏感，或许从小到大都用左手写字，自己在造型方面确实天赋异禀。

到了大二下学期，身边的同学们开始越来越努力，我的压力也大了起来。这时"卷"这个词横空出世，我成为当之无愧的"卷王"。我已习惯拼搏，习惯享受拼搏后的自我感动。

一直以来我都是自己闷头走，直到认识了一些学长学姐，他们向我传授了一些很有用的经验，我才发现：原来我自己想的很多事情别人都想过，这些并不是我一个人的烦恼，也不只是我一个人的焦虑。

由于一直都是专业第一，我心中萌生了外推的想法。刚上大学时我听过优秀学姐的讲座，提到了外推保研的升学途径，然而当时我并没感觉自己会和外推产生联系。

2021年的夏天，即将大三的我开始正式思考自己的未来，大三前的暑假我着手制作作品集。这样我就会有几乎一年的时间去筹备我的外推计划。

筹备作品集

作品集，是收录设计师作品的集子，是设计师能力的最直接体现，也是评价一个设计专业学生技术水平、思维能力、研究潜质的重要途径。一本好的作品集，可以叩开理想院校的大门，可以拿到高薪工作的录用通知书，当然也可以感动一下自己，让自己觉得自己很厉害。

去任何一个考研培训和出国留学的机构咨询一下，工作人员都能把这套流程给你讲得天花乱坠，宛如介绍一条条流水线。关于作品集具体怎么做，在这我就不细讲了。我主要讲我在筹备过程中的战略。

首先需要明确一点，用一年时间去踏踏实实地产出一系列优质项目，做成一本作品集，并使自己具有考上顶尖院校的能力，并不是一件很容易的事。这涉及两条相辅相成的成长线——个人成长和作品产出。

我想主线一定是上好学校的每一门课。在课程中，可以获得学校老师的权威指导，我的设计可以有一个坚实的理论基础，能保证其创新性、合理性。无论是锻炼思维，提升能力，还是产出优秀的设计，课堂都能提供最理想的条件。

遗憾的是，在学校的课程中做作品，往往时间是不够的。如何在有限的时间内做出更优秀的作品集项目？我给自己定下的战略是：在能有设计项目产出的课程中全情投入，利用课程时间实现从无到有。然后用课下和假期时间细细雕琢翻新产品，做出自己满意的呈现效果。

让所有的付出都为作品集服务，用额外的努力让作品尽善尽美，在大三学年我不顾一切地努力成长。我定下的推免目标是同济和清华。

我的本科院校北京理工大学具有一定层次的高度，设计学科近年来得到了重视与发展，产品设计专业在学科评估中排名全国第四。北理工的设计教育使我有足够的底气，我相信以我的实力，能够去国内顶尖的设计院校闯一闯。

我把作品集的制作周期分为三个阶段：第一阶段，在课程中完成产品设计；第二阶段，在课后修改到自己满意；第三阶段，向比自己厉害的老师和学长学姐讨教。前两阶段需要付出时间和努力，需要用心。最令人痛苦的其实是第三阶段。

如果我已经做好去寻求他人建议的准备，那我就一定做好了推翻自己重新来过的准备。作为一名大三的学生，我深知自己的局限性，想要做到我能力范围内的极致，就必须"听话"！

对于年轻人来说，可能最痛苦的事莫过于听他人否定自己，然后自我否定，再做出改变。这个过程真的很难，因为半瓶水其实已经很多了，大家都觉得自己很厉害，都觉得自己是对的。

但是现在回想起来，在那些方案被否定的最狠的课上，我收获到的成长其实是最大的，不逼一逼自己，永远不知道自己能做出什么事来。修改作品集也是这个道理，我信任的人提出的建议，只要所言在理，我都会吸纳并投入新一轮的修改。感谢指出我不足的老师、同学、学长学姐，他们的建议是鞭策我成长的最大动力。

什么样的自己才是足够好的？关于这个问题我始终找不到答案。我想，既然我的目标是"最好的"，那就逼自己做到"最好"就可以了。外推的道路真的很难走，最大的困难就是孤独。踽踽独行的我完全没有参照物，不知道自己应该做得多好才能实现自己的目的。

努力使我获得了巨大的进步，我的设计能力在大三年级突飞猛进，以至于很多课程的作业甚至不需要在课后补充完善，就可以直接放进作品集了。比如家具设计课上做的椅子、机械装置《百鸟朝凤》，以及我的"芳也"禅意香薰机……我都在课程中尽力而为，用有限的时间争取到尽可能多的认可，使这些作品成为能够用来丰富我作品集的精彩项目。

推免倒计时一步步逼近，我的作品集也一点点地积累成型。我依旧在每一门课程中拼尽全力，看着一件件精雕细琢的作品，虽然很累，但是感到充实而欣慰。一眨眼，同济大学暑期学校的通知就发出来了。

申请日期截止前一周，我每天白天都在处理课程作业与任务，晚上直到窗外的所有灯都灭了，才开始继续完善作品集。这种事扎进去就很难出来，我的视线舍不得离开屏幕一秒，直到窗户外面又开始变亮，晨光洒在对面的楼顶，天空变成惨淡的蓝灰色。每当这时我就起身去洗漱，我的脸色非常不好，躺在床上马上就能睡着，几乎什么都不会想。现在想起来，那段日子很熬人，很痛苦，想要抓住未知的未来的急切把我折磨得麻木。

"勇攀高峰"

值得一提的是，同济夏令营提交材料截止当天是我的"徐奖"答辩。徐特立奖学金是北京理工大学最高奖学金，每人每个学制仅能获得一次，每年奖励十名本科生、五名硕士生、五名博士生，可有空缺。

"徐奖"的淘汰率很高，选拔也很严苛，候选人都是来自各个学院的佼佼者，结果根据现场的评分直接确定，可以说完全由个人实力和现场发挥决定。

整合申请材料的过程也是沉淀自己的过程。我是一名大三的学生，没积累特别多的奖项和履历，但我的作品能够给我信心，我准备把"徐奖"的答辩变成自己的产品发布会。

那天我凌晨四点才睡，上午起来提交完同济要求的材料，就穿上衬衫、打好领带前往等候室等待"徐奖"答辩了。

徐特立奖学金的专家评委都是院士，他们代表着最高的学术权威，享有终身荣誉。到了提问环节，各位院士对我的设计表现出很大的兴趣，向我询问了设计过程中我的思考、我的设计灵感、我对设计学科的看法、我的未来展望，等等。

正常的答辩是五分钟个人陈述，五分钟提问。但我的问答环节长达15分钟，我感受到了评委们对我的兴趣以及对我设计工作的认可，我备受鼓舞。

所有候选人都答辩完成后开始公布评选结果，我居然是十人中唯一的大三学生。最后有一位教授为大家寄语，他说很多同学身处很好的平台，跟随很厉害的团队，取得好的成绩是理所应当的，毫无悬念的。他要求大家追求更高的目标，不能安于现状，自我满足。

大三年级就拿到"徐奖"是一件很稀奇的事，喜报从招生办发回了我的高中。这大大鼓舞了我的信心，我觉得一直以来的付出终于有了一个强有力的回报。

同济大学暑期学校

同济材料提交后，开始了漫长的等待，此时已经进入暑假，我有充足的时间准备考核。等了半个月，入营名单终于出来了。我通过了考核的第一关，"同济大学国际设计创新学院优秀学生暑期学校"正在向我招手。

入营后没多久，我收到了综合考核的通知。考核在入营名单公布后一周左右，会有一个小时的笔试、5分钟的英语口语测试、15分钟的专业面试。在考核前一天还有一个工作坊。同济大学的考核非常全面，对手绘能力、英语能力、应变能力和表达能力都有很高的要求。

对我来说，挑战最大的是一小时的笔试。工业设计方向的笔试历年都是马克笔快题设计，遗憾的是全网都没有一小时快题的方法和参考。因为一般考研的快题时间都在三小时、六小时甚至八小时，用一小时时间快速完成整个设计的版面实在是很有难度。

更何况，马克笔手绘是我所有能力中最弱的一项，我甚至对手绘产生了抵触情绪。由于没有经验，我向一位学长讨教了一番，按照他的训练模式提升自己的手绘水平。

学长给我的办法是在实践中锤炼自己，每天进行一场一小时的模拟考试，严格限制时间。一周的时间我一共进行了八场模拟考试，练习了八个不同类型的产品快题设计，我的进步肉眼可见。

进步的原因在于无法接受自己的"菜"。第一次我的时间安排很不合理，在产品造型中加入了很多无关紧要的细节，造型设计也太复杂，没有办法用一个小时塑造完毕，版面单调枯燥，几乎没有完成。

于是我开始搜集优秀的快题案例，学习版面的编排、产品的塑造、丰富画面的方法，并请求学长的指导，了解更多注意事项。我就这样一点点把知识内化，形成了自己的方法。

在接下来的几次模拟中，我有意识地运用学到的技巧，一开始还不是很熟练，主要的困难是时间太短。有时对自己的画面实在是不满意，我还会再花一小时时间重新画一遍。

几天的时间，我有了自己的素材库积累，对快题设计也有了一些自己的小见解和小思考。虽然我的画面效果没办法和三小时的快题范画相提并论，但是在一小时内，我已经尽我所能做到极致了。

夏令营正式来到了，第一天是各个方向的工作坊。工业设计方向的老师在上午组织同学们自我介绍，交流一些关于工业设计的想法。在座的同学都是来自各个学校的精锐，其中不乏拿过红点至尊奖的人。

工作坊是不占考核分数的，但是会给老师留下一些印象，还是要认真面对的。下午公布了工作坊的题目，要大家做关于疫情背景下社区外卖配送的解决方案，晚上九点之前提交。

首先我简要阐述了"社区韧性"的概念，这是我以前听讲座时学到的。我指出这个设计要帮助提升社区韧性，尽可能减少疫情防控对人们生活的影响，提高社区的容错率。接着我以我家小区为背景进行具体的场景分析，下楼拍了一圈社区的环境。之后我用建模的方式快速呈现了社区的情景，用实拍照片＋手绘草图的方式快速给出了我的解决方案。

第二天是手绘考试，题目是外卖小哥手持外卖箱，要防止倾倒，考虑奔跑动作。我给出的方案是在箱体内安置三个维度的稳定装置，用水平仪和马达主动避震，类似影视拍摄中的三轴稳定器原理。

第三天上午的英语和综合素养面试在一起进行，综合素养面试没有分数但是有一票否决权。评委问了我本科期间的学生工作。我本科期间做了非常非常多的学生工作，回答起来没有感到任何困难。英语面试要和外教老师进行问答交流，我被问到了为什么选择同济，对工业设计的一些理解，如何看待现在的设计教育等问题。我平时最大的消遣就是看电影和看美剧，所以自认为回答得还算流利。

下午是最重要、分值最大的专业面试，我准备了五分钟的陈述，一分钟介绍自己，四分钟介绍作品集。进入会场，我被通知不允许操作电脑，我只能面对着屏幕开始我的陈述。我看不到对面的老师们都在干什么，我猜他们正在翻看我的作品集。做完自我介绍，老师说他们对我的作品集都非常了解，不用再介绍了，于是接下来的14分钟全都是提问环节，这是我万万没想到的。

评委问了我不少问题：北理工是很好的学校，还给了你这么多荣誉，为什么还要选择同济？在整个设计过程中你最享受哪个步骤？学校有代工厂帮学生做模型吗？北理工模型室的条件能支持你做出这么精美的模型吗？本科阶段都有什么收获，研究生阶段有怎样的规划？心目中有没有一个偶像，为什么？关于师法自然还有什么思考？……我都一一作答，并向评委展示了我的模型。最后我表达了感谢与对设计的由衷热爱。

7月15日的晚上，我在设计创意学院的官网刷新到了优秀营员名单，我的名字赫然位于名单的最前面！当时我和全家正在一家韩餐馆吃饭，我的眼泪滴到我的石锅拌饭里。

关于推免

拿到同济大学的优秀营员后，我心里的大石头落了地。9月的预推免我尝试了清华大学美术学院工业设计研究方向，我没有进入最终的考核。

一直以来清华美院就像我心中的一个符号，有一种强烈的文化象征含义，被清华拒绝后，我仿佛被大棒子打了一下，好几天都没缓过来。我想不通，一路走来披荆斩棘稳步向前的我怎么会在这里栽跟头。"知不可乎骤得，托遗响于悲风。"想到这个世界上，有无数前人郁郁不得志，当我把自己的苦闷无限拉长，和他们共鸣，也就释怀了。

我想了很久，我追求的到底是什么？是"战无不胜"的成就吗？是名校情结的执念吗？还是为自己争取更好的资源，为值得付出的事业努力，为自己的热爱奋斗？

与其去争"面子"，不如去在乎一下"里子"。问问自己的内心，我们追求的是什么？是在与自己气场相合的场域中做自己，还是追求外在的、世俗意义上的"名"呢？一位前辈教导我，保研只是我们人生奋斗中很小的一个步骤，无论成功与否都不应该影响我们前进的步伐。在成长的路上只要保持着向前的姿态，总有一天会得到自己想要的。

保研成功，推免成功，就代表着人生坦途了吗？显然不是的。它只能算一个小小的里程碑，记录着过去付出的努力和热情，预示着未来将有更多挑战和机遇。我是一个热爱生活、喜欢挑战的人，希望未来在设计的路上走得更远，希望未来的生活充满机遇与惊喜。

全力而为，问心无愧，送给每位有高远的追求并愿意为之付出持久努力的朋友。

说在最后面

我能获得今天的成长离不开每一位慷慨帮助过我的老师、家人、朋友、前辈,在我无助的时候给我鼓励,在我迷茫的时候为我指路。虽然保研是一个人的征程,但在这路上我痛并幸福着。我觉得我非常幸运,能在这个年纪找到自己热爱的事情。

学设计,做设计,研究设计,这条"与设计同行"的路很难走,但我希望我能一直坚持下去。

那就在盛夏告别吧

设计与艺术学院　娜迪亚·阿里木江

在大一刚来到学校时，在开年级大会的时候院长问了我们一个问题：你希望大四毕业时的你是怎么样的？我当时一时没想到自己在大四时会是什么样的，但我希望在大四回想自己的大学四年时是问心无愧、无怨无悔的。那现在的我回想自己的大学四年，我觉得我做到了：我找到了自己最喜欢的专业，遇到了志同道合的人，去了最想去的地方。

热爱才是学习的动力

与北京理工大学的相遇是在2019年的夏天，那天乌鲁木齐的天空是那么蓝，只有几朵白云零星地装点着澄澈的天。我终于拿到我的录取通知书，上面的绿色校徽显得异常醒目，那是我从高三开始梦寐以求的学校，那是我从高考完一直期待的录取通知书。正是从那一个夏天，我与北理工的故事正式开始。

上大学前，好像我们都很少做出选择，一直都是老师和家长安排好了，我们跟着他们的脚步去执行。我也一直没有认真想过自己的喜好、长处。在第一次填报专业志愿时，我选择了别人眼中最好的专业，专业学习让我感到前所未有的吃力，每天都在与作业对抗，而且在成功攻克某一学习问题之后，并不是满足，而是疲惫。我好像一直都在执着于低头解决困难，却从来没有抬头看过自己，我真的喜欢这个专业吗？我真的擅长这个专业吗？我学这个专业真的会快乐吗？如果不考虑他人对专业的评价和考量，我喜欢它吗？我擅长做什么？我重新开始审视和了解自己。我重新打开填报志愿的书，开始了解北理工到底有哪些专业，并找不同专业的同学了解咨询，去旁听他们的专业课，虽说这让我变得更加忙碌，但是探索的过程让我充满了活力。

在历经了三个月对学校12种专业的了解和对课程的旁听，工业设计引起了我的兴趣，因为我听课时有那种心潮澎湃的感觉，我感受到了自己对知识的渴望与热情，我体会到了学习知识、探索知识的乐趣。我继续旁听了工业设计专业的课程三个月，每天我都要在完成自己当时所学专业课程的同时，完成工业设计老师布置的任务，虽说过程非常累，但这种累让我感到快乐。在父母的支持下以及老师们的帮助下，我终于转入自己梦寐以求的工业设计系。无数次为方案殚精竭虑，无数次为建模夜不能寐，但是一切都值得。

投身实践，了解社会

习近平总书记强调："只有回看走过的路、比较别人的路、远眺前行的路，弄清楚我们从哪儿来、往哪儿去，很多问题才能看得深、把得准。"所以投身实践、了解社会、服务百姓、回报家乡是我的目标。自2019年起，利用寒暑假时间，我参与了社区青年志愿活动，前往南北疆的贫困地区进行支教和服务。2020年暑假，无惧恶劣的天气和环境，我前往新疆维吾尔自治区喀什地区叶城县果萨斯村，协助当地扶贫工作队一起宣传新疆扶贫政策，组织"油地共建，文化润疆"民族团结教育宣传活动。2021年8月，我积极响应党的十九大提出的实施乡村振兴战略，落实新时代"三农"工作的总的方针，和专业同学建立"走进西部"实践团，前往贫困村落参与扶贫工作。

心怀感恩，重新启程

回想大学四年，自己是幸运的，也是幸福的。

幸运在于我来到了梦寐以求的大学。高中时，我们每个人要在梦想板上写下自己想去的学校，北理工成为我每天激励自己的目标学校，能实现自己的梦想来到北理工，何其幸运。幸运在于我经历曲折的选择和犹豫后，通过自己的尝试和学长学姐的帮助，最终选择了自己最喜欢的专业。幸运在于我遇到了非常优秀且支持我的老师，在我的学业和生活中一直给予我帮助，在我每一次感到困顿和迷茫之时总能第一时间点醒我，并且给予了我最大的信任和支持。幸运在于我认识了自己最好的朋友，两个人共同探索、共同进步，让我的大学生活变得不再孤单。

大学四年我是幸福的。在这四年里，无论遇到什么、发生什么，一直有父母坚定不移地陪伴在我身边，支持我的选择，鼓励我、相信我。在大四毕业设计时，我碰到了悉心指导的导师。每次遇到问题，老师都非常耐心地指导我，用幽默平和的语气化解我的焦虑和紧张，给我提供建设性的意见和实质性的帮助。我的毕业设计做了自己最擅长也是最喜欢的选题，给自己的学业画上了一个圆满的句号。

　　始于热爱，成于坚持，乐于奋斗，痴于理想，这是我对自己大学生活的总结。在喧嚣、浮躁、纷繁复杂的世界里，用定力与平静探索世界，了解自己，重新启程，用初心和坚持支撑，让青春之花绽放在祖国需要的地方。

楮墨有限，顶峰相见

自动化学院　　张兆麟

日月忽其不淹兮，春与秋其代序。人生天地之间，若白驹过隙，忽然而已。回忆起四年的大学生活，它不一定是优秀的，但它是精彩的，是充实的，是拼尽全力的，是苦中作乐的，更是善意与爱意包围的，是温暖与幸福交织的。借此次德育答辩，拾起四年的大学记忆，体会青春，写下感悟，并进一步清晰人生志向，正视现在，展望未来。

日积月累，脚踏实地——忆往昔

还记得撰写德育开题报告时，标题是"活出21世纪一员的精彩"。何为精彩？当时的我想，是手中拥有诸多好成绩，抑或是取得更多的荣誉和成就，每一天都能充实且有意义地度过，就叫作精彩。现在的我想，认清自己想要的是什么，投身于自己擅长的领域，并为之努力奋斗，奋勇向前，在自己适合的位置发光发热，未尝不是一种精彩。我是否活出精彩了呢？或许这四年的大学记忆会给我答案。

从2020年5月的德育开题，到2021年11月的德育中期，最后到2023年5月的德育结题，我更想用"日积月累"和"脚踏实地"这两个成语来描述这弹指一挥间的时光留下的痕迹。还记得德育开题时我做了一张海报，海报以"百年校庆我在北理"为主题，我总结了很多关键词，这些关键词分别对应大学的每一年。从大一的"热情、憧憬、新鲜"到大二的"迷茫、思考、探索"，从大三的"理智、规划、奋斗"到大四的"怀念、展望、不舍"，似乎与我的实际生活并无两样。德育开题时我给自己定了很多小目标，我很高兴我现在实现了其中的大部分。我给自己规定，每一年的考试科目通过率必须100%，优良率85%以上，排名争取在前15%。现在我作为专业的第二名，有底气说自己做到了。成为一名中共党员也是我的大学目标之一。

大学 青春 人生

第三篇 青春行

2020年8月31日，我提交入党申请书；2023年3月，我正式成为一名光荣的中共党员。在道德品质上，我要求自己始终乐于助人。这个表达很青涩，但也很真诚，我一直在力所能及的范围内能给需要的人提供帮助。在行为规范上，我要求自己坚持好习惯、摒弃坏习惯。但好习惯难养，坏习惯难弃，我一直在努力的路上。在综合素质培养上，我希望自己能坚持学生工作。大一，我担任学习委员；大二，我担任睿信1927班的班长；大三，我担任睿信1927班和06131901班的班长；大四，我担任06131901班的班长。在体育运动上，我立志发展跑步以外的运动爱好。受朋友们的影响，我开始接触羽毛球，几乎每周都要和朋友们打一次羽毛球。因为跑步每天都可以跑，而羽毛球需要场地和朋友，所以比起跑步，我更喜欢羽毛球，也更珍惜打羽毛球的时间。这些目标的完成远不足以描述我的四年大学生活，但这些目标记录了我的辛苦、我的快乐、我的幸福，所以它们是重要的，是珍贵的。

这几年除了课程学习之外，我积极参与了很多创新创业比赛，比如"世纪杯"学生创业竞赛、高校电力电子工程创新大赛、中国国际"互联网+"大学生创新创业大赛、"京彩大创"北京大学生创新创业大赛、高校电力电子工程创新大赛等，锻炼了自己的创新能力，培养了创新思维和创新意识，在提高实践能力的过程中增加了团队合作经验，增强了自信心。除创新创业比赛外，我还投身于很多学科竞赛，比如全国大学生数学竞赛、全国大学生英语竞赛、"连山科技"程序设计大赛、"外研社国才杯"全国英语阅读/写作大赛、"竞技世界杯"中国大学生计算机博弈大赛、中国计算机博弈锦标赛、嵌入式芯片与系统设计竞赛、全国机器人锦标赛、国际仿人机器人奥林匹克大赛等，巩固了学科知识，提高了学科素养，锻炼了解决问题的能力，让我在各方面都得到充足的进步和提升。

我还应聘了一份实习工作，工作地点在家乡本地的电力建设有限公司。在为期三周的实习工作中，我对企业工程项目的整个周期，包括工程项目方案的设计，施工实施的部署、管理等环节有了一定程度的了解。通过到工程现场巡视，我详细了解了工程项目的施工流程，拥有了很多体会与感受。

毕业设计和毕业论文的完成，标志着本科大学生活即将画上句号。我的毕业论文的题目是"不对称工况下LCC–HVDC直流电压的谐波特性分析"。在电力的远距离大容量输送领域中，电网换流型高压直流输电系统（LCC–HVDC）发挥着不可替代的重要作用。一般情况下，仅会考虑LCC–HVDC在正常工况下的谐波特性。但是，不对称工况会使其谐波特性发生明显改变，影响系统的稳定运行。因此我的毕业论文着重分析了不对称工况对系统直流电压的影响，推导直流电压谐波与系统负序电压的对应关系与计算方法，并利用仿真对计算结果进行验证。该论文有助于工程师们对系统运行进行安全稳定分析，提高电力系统的安全稳定运行，具有一定的工程应用价值。

大学四年，我努力了，我尽力了，就是最大的精彩。

纸短情长，历历在目——忆青春

青春是什么呢？投身军营为国效力是青春，拼搏奋斗、自强不息是青春，挥汗如雨、热血奔跑是青春，放声歌唱、大胆尝试是青春，勇于表达、敢于追求是青春……每个人的青春有不同的定义。

大一的暑假，我组建了一个社会实践小队，申请了"共抗疫情、爱国力行——防疫知识、垃圾分类、食品药品安全等民生热点调研"项目，经过成员们的不懈努力，最终我们取得了院级荣誉，我也因此荣获校级社会实践优秀团员。大二下学期，我参与北京市房山区温馨家园"助残日"志愿活动，感受社会温情。大三下学期，我作为疫情防控楼宇志愿者，为同学们送餐送物资。

电气工程及其自动化，是我的专业。曾经的我觉得，只要努力早晚会做好的，所以我的考试成绩很不错，名列前茅，但在开始接触项目的时候我很是笨拙。于是我明白了，努力的最优解是在天赋的基础上不断努力，有时不适合就是不适合。研究生期间的研究方向，我没有选择在电气专业继续深造，而是利用自己的工科背景跨到了自己更想去做也更喜欢的其他方向。

我想说，我们每个人都是在不断调整的过程中认清自己、改变自己、完善自己的。在这个过程中，我希望我能够保有本性，选我所想，尽我所能，爱我所爱，在实现社会价值承担社会责任的同时完成自己的目标，得到自己的幸福。

斗志昂扬，来日方长——致未来

夏夜蝉鸣肆意，渐次消褪，淡淡的月色，透过密集摇叶的缝隙，洒下斑驳的光点。摇曳着月影的婆娑，忽明忽暗，遥指苍穹，蓝色的天幕上散落着点点寒星。月色在灵动的云层间游弋，忽隐忽现，让人无限遐想。

我记得刚入学时我对任何事物都抱有好奇心，记得准备期末考试时的焦虑和充实，记得老师们对我的关心与帮助，记得一起上课、做实验、吃饭、玩耍、出游的朋友们对我的陪伴，记得和喜欢的人勇敢表达时的青涩，记得奔向自己热爱事业时的勇气……同时，有很多遗憾想表达，但此时此刻我不想谈这些，愿这些未完成及已完成但不完美的遗憾能够转化为未来前进的动力，将自己变得更好。

　　我想给自己的未来一些祝福。希望自己能够少一些望洋兴叹的徒劳，多一些直挂云帆的勇气，少一些"关我何事"的冷漠，多一些"匹夫有责"的担当，筑牢理想信念的魂，深扎艰苦奋斗的根，生发"中流击水，浪遏飞舟"的气概，展现青春应有的闪亮色彩。希望自己能够继续努力，好好利用硕士的三年想清楚未来的选择。祝自己前程似锦，春风得意。

　　匆匆而过的四年，我们都会有很多美丽的故事。怀念的实在太多，记忆的阀门像流水一样倾泻而出，但怀念终归是过去，生活终究要继续，我们所经历的一切终究是要被定格成历史，定格在这一年，就像交替的季节、流动的年轮、缓缓流淌的河水，不断地延伸新的生命与生活，开启新的旅程。就让过往的一切变成一本老相册吧，让我们在拼命往前赶时能静下心来好好看一看。笔触至此，感谢德育答辩，能够让我记录下真实的心路历程，投以真挚的感情，以在未来迷茫和困顿之时激励自己，不忘初心，继续前进。

　　愿未来一切都好！

逸一时，误一世

机电学院　蔡一

二三年六月一日，枯坐于电脑前，头昏昏然，扶额如若火炭，目空空而无定神，盖病毒侵扰之故也。思四年之经历得失，忆过往之此起彼落，遂作此文，感故时之伤悲。

余作此文前，皆有所谓假中期以济终文者，前有千字，再辅抄录，则文可成焉。余思之，以为不善。

然吾文之始撰，期已六一，尚余三天，以为文章。行文匆匆，心境惶惶，尽吾之所能，尚不得终章。

余毕业于乡之中学，越高考而入北京理工大学。彼时，吾虽愚钝，然业也勤焉，尚以昂扬之姿态面烟海之所学。然此时，不至蓦线则无动于衷，常有所催，尚能动笔。

吾之孟浪，何故若此？思来想去，盖逸也。初入本科，少父母之日夜监督，惟余自身之心气而。初入学，尚持一端气力，尽心尽力以求学有所成、出人头地，然游戏不可谓不好玩也，课业不可谓不难也。大学前，无如此之宽松，虽冶游于《文明3》者之时甚多，然外有老师、父母之督促相挟，不敢不从，内惧成绩排名之颜面光彩，故奋力而学，于考前，则养息之间，皆思所学，如有所疑，不至水落石出则不敢停歇，但求分数尚可过目，至于几何，则不求满分，只求无忧入大学。

此时，则手机非在手中则心惶惶不可终日。于课中，讲授艰涩，则开屏观之，喘息间则课程已肄；于课下，书卷难懂，则弃之昏睡，睁眼时则夜已深。遂晨昏颠倒，课不上听，课下补。如此几日，只觉筋挫骨劳，抬眼无力，暗叹自身之劳苦，遂不复勤勉若昔焉。

然吾虽愚钝，心若僵木，于彼时（高中）至初入学时，片题不敢抄录。彼时，师者，题题必讲，生不明则师不止。而此时，求学全靠己身。课程繁且难，无师长勤勉督促，全赖求知之欲、成长之切，支撑克难攻坚。若无此力，则溃不成军，放飞自我。洞然察之，则为好逸也！吾心放逸，行为松散，刻复一刻，日复一日，周复一周，至于期末，则仰天长叹，呜呼，我已无力回天，无法重回巅峰！

彼时，吾尝幻梦大学：修课业而兼兴趣，长见识而博学识。然至此四年，所阅之书卷，实少矣。便是《舰船知识》，已蒙尘案牍之上，近半年未开封也。向时志于大创，所为仅草草开题，后遂无问津。

观吾之四年，愧不能及，正所谓逸一时，误一世也！躬身自省，何其痛焉！

追往昔，实有所憾，痛彻心扉，然吾之四年，履其所迹，刻骨铭心。

一九年秋，京师之气尚炎也，始入学，而吾录取通知书遗于家。尔后，分班，得丹枫一铺安寝。彼时，心有所冀，志有所期，入国旗护卫队、物理爱好者协会。然事多有不测，某日晚，于训练中，忽遭撞击，牙碎，血流，入医，然风口之牙，未立补，以此狰狞，度所余之学期。此间，学业不顺，但勉强入目，始知大学不易也。

然翌年，疫情突发，遂居家中。日日临电脑屏幕而摹工图，闲时打八段锦、做俯卧撑。吾自认驽钝，仅获三等之奖学金单次。然居于家，心窦初开，始虑未来之路。德育之开题，亦在其间。

及复学，遇军训。躯体困乏僵劲，痛麻而不知觉。烈日灼皮，塑胶驰道之气息裹挟而上，几不能息。目力所及，为队友项上之汗流；耳力所及，为班长之口令。

是时，适八十周年之校庆，遂抽调参演，间以队列之训练。其景，旌旗猎猎，壮歌如虹，不可谓不壮丽。从日暮至夜深，水汽蒸腾升薄雾，灯光明朔而如入梦幻。

又逢夏，教官集训，于昌平操练一周余。同伍者，前从军之同学甚多，深为所动，则人之精神气息为之变换，有若废钢回炉而重炼之感。

及开学，则带军训一月，此中经历，则亦师亦友，为吾之所助甚大。又为校共学会之主席，与团校同学等共事。

新学年伊始，则入专业而学，吾之专业，武器系统与工程者也，志所在也。课程所涉甚广。当时，为保研所迫，分分计较，其心之迫，焦若燃纸，惧恐不得学上。

暑假时日，尚恐不得保研之席，而钻考研之籍，其之凿凿，今仍有忆。

及入大四，迁至中关村。其舍，狭小而幽深，虽陋室也，然亦学焉。

及小学期之专业实习，遍历各企，则深知余之业不精也。

保研，初而不得其位。遂转至保资之路，撰简历而进面试。吾回良乡而复为教官，及至通知至，则可得一增补之名额，遂得保研之资。

做毕设，其题也难，始用DYNA\HYPERMESH，阅文献而做仿真，盯实验而撰论文，诸能并用，各学并举，锤知炼能，终为一文。

撼亦然，欣亦然，四年日月已逝也。然幸来日方长，吾已觉醒！

思学兼顾，服务校园

机械与车辆学院　李季轩

时光匆匆，四年已逝。转眼间，我已临近本科毕业。思绪回溯至2021年12月德育中期，彼时的我仍在各类考试中挣扎，对标德育中期时提出的新目标，如今绝大部分均保质保量实现。

（1）寻求思想进步。

2019年入学后，我积极申请入党，成为2019级第一批入党积极分子。此后，我先后通过院、校党课考核，于2021年4月14日被列为发展对象；5月25日，我成为中共预备党员。2022年9月13日，我正式加入中国共产党。

（2）重视课业学习。

大学四年，我始终把课业学习放在首要位置。我的综合成绩专业排名为3/96（3.13%），我多次获得优秀学生奖学金，并获得2021年迪文奖学金、2023年潍柴奖学金等，目前已被保送至本校读研。我还积极参加科创竞赛，参与"挑战杯""世纪杯"，多届"大创"、机械创新设计大赛等，获得不错的成绩。

（3）积极服务校园。

我先后担任精工1925班宣传委员、精工2018班朋辈导师、精工1919班宣传委员及团支书、03111904班（2019级车辆4班）团支书，积极服务同学。同时，我担任三维成图宣传部副部长，积累了不少学生组织工作经验。

（4）主动参与实践。

我积极参与社会实践活动，曾参与北理工80周年校庆纪念品设计工作，成果有幸被官方公众号刊发。

在2021—2022学年的暑期社会实践活动中，我承担了图像与视频后期处理的工作，圆满完成了相关任务，最终该实践活动荣获院级二等奖。

2022—2023学年，我在中国兵器工业集团下属中兵智能创新研究院实习，主要负责某项目某软件测试、调试与相关软件说明书撰写，并持续工作至今。此实习经历锻炼了我的代码调试能力，提高了我的软件编程水平，丰富了我的社会经验与项目经验，并让我对未来的研究生生涯有了更加清晰的规划。

感谢本科四年给予我帮助的老师、朋友、同学以及我的家人，是你们让我的本科四年充实且多彩，让我及时发现自己的不足并改正。感谢北京理工大学，为我提供本科期间最温馨的港湾。未来数年，我们定会继续携手并行，共同进步。

不忘初心，奋勇拼搏

北京书院　刘琦玥

四年的大学时光转瞬即逝，感谢我的大学。这四年的生活让我成熟，更给我留下了许多美好的回忆。

懵懂中启航

大一，脱离了紧张的高中生活，我反而不知道如何支配个人时间，对于大学生活有些不知所措。但在短暂的适应期过后，我就开始了忙碌，时间总是安排得满满的。

在学习上，我严格要求自己，坚持全勤，每节课坐在前排听讲，认真学习各门课程。

在班级工作上，我珍惜班长的荣誉，看重班长的责任，做好老师和同学沟通的桥梁。在处理班级事务时，我尽最大努力做到公平公正，为同学提供方便，竭力配合学院开展活动。

除了繁忙的学习和班级工作，我还热衷于参加学生组织。在我的朋辈导师田惠君学姐的推荐下，我加入了北京学院团委组织部。在学长学姐以及老师们的带领下，我很快适应了学生工作，组织了新生辩论赛、"一二·九"合唱比赛等活动。在这些经历中，我锻炼了自己的组织能力、工作协调能力、应急应变的能力。在2020年的上半年，我担任了组织部的副部长，渐渐地开始独当一面。

在思想上，我积极向党组织靠拢，一入学就提交了入党申请书，参加入党积极分子的培训和学习，按时提交思想汇报，思想觉悟不断提高。

追求与进步

大二，我荣幸地参与了北京理工大学校庆80周年晚会。学院所负责的节目《只争朝夕》在晚会上大放异彩，其中的道具——精工锤，如今正收藏在校史馆中，这是我们多少个日日夜夜辛苦排练、努力付出的证明。

2020年年底，我成为一名预备党员。在一年的预备期中，我不断提高自身修养，各方面以一名正式党员的标准严格要求自己。特别是通过学习党章党纪和参加组织生活、党内活动，进一步端正了理想信念，增强了为人民服务的自觉性，增强了党性修养，认识到做一个合格的共产党员，不仅要解决组织上入党的问题，更重要的还是解决思想上、行动上入党的问题。

在这一年中，我的学生工作经历也十分充实。我担任了学院团委学生副书记。在工作中，我时刻严格要求自己，严谨对待每一项工作，努力克服并改进自身的问题，吃苦在前，不断进取。

大二暑假期间，我与学院同学一同前往了贵州遵义进行为期7天的"学百年党史"实践活动。实践团成员在红军山上祭奠烈士，沿陡峭的山路模拟实战、护送伤员，在息烽集中营中缅怀英雄。这一路，同学们不仅体会到了中国共产党百年历程历经的磨难，也接受了一次身心的洗礼。

坚定与奋斗

进入大三，意味着大学阶段已经过半。无论是在思想上，还是在学习、工作上，我都收获很大。点点滴滴的小事，虽不起眼，却构成了多姿多彩的崭新生活。在思想上，我一如既往地坚定自己的政治信仰，加强理论学习，努力提高自身素质。在生活、工作中，处处从同学们的需要出发，竭诚为大家服务，解决难题。

大三是大学里面的一个过渡期，从单纯地想学习问题过渡到考虑自己未来的问题。很多人都选择了考研，我经过思考，最终决定选择考公务员。

总结与升华

大四是一个既伤感又激动的阶段。伤感源于我们要告别相伴四年的大学和同学们了，激动是我们拥有的知识和技能终于有了用武之地，我们要赶赴下一处战场。

作为一名大学应届毕业生，我认为社会是人生的大课堂，同时也是我们展现自我、实现自我的大舞台。我满怀希望，我认真努力，我敢于拼搏，我相信我总会尽我所能闯出一片天地。

功成不必在我，功成必定有我

明德书院　任佳

梦想，是前行的动力。担当，是人生的使命。在北理工的校园里，我们挥洒着青春和汗水，在探索与成长的路上，我们埋下了理想的种子。回首大学生活，我感慨万分。满怀憧憬的开端、临近分别的不舍。四年间，我经历了无数的挑战和机遇，也取得了一些微小的成就。我的学习生涯，可以总结为四个方面——立德、悟道、明志、践行。

立德

（1）家风。

我出生于军工世家。我的外祖父于20世纪60年代大学毕业后参加工作，1973年入党，作为老共产党员参与了社会主义建设。从他身上，我体会到中国共产党员的使命责任意识和奋斗精神。我的父亲与母亲在军工企业任职，父亲常年奔走在祖国各地做实验，书柜中摆满纪念模型，看着阅兵时父母自豪的表情，我的心中也充满了骄傲。2015年，伴随着国有企业的改革，父亲积极响应号召，到某困难企业担任总工程师，一干就是三年。他们崇高的理想信念与严谨的工作作风，深深感染着我。我暗暗在心中下定决心，未来我也要投身于建设祖国的前线。

（2）校风。

在家风的指引下，我在高三伊始获得保送资格后，毫不犹豫地选择了北京理工大学。2019年9月，我正式进入北京理工大学就读。这是我人生重大的转折点，翻开了我人生征程崭新的一页。至今犹记着初入校园时，拖着行李前往博雅宿舍的途中，看到停在路中央的"坦克"，我一瞬间热泪盈眶，"这学校我选对了"。血液中的红色报国基因喷薄而出，我暗暗立志要在这里，实现我的家国情怀。

面对新的环境与新的角色,我对着新的目标开始了新的跋涉和奋斗。在之后的学习生活中,我前往延安探寻了北京理工大学的红色校史;了解到徐特立老院长的殷殷嘱托;明白北理工从成立之初到现在,所肩负的重大使命。与祖国同呼吸共命运,将"小我"融入"大我"的发展观自此深深根植在我的心中。

(3)院风。

作为北理工书院制改革的第二届学生,四年里来自书院、学院的联合培养,为我带来全方位的成长。

首先,在明德书院"六艺"的培养方案下,我充分接受到了"德育"。在大一下学期,我们班以"远绩不辞小,立德不在大"为主题举办了德育开题答辩。那时候我立下目标,未来要做一名"外交家"。大三上学期,我们进行了德育中期答辩,主题为"进德修业,勤学笃真"。近日,我们又以"寻影逐梦"为主题展开德育答辩。穿插进行的,还有朋辈导师、学育导师、德育导师的多次关心、帮助和教导。他们在我迷茫时为我指明方向,在我放纵时及时鞭策我,在我遇到低谷时给予我鼓励。可以说,如今我能够立场鲜明、理想坚定,与书院的培养是分不开的。

其次,外国语学院德语系严谨的治学理念,也给了我充分的"学育"。我的外语能力得到了全面的训练,在德语专业四级和八级考试中均达到"优秀"的级别。同时,我的学术能力也在稳步提升,最终在大四的寒假,我参加了人生第一场国际学术论坛,所做的报告被收录在论文集中发表。回想高三保送时,我还曾一度非常迷茫——已然具备了听说读写能力的我,大学还能再学点儿什么呢?然而,四年日耳曼语言文学的专业课程,给我的想法带来了很大的改变。在文学、语言学和跨文化的研究中,外语早已不再是单纯的外"语"。外语学习者要求具备的能力早已不是单纯的听说读写。不论是做研究还是干外交,都要求通晓历史、哲学、社会学。

此外,我的辅修学位授予者法学院,也给我带来了很大的提升。三年的学习,让我体会到法律的价值与意义,感受到法学作为一门学科的魅力。法学的框架和系统思维,以及对法理的思考,都将是我未来继续接触、理解法律相关事务的基础,都必将持续滋养我学术、生活道路的方方面面。

悟道

如果说,家庭、学校、书院、学院的共同教育,是我能够逐渐长成个大写的"人"的基础，那本科四年我从一名共青团员到中共党员的政治面貌的转变，是对我思想升华的绝好的证明。

延安根，军工魂。沿袭着北理工人的红色血脉，我在思想上始终追求先进。大一刚入学，我郑重地递交了入党申请书。2019年11月1日，我经团支部推荐，被党支部确定为入党积极分子，并参加学校、书院举办的党课。大一第一学期还没有疫情的影响，我得以有机会参观北京市内的革命历史纪念馆。其中，我国在新时代的"脱贫攻坚"和"生态环保"两大原创贡献，给仍作为共青团员的我，带来很深的震撼。这种超越国家界限，为全世界构建"人类命运共同体"的伟大使命，令我动容。在校，我作为班长和团支部副书记，深知自己所肩负的责任，通过举办班会、团日活动等形式，带领班级同学在学习和思想方面，不断进步。2021年4月12日，我成为预备党员。在支部其他党员同志的带领下，我积极参与服务党员先锋岗，其中包括走访老党员、考研服务等。同时，我还参与到建党100周年庆祝大会等国家重大活动中。一年后，我按期转正，我的政治生命在真正意义上开始了。

大四开学后，在组织的信任下，我被推选为明德书院知理党支部副书记。副书记的工作烦琐且细致，特别是在9月保研考试的关键阶段，我一度倍感压力。但就好像是命中注定般，党务工作在冥冥中将我指引步入中国人民大学。在职一年期间，我共组织开展党日活动20余次、发展党员17人、转正14人。2023年5月，我被人文与社会科学院聘请为理论学习宣讲团成员。同月，参加学工部举办的"微党课"大赛，获三等奖。"政治坚定、品德高尚、业务精通、作风过硬"是我对待党务工作的十六字方针。

明 志

大学四年，承载着我无数的"变"与"不变"。学习与读书，是我贯穿四年的最大的"不变"。

（1）收获。

从入学起我就始终坚信，要实现远大理想，必要先充盈自己。正是秉持着这种信念，我能够审慎地看待大学中所有的活动、比赛、荣誉称号等。我从始至终非常珍惜北理工优质的学术平台，超学分修了很多课程，且不会因为任何事情放弃课堂。在结果面前，我确有过自我怀疑，怀疑我的坚持是否正确，但我并不后悔。大学四年，我每学期的加权平均分始终保持在90分以上，完成学术项目6项；曾获第34届韩素音国际翻译大赛德译汉优秀奖，第四届"儒易杯"中华文化国际翻译大赛德译中优秀奖,首届"沪江杯"科技翻译大赛中译德优秀奖,全国高校德语配音大赛优胜奖,北京理工大学人文知识竞赛三等奖,第六届中国国际"互联网+"校级铜奖,等等。

但是,我最大的收获,是这些罗列出的奖项远无法代表的。通过读书、听课,我结识了多个领域的学者专家,我的知识面得到了显著扩展,视野不断开拓。我认为在未来,获得表彰时的喜悦我会很快忘记;但是,我喜欢的教授在某堂课提到的精彩的论点,我必将牢牢铭记、受用终生。

(2)展望。

我未来的学术兴趣主要有三个方面:一是对于德语语言本身,以及语言所承载的德语国家历史和文化、国民特性及其发展趋势研究;二是对中德文化对比以及跨文化研究,探究中西方文化发展的缘起、脉络及相互接受程度;三是希望可以继续在国际顶级学府中,进一步提升学识能力并将之应用到之后的工作中。

我规划的学习计划:首先,我将把德语从语言学习向应用转变。本科阶段我就开始进行专业研究,例如《语言与社会变迁中的年度流行语对比研究——以中德2011—2021年度流行语为例》、用"三元"空间理论分析《死于威尼斯》以及有关"德媒视域下中国航天科技发展"的研究。通过将理论向实践转化并最终产生有价值的研究成果,我深刻体会到自己所学知识的意义与社会价值,但也深感自己知识储备尚有欠缺,仍需精进学习。因此我将把德语文学、翻译、文化研究方向作为最核心的学习内容。其次,我将继续坚持对法学的学习,因为本科阶段作为双学位已经学习了国际法等课程。我认为作为外语专业学生,了解法制背景下的国际运作模式,对今后不论是学术研究还是对外交流都大有裨益。最后,我将积极参加学校组织的其他学术讲座、论坛等活动,沐浴在浓厚的人文气息和学术海洋之中,全面提升个人素质。

践行

大一伊始,我投身新的集体,结识来自全国各地的新同学、新朋友,被推举为明德书院1907班班长。大二时,我成为一名"专业引领类"朋辈导师,一干就是三年。在书院各年级同学的肯定下,我连续两年成为北京理工大学学生代表。

除此之外,作为外语专业的学生,我还积极将跨文化交际投入实践,担任北京理工大学德语爱好者协会的负责人，通过开展德语入门培训、德国文化交流座谈会，以及德语系新年晚会，为学校其他专业，特别是有意向去德国深造的同学提供一个了解德国文化、接触德语、与德国人交流的平台。除了联系起中国学生与德国文化，我也致力于打造北理工多元文化的氛围。我加入了北京理工大学学生会国际交流中心，并在大二担任负责人，与校留学生办公室一起，为留学生组织各种活动。

"跨文化"的核心就是要"走出去"。我曾赴京蓼小学支教，带着我喜爱并擅长的琵琶，为孩子们讲解并展示中国民族传统乐器。2020年寒假，我与外国语学院的另外几名同学组成实践调研团，通过问卷调查、个案采访以及数据分析，共同撰写了调研报告《平板电脑对大学生学习模式的影响探究——以北京理工大学为例》，并获得校级表彰；2020年暑期，我作为负责人，组建了一支实践团队，由来自不同书院不同专业的14名同学组成。北京理工大学80周年校庆之际，我们团队以探寻双路——"红军长征路"与"北理办学路"为主线，在天津与延安分别开展活动。一代人又一代人的长征，时代在进步，特立潮头的北理工人始终奋战在祖国建设的最前线，这是使命，亦是担当。怀着崇高的信仰和作为北理工人的自豪感，我们在参观学习的过程中，及时发布推送、开展直播、录制"微团课"，向更多同学分享我们一路探寻到的内容，最终完成了高质量的通讯稿、新闻特写以及若干视频图片材料，为北京理工大学校庆献礼。2020年9月，我的实践团队获书院三等奖以及优秀宣传奖，同时我获评优秀个人奖。

我从入学至今还是北京理工大学国旗护卫队的队员，承担过包括北京理工大学80周年校庆、纪念中国人民志愿军抗美援朝出国作战70周年在内的30余次升、降旗任务。迎着东方的晨曦，怀着赤诚的敬意，伴着庄严的乐曲，我们升起国旗。和其他万千护旗手一样，我永远站在离国旗最近的地方，飘扬的五星红旗也不断激励着我，要志存高远、脚踏实地、努力奋斗。

回顾走过的路，我深深感到，没有学校的教育和培养，就没有今天的我。我坚信，用我的"自信、进取、刻苦、专注"，始终坚持"功成不必在我，功成必定有我"的实干精神，一定能实现个人的发展目标，也一定能够为祖国的宏伟事业奉献个人的力量！

十年树木，百年树人。四年奋斗，未来可期。

笃信初心，铭记使命，扬起万里风帆，劈波斩浪前行。

功成不必在我，功成必定有我。

等待绽放，肩负青春理想

经管书院　施雯

本科四年，我的生活是丰富多彩的：有作为组织者的成就感，有作为成员的快乐感，有被认可的欣喜感，有成为一名中共党员的自豪感，有获评奖学金的满足感……

学有所获，接受自己

大一，一切都是崭新的。除了上好日常课程以外，我还加入了学生社团、学生会、合唱团等，开启了丰富多彩的大学生活。

2019年10月，我向党组织递交了入党申请书；2021年10月，我成为一名中共党员。这可以说是我大学生活中值得骄傲的事情之一。

但我的学业并不是一帆风顺的。大三学期伊始，公布了大二学年的专业学习情况，"专业排名40%"犹如当头一棒，狠狠地刺痛了我。

那应该是我整个大学生活中最低谷的时期。大三学期是课程难度最大、课程数量最多的一学期，课业的重重压力，加之上学年失败的学业成绩的打击，我一度怀疑自己。我反思了很多：是不是我不够聪明？是不是我没有做到百分百的努力？我真的有将自己全部的精力投入学习中去吗？为此，我沮丧了很久。

我深知：一味伤心难受是毫无作用的，一味自我埋怨是徒劳的。在几经调整后，我接纳了自己，认真分析了存在的问题，制订了详细的针对性计划，开始了新学期的努力。

尽管每天的课程很多，但是我始终保持着"预习、听讲、复习"的上课节奏，每一门课程都以十二分的精神对待，课前阅览相关文献和教材，课上注意力集中，课后加强巩固。遇到难题，我会努力钻研解决，或者与同学探讨、向老师请教。

正是这种"接纳自己、正视自己、鞭策自己"的态度，让我在新的奋斗历程中获得了不小的收获：大三整学年优良率100%，其中"中国经济"的专业课程获得满分，我原本不擅长的数学类课程"时间序列分析"也获得了全班最高分。

在整个大学的学习生活中，我共获得过一次国家奖学金、三次一等奖学金和两次二等奖学金，总体来说也做到了以学业为主，无愧于心。

积累经验，追寻专业课程和竞赛的平衡

大二，作为我整个大学的低谷时期，也并不是一丝色彩都没有。那段时间在科研竞赛上的初步尝试虽没有取得突出的成绩，却让我积累了宝贵的经验。

大三，老师的引领让我彻底打开了科研竞赛的大门。从初步接触项目，到作为主持人负责校级"大创"的立项、开展和结项，再到在老师的帮助下开展跨学科合作，最终能够独立自主地创立起自己的参赛团队，我的团队能力和创新能力得到了飞速的提升。

随着参赛团队项目的不断进步，我越发感受到学科竞赛和专业知识的密不可分性。与此同时，在团队合作中，我不仅仅收获了志同道合的朋友，更锻炼了自身的组织协调能力以及沟通能力，与"并肩战斗"的团队成员们一同获得自我提升。

我主持了一项校级"大创"项目，同时参与了一项"大创"项目，并以此为依托参加了第八届中国国际"互联网+"大学生创新创业大赛以及第十三届"挑战杯"中国大学生创业计划竞赛，共获得了10余项校级及以上奖项。此外，在电子商务"三创"赛中，我还获得校级三等奖，在"学创杯"全国大学生创业综合模拟演训活动中获得了全国总决赛二等奖。

我在学科竞赛上找到了自己的价值，并持续努力、收获硕果。在本科有限的时光里，我做到了将专业知识应用到各类创新创业的比赛中去，以赛促创。

知行合一，在实践活动中实现价值

在我的本科生涯中，学生工作占据着极为重要的地位。作为班长，我深切地感受到学生工作的重要性。虽然在日常的班级工作中总有琐碎的事会让人心烦意乱，但是"服务同学，服务校园"带来的成长和成就感是无以言表的。我曾任校学生会学习实践部负责人，参与组织策划了"我爱我师"等大

型校园活动，以及团日活动、德育开题和中期等班级活动。在一次又一次的参与策划和组织中，我的全面思维、团队沟通能力得到了很好的锻炼，而每一个活动的成功举办也使我拥有小小的成就感。

社会实践、校园体育竞赛中也有我的身影。在社会实践中，我所在的团队认真调研，完成了"大数据背景下乡村振兴的实践路径"的调研报告，并参加了全校的答辩评比，最终获得校级一等奖。我在学习之余积极开展体育锻炼，用体育运动的时刻调节放松自己的大脑，强健体魄。在学校"延河杯"乒乓球女子单项竞赛中我获得第六名。这些点点滴滴的成绩也进一步激励我投身到实践中去，践行"知行合一"。

结 语

每个人都有低谷时刻，关键在于如何看待，如何改变。我能成功走出低谷，做更好的自己，除了自身的努力，更有老师、同学的鼓励和支持。

所以，在这里我想感谢所有曾帮助我的同学，感恩所有支持我的老师，感谢过去的自己和当下的自己。首先向我的导师唐葆君教授表示感谢。从大学伊始的初相见，到升学季的再续前缘，唐老师于我而言，是可以穿透阴霾的阳光，是助力我前行的指路人。同样感谢班主任刘岭老师、王怀豫老师、刘孟德老师、曲申老师、李京老师、王红夏老师、王导以及每一位耐心解答我问题的老师们，你们满足了我对大学老师的全部想象，上课幽默风趣，课后关怀备至。还要感谢我的好友王心然、张高歌、刘愈泽、熊函彧、刘炼、凯望、陈婧懿、周一乔、马紫蕙、黄宇潇、洪泽云、李冠霖、曹源……我们是最佳合作拍档，是一起学习、一起进步的挚友，是一起锻炼身体、一起结伴出行的同行者。每一个真诚的瞬间都在我的心里留念，我们自大学相识，故事却不会终止。

如今回想，彼时虽有诸多不易，但幸有师长鼓励、亲人安抚、朋友互助，倒也不觉辛苦。后毕业论文撰写之际，又得导师唐葆君老师不遗余力的指导。如此种种，受益匪浅，不胜感激。

在未来的日子里，我也将继续秉承北理工"实事求是，不自以为是"的优良学风，踏实学习、潜心钻研、不畏困难、勇于创新、知行合一，服务校园，在平凡的生活中拥有拒绝平庸的态度，在琐碎的日常中拥抱奋斗前行的青春。希望未来能够用所学为祖国建设做出力所能及的贡献，用所得为社会发展做出应有的支持。

勤学笃行　立己达人

求是书院　孙一洋

我目前担任求是书院兼职辅导员、求是书院第二党支部副书记、化学与化工学院10211901班长、求是书院朋辈导师，曾担任求是书院学生会副主席等职务；曾获国家奖学金、北京市"优秀学生干部"、北京市"三好学生"、北京理工大学"优秀学生标兵"等十余项校级及以上荣誉称号。

我在学生工作、创新创业、志愿实践中表现突出，带领党支部和学生会全心全意为同学们服务，带领科创团队BIT-China参与国际基因工程机器大赛（iGEM）并获得金奖，带领"星芒支教队"获得2022年度首都大学生社会实践优秀团队奖。我不忘初心，以奋斗姿态激扬青春，不负时代、不负华年。

（1）赓续红色基因，勇担时代使命。

作为北京理工大学的学子，我始终将"赓续红色基因，勇担时代使命"根植于内心，作为我奋斗的目标，鞭策自己不断前行。

我积极向党组织靠拢，于大一入学时递交了入党申请书，于大二时成为一名光荣的中国共产党党员。在担任求是书院第二党支部副书记期间，我在指导老师的支持下，总结了"四字育人"工作法，获评"北京理工大学百优党支部工作法"，并带领党支部创新党史教育形式，多方联动切实解决学生学业困难，学业帮扶500余人次，10余名红色警示学生降为黄色警示，用行动践行了全心全意为人民服务的宗旨。

2020年是北京理工大学建校80周年，我投身于校庆晚会的演出工作。作为骨干力量，我带领同学们全身心、高热情投入排练，为全校师生奉献了一场精彩绝伦的演出。建党百年之际，我作为学生骨干参与"七一勋章"颁授仪式的欢迎队伍，这更加坚定了我要为共产主义奋斗终身的决心。

2022年北京冬奥会盛大开幕，我作为奥林匹克广播服务公司（OBS）媒体实习生，在延庆国家高山滑雪中心工作。我与近百个国家的媒体工作者共事，为冬奥会的顺利转播提供了保障，向全世界展现了北理工学子的风采。作为新时代的青年，我一定会担负起时代重任，为中华民族屹立于世界民族之林而付出全部力量。

（2）恪守勤学笃行，践行"双创"精神。

我勤学笃行，乐学善思，学业成绩和综合成绩均为专业第一，现已保研至北京理工大学化学与化工学院。我曾获国家奖学金，并多次获得学业一等奖学金，获北京市"三好学生"、北京市"优秀学生干部"、北京理工大学"优秀学生标兵"等校级及以上荣誉十余项。明德格物，立己达人，我担任专业班班长和朋辈导师，分享学习方法，为同学们答疑解惑，开展答疑活动数十次，覆盖书院六百余名同学。

作为 BIT-China 队长，我率队参加国际基因工程机器大赛（iGEM），全方面统筹各项工作，深挖"双创"精神内核，主导创新了队伍工作模式，与多位专家及企业取得合作，凭借"Creative Tasting Officer"项目勇夺金奖。不仅如此，我响应书院号召，以"双创"引领书生培养，主持建立"合成生物学俱乐部"，为求是书生提供科创平台，吸引近百名学生投身创新创业。

（3）不忘公益初心，谱写实践篇章。

立足平凡，创造不凡。我参与公益服务、乡村支教等多项志愿活动，曾担任"蓝信封"书信交流志愿者、益微乡村夏令营行动志愿者、第十三届"挑战杯"开闭幕式志愿者负责人等，累积志愿时长 628.5 小时，获评北京市三星志愿者。

我担任北理工品牌社团——护航者协会副部长期间，响应国家教育振兴的行动计划，将知识传递到贫困地区。所率实践团"星芒支教队"受到校级新媒体平台宣传，浏览量累积破万，获评北京理工大学"优秀实践团队"，2022 年度首都大学生社会实践优秀团队。

饮水思源，缘木思本，秉持着回馈母校的理念，我作为招生办公室助管，连续三年全流程参与招生工作，小到封装录取通知书，大到解答千余名考生的疑惑。我希望可以通过自己的工作，为学弟学妹们点燃梦想，使我们都能在北理工拥有一片属于自己的星辰大海。

作为书院的兼职辅导员，我坚持以学生为中心，走近 2020 级 384 位学生，了解他们学习生活动态。我关注、关心、关爱书院学生，调研学生对书院或学院的建议并撰写报告，及时妥善处置突发事件，切实有效帮助"五困"学生。我用党的科学理论凝聚学生、引领学生，让马克思主义成为新时代青年的血脉基因，自觉做共产主义远大理想和中国特色社会主义共同理想的坚定信仰者和忠实实践者。

"求真务诚，乾乾如一。"作为书院学生会副主席，我连续三年作为学生负责人参与迎新工作，组织了十余项创新文体活动，多角度、多维度覆盖求是书院各年级、各专业的每位同学。此外我还担任校交响管乐团小号声部副声部长，积极组织声部同学进行练习，为全校师生奉献完美的演出。

我将在未来的学习和生活中，继续以大"干"的决心，实"干"的态度，善"干"的智慧，让青春在全面建设社会主义现代化国家的火热实践中绽放绚丽之花。

（4）追求卓越精进，向着未来前行。

首先，我期望自己能够成为一个有远见的人。我希望自己能够在未来的工作和生活中，不断寻找新的机会和挑战，不断尝试创新和突破。我希望自己能够成为一个有魄力的人，能够勇敢地面对困难和挑战，能够在面对压力时保持冷静和清醒，不断进步。

其次，我期望自己能够成为一个有担当的人。我希望自己能够始终站在时代的前沿，关注社会热点和民生问题，积极参与公益事业，为社会做出贡献。我希望自己能够成为一个有责任感的人，能够承担起自己的责任和义务，不断超越自己。

最后，我希望自己能够成为一个有影响力的人。我希望自己未来能在擅长的领域内取得卓越的成就，为社会做出更大的贡献。

为了实现这些目标，我将不断磨炼自我。我相信，在不断努力和追求的过程中，我一定能够成为一个优秀的人。

我的大学四年

信息与电子学院　刘佳怡

我以纳兰性德"人生若只如初见，何事秋风悲画扇"开篇的时候，回想起了我过去大学四年的时光，但是那些旧的时光现在却被拿来缅怀，当成为缅怀的回忆时我知道我们终将要别离了。

四年前的那个稚嫩的脸庞，仿佛还能在记忆中清晰地勾勒出来。当初背负着父母满满的期望，怀揣着对大学生活的憧憬，我踏入了这所陌生而充满可能的校园。初来乍到的时候，父母和哥哥一起开车送我，他们的目光中透露出满满的关爱和期待。然而，当那些青春靓丽的学长学姐们出现在眼前时，我有些不好意思抬头，仿佛自己还是一个依赖父母的孩子。夜晚的降临让我独自一人回到了宿舍，孤独感和恐惧感不约而同地涌上心头。面对未来生活的不确定性，我开始思考自己能否适应这个陌生的城市、能否找到真正的朋友，甚至开始怀疑自己是否能够胜任大学的学业和生活。白天那倔强而青涩的自己在夜晚显得无助而不安。

然而，正是这样的不安和挑战，逐渐成就了我的成长。我努力适应新环境，积极参与各类社团和活动，结识了许多志同道合的朋友。我们一起度过了无数个日夜，分享欢笑与泪水，相互扶持，一同成长。在这个过程中，我逐渐明白了自己的价值和潜力，也更加坚定了自己的目标和追求。

我们参加过许多活动，深秋歌会、荧光夜跑……我们也一起举办过许多活动，例如知识竞赛、辩论赛、"我爱我师"教师节活动等。也许有过迷茫和焦虑，有过面对新活动的不知所措和慌乱，但是回想起在一起工作和玩乐的日子，我脑海里剩下的尽是一些快乐的画面。记得在朋友的鼓励下，我尝试去做了一次主持人。虽然我对自己的表现不甚满意，但是新体验还是让我有了新的热情。我认真策划和组织各类班级活动，确保信息的准确传达，并且时刻关注同学们的需求。在与同学的交往中，我尊重每个人的权益，倾听他们的意见，积极帮助解决问题。我注重与他人的沟通和合作，努力创造和谐的学习氛围。通过这些实践，我不仅提高了自己的组织能力和协作能力，也培养了团结友爱的集体意识。

在锻炼方面，我始终注重身体健康和体育锻炼。我相信锻炼是保持身心健康的重要途径之一。我积极参加田径社团，并全身心地投入其中。通过参与各项田径运动，我不仅提高了自己的体能和运动技巧，也培养了坚持不懈、团队合作和竞争意识。在训练过程中，我培养了不放弃、勇往直前的精神，无论遇到多大的困难和挑战，我都能够勇敢面对，并且从中成长和进步。我的性格变得越发开朗，不会畏惧与别人交谈，不会害怕认识新的朋友，每天有着固定的朋友一起跑步，那段时间是我觉得最快乐的日子。曾经的我认为跑步是世界上最困难的事情，但是在朋友的影响下，我也能跑到五千米、十千米甚至更多，身体素质也愈发地好。这不仅让我保持了良好的身体状态，也助力我缓解学业压力和增强心理健康。通过身体锻炼，我学会了平衡学习和生活，更好地调节自己的身心状态，以迎接各种挑战和困难。我将继续坚持锻炼的习惯，保持身体的健康，并在未来的人生道路上展现更好的状态和素质。

虽然快乐的日子很多，但是四年的大学生活也许还是应该用平淡来形容。我的生活重心还是学习，认真上课，认真做作业，认真参加考试。虽然我的成绩没有达到顶尖水平，但我始终保持着努力认真的态度，充分利用课余时间进行复习和学习，不断提高自己的学术水平。积极参加各类学术讲座和研讨会，拓宽了我的知识面，并且让我勇于发表自己的见解和思考。尽管在学业上面临了一些挑战，但我通过坚持不懈的努力和不断的学习提升，最终获得了保研资格。这个过程让我明白了努力和坚持的重要性，也为自己的未来发展打下了坚实的基础。四年的学生生活在不断地实现着一个又一个阶段性的目标中度过。浸泡在图书馆里的每一个日子虽然单调却充实。上了十几年的学，不敢说喜欢，但绝对是不讨厌学习的。除了温馨的宿舍，我也喜欢图书馆里安静的氛围。曾几何时，图书馆就像一个避风的港湾。我喜欢坐在图书馆里静静地听广播，偶尔看看窗外美丽的风景和校园里各自忙碌的同学们。生命的意义不在于结果而在于它的过程。我的收获就是在平淡中感受学习中的充实和快乐中的成长。

苏格拉底说，世界上最快乐的事，莫过于为理想而奋斗。依稀记得在那些照明灯暗淡下去的时候，我们各自躺在床上调侃，那时候我们各自怀揣梦想，每个人的热情在骄阳似火的9月蠢蠢欲动，恨不得在这一片天空一展抱负。时间随着笔尖与纸张沙沙的摩擦声慢慢地流逝，但是日子其实很充实，因为我们有自己的人生规划，有自己的梦想，有自己的目标，而现在所做的正好就是为之奋笔疾书。记得林语堂说："梦想无论怎样模糊，总潜伏在我们心底，使我们的心境永远得不到宁静，直到这些梦想成为事实才止，像种子在地下一样，一定要萌芽滋长，伸出地面来，寻找阳光。"

在大学四年的学习生涯中，我始终将思想品德放在首位。我坚信，一个人的思想品德决定了其行为和发展的方向。我始终秉持着诚实守信的原则。在面对各种情况和困难时，我从不撒谎或欺骗他人。我明白诚实是建立信任和良好关系的基石。我注重培养自己的道德情操。我努力树立正确的价值观和道德观念，明辨是非、善恶。在面对各种诱惑和挑战时，我时刻保持警惕，不轻易屈从于不良行为。我相信，一个道德高尚的人不仅能够为他人树立榜样，也能够为社会的进步做出贡献。此外，我还注重培养自己的思想独立性。我积极追求知识，不断扩大自己的视野和思考能力。我乐于接触不同领域的知识，不断学习和探索。在面对问题和困惑时，我善于独立思考，勇于提出自己的见解，并与他人进行深入的讨论和交流。这种思想独立性使我能够更好地应对复杂的社会环境和各种挑战。

回顾这四年的成长历程，我深刻体会到了成长的不易和蜕变的可贵。当初的青涩已褪去，现在的我更加成熟和自信。大学生活让我学会了独立思考、勇于担当，培养了坚持不懈、适应变化的能力。在这个过程中，我明白了人生需要勇敢面对挑战，需要不断超越自己，才能不断成长和进步。未来，我将继续保持对知识的渴望和对成长的追求，努力发挥自己的才华和潜力。我相信，经过这四年的历练和积累，我已经具备了应对未来挑战的能力和信心。我期待着迎接更广阔的世界，展开更多的可能性，成为一个对社会有用、对他人有益的人。

四年的大学时光匆匆而过，此时此刻，我心怀感激和喜悦，感谢北京理工大学给予了我学习和成长的机会，感谢父母和家人对我的支持和鼓励，是他们的爱与关怀让我勇敢地面对挑战、追求梦想。愿未来的人生之路上，我能继续保持初心和热情，坚持追求卓越，不断成长和进步，继续书写属于自己的辉煌篇章。

张扬青春，迎面挑战

经管书院　张迎

张迎，共青团员，北京理工大学经管书院 2019 级信息管理与信息系统本科生，行政班班长。本科期间专业成绩及综合排名均为 2/24，拟录取至北京大学信息管理系学术硕士。获评北京市优秀毕业生、北京市三好学生、国家奖学金、北京理工大学管理与经济学院/经管书院 2023 年十佳大学生暨第十二届"青春北理"年度榜样（院级推荐）品学兼优榜样、华瑞世纪奖学金、学业一等奖学金、优秀团员等多项荣誉。本科期间，张迎积极参与学科竞赛，获奖二十余项。2023 年，张迎获得美国大学生数学建模大赛特等奖，并获 INFORMS 冠名奖及 COMAP 奖金，刷新北京理工大学在该赛事上最高获奖纪录；2021 年，张迎获得"挑战杯"揭榜挂帅专项赛北京市特等奖，系该赛事最高奖项。

勤思苦练，夯实基础

张迎始终奉行"志在高远，脚踏实地"。学习没有捷径，学海无涯苦作舟。一进入大学校园，张迎保持了高中时化学竞赛和数学竞赛的吃苦精神，认真研读教材，对于需要练习的学科，则勤学苦练，毫无松懈。对她而言，单从课堂上获取知识是远远不够的，大学里更重要的是自学能力和对知识体系的建立。

从大一到大三，张迎都格外重视数学类课程。从微积分到运筹学，再到高级统计。除了上课时认真听讲、积极与老师互动，下课认真完成作业外，张迎还会给自己找题做，通过大量的练习保持手感。在备考线性代数期间，张迎做了二十多套试题。即便是在课程结束以后，张迎也会找到各种机会反刍和应用这些知识，不让付出努力学到的东西被遗忘。正是基于这样"学—练—考—用"的学习模式，张迎的数学类成绩全部满绩。

除了数学课，张迎还对管理类课程很感兴趣。对她来说，学习社会科学是一种爱好，也是一种精神需要，它们可以帮助她理解这个世界。大一时学习的"管理学原理"课程为张迎打开了管理科学的大门，在该课程上她取得了 99 分的最高分；大二时学习的经济学、营销学也为她后续进行有关问题的数学建模打下了扎实的理论基础。与数学不同的是，对于管理类学科，张迎的学习方法是多多参与课外竞赛，比如"挑战杯""世纪杯"等。在 2021 年的"世纪杯"中，张迎参与项目"盲盒经济及其影响效应"获得一等奖，在该项目中张迎就灵活运用了她学到的营销学知识。由于重视管理类课程，活学活用课堂知识，张迎在科创竞赛中多次获奖。

三年来，每一页工整清晰的笔记，每一节认真听讲的课堂，每一个苦苦思索的夜晚，这些一点一滴汇聚起来，成为她个人能力全方位发展和提升的基石。在她的成绩单上，"管理运筹学""Java 语言与程序设计"等共计 42 门课程达到满绩点；所有学期的学业成绩和综合排名均位列专业第二。

摸索前行，永不放弃

2022 年 9 月，张迎被成功推免至北京大学攻读硕士研究生。在此之前，张迎先后拿到了清华大学工业工程系夏令营"良好"评级、南京大学工程管理学院管理科学与工程专业"优秀营员"。在预推免阶段，张迎参与北京大学工学院机械专业硕士和北京大学信息管理系预推免面试，最终放弃工学院的高分面试成绩，以第五名的面试成绩被北大信管系拟录取。这样傲人的战果背后是张迎无数个咬牙坚持的日夜。

在夏令营期间，张迎的前五学期专业总排名为第三名，这个成绩基本被认定与"清北复交"无缘，但可以冲击其他"985"高校。即便不被大家看好，张迎并没有放弃，她积极做好准备，抓住每一次机会。

2022 年 7 月，张迎为备战夏令营，用半个月时间复习完了全部的数学类课程，8 月开始作为模型算法工程师实习，9 月开始一天复习一门专业课，其间，她还自学了随机过程、计算机网络、文献计量学等若干专业课。复习期间，张迎每天六点半起床，一直学到晚上十一点，那段时间是痛苦的，但那些沉睡的专业知识在她的大脑中全部复苏了过来。在面试中，张迎对答如流，凭借自己过硬的专业知识和数理基础战胜了许多工科学生，最终张迎以第五名的面试成绩收到了北京大学的拟录取通知。

开拓创新，锐意进取

进入大学的新阶段后，张迎坚持专业学习与科研创新齐头并进。专业学习之余，她热衷参与各项竞赛，从创新创业类到数学建模类，甚至是程序设计大赛，只要有机会，她就去尝试。

从大一开始，张迎就担任"挑战杯"竞赛队队长，挑起了项目的大梁。那时，她专业基础薄弱，但愿意学习、有干劲，一份计划书为她打开了商业创新比赛的大门。此后她参与的"挑战杯""世纪杯"竞赛都有获奖。其中，最为辉煌的经历是她在大二时期作为队长参与的"挑战杯"揭榜挂帅专项赛，获得了北京市特等奖，该奖项也是北京理工大学的最好成绩。比赛期间，她组织协调同学撰写报告，积极与老师沟通，最终得到了主办方的认可。

对于张迎本人而言，最重要的学科竞赛是各项数学建模大赛。本科阶段，张迎积极参与各项数学建模比赛，取得了优异的成绩。大二寒假，张迎第一次参与美赛，缺乏参赛经验和有关知识的她并不能很好地胜任写作手的岗位，最终只获得了 S 奖（成功参赛奖）。虽然成绩不理想，张迎仍然从中积累了宝贵的经验，锻炼了自己，并积极准备着下一次美赛。大二下学期，张迎再次组队参加"电工杯"数学建模大赛，获得了全国二等奖的成绩，在这次比赛中，她明显感觉到自己能力的提高：可以看懂一部分模型了，写作的效率也高了不少。大三的寒假，张迎第二次参与美赛，这次她与队友们更换了题型，从 MCM 变道到 ICM。张迎还首次参与到建模工作中，而不是只负责论文写作。这一次，张迎所在队伍获得美赛 H 奖（二等奖），相较之前有了进步。与此同时，张迎认识到自己在数理基础方面的不足，从而不断敦促自己多加学习。在大四的寒假，已经保研北大的张迎决定抓住最后的机会，弥补自己在数学建模比赛上的遗憾，于是她第三次征战美赛。与之前不同之处在于，经历了完整的专业知识学习，张迎已经具备了独立完成 ICM 赛题建模的能力，而且具备较强的数模论文写作功底。大四寒假，张迎与两位大三的学弟达成共识，队伍分工明确，经过充分的学习、科学的备赛，在张玉利老师的指导下，该队伍获得了 2023 年美赛 O 奖（特等奖），并获美国运筹学会冠名的 INFORMS Award 以及美赛官方发布的 COMAP 奖金（全球仅四支队伍获得，张迎所在队伍位列第一）。这次获奖不仅为经管书院争得了荣誉，更因首次获得 COMAP 奖金，刷新了北京理工大学在美赛中的历史最好成绩。对张迎本人而言，圆梦 O 奖，证明了她在数学建模方面的实力，无愧于她多年如一日的努力付出。在此之后，张迎还参加了2023年美赛春季赛（然而该文写作时春季赛并未出成绩）。

在一次又一次的比赛中，张迎发现了自己对于数学建模十分感兴趣，结合大二时期的管理运筹学专业课取得满分成绩，张迎明确了自己的研究方向为运筹优化，并有针对性地自学了凸优化基础和一些混合整数规划问题的求解算法，实习阶段也选择了模型算法工程师的岗位。实习结束后，张迎的本科毕业设计也选择研究运筹优化相关的内容。能够对自己的专业感兴趣、热爱自己的研究方向是一件幸运的事情，未来张迎将会克服困难，不断提高自己，在该领域深耕。

文体兼长，绽放光芒

张迎的课外生活极其丰富，在学习之余，张迎十分热爱文艺、体育，并多次参与大型文体活动，为校争光。

由于从小学习钢琴、书法等艺术特长，张迎格外爱好文艺，但是高中时课余时间基本被竞赛占据，没有参与艺术活动的机会，终于在大学期间，张迎可以发挥自己的文体特长，参与各项活动和赛事。

大一时，张迎尝试话剧表演，在校短剧大赛中参与剧目《蠢货》的表演，担任女主角叶莲娜·伊凡诺夫娜·波波娃，生动地演绎了一个口是心非的年轻寡妇形象，该剧目斩获2019年北京理工大学短剧大赛一等奖、最佳导演、最佳女主角、最佳女配角，并代表北京理工大学参与首届良乡戏剧节，取得第四名的好成绩。大二时，张迎作为舞蹈演员参与北京理工大学80周年校庆文艺汇演；同年代表经管书院参加北京理工大学校运会女子铅球项目和北京理工大学"延河杯"羽毛球比赛。此外，张迎还在校级书法篆刻大赛中获得二等奖，其软笔书法作品被经管书院公众号选用。大三时，张迎参与校级红色舞蹈汇演大赛，所在经管书院代表团队获得二等奖。

除了文体活动，张迎还热衷参加社会实践活动。她从大一开始，在寒暑假积极投身社会实践，并以振兴家乡为社会实践的终极目标，先后调研了江西省赣州市的企业（国机智骏）、乡村旅游脱贫（江西省婺源县）以及商业发展（江西省赣州市商业综合体调研），并产出多篇调查报告。张迎致力于将所学的知识与实践调查结合起来，并通过采访有关人员了解真实情况。

努力拼搏，知行合一

"我敬畏努力拼搏的人，因为我自己也想做一个勤奋上进的人。我始终坚信先品后学、知行合一，也一直为此努力奋斗着；我始终努力全面发展，为校争光，振兴家乡。前方的道路还有很远，但我不会停下前进的脚步。我希望我能如我的名字一样，张扬青春，迎面挑战，始终拼搏，始终向前！"在大三参与"青春榜样"评选时张迎如是说，虽然当时她并没有成功当选"青春榜样"，但这段话她一直铭记在心。在大四时，张迎再次参评，在评选时她也说了同样的话。这一次，她成功当选北京理工大学管理与经济学院/经管书院 2023 年十佳大学生暨第十二届"青春北理"年度榜样（院级推荐）品学兼优榜样。

未来还有很长的路要走，张迎将继续怀揣学习热情和吃苦奋斗精神，战胜困难，不断进步，张扬青春，迎面挑战！

你走向我，我走向未来

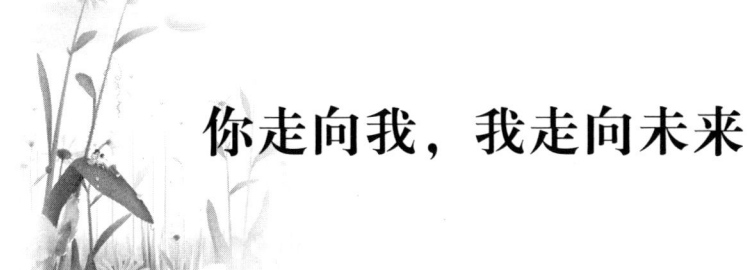

明德书院　张文佳

19岁的你，对不确定的未来有着坚定的向往，在翻越了名为"高考"的大山后，你整装待发迎接所谓"最好的安排"，来到这个心心念念的城市，开启一轮全新的旅程。你反复告诉自己切忌重蹈覆辙，放下心理负担，向着无限的可能大踏步走去，过程中带着不知从何而来的勇气，却也常常会在面临选择时小心翼翼，就这样，我看着你向我走来，我笃定，你的一步步都在向我走来。

带着笃定与犹疑

刚上大学的你，虽看不清前路的方向，但仍相信"让自己变得更好"是永恒的力量。你为自己立下了诸多的目标，小到每日按部就班的学习计划，大到好似抓不到边的"企业家"梦想。你仍保持着高中时的作息，每日在差不多的时间，来到图书馆固定的座位，做着那些总也完不成的任务。我能听见你心底的声音，知道你的笃定，也明白你的犹疑，你相信自己，也怀疑自己，每次那负面情绪的魔头出现时，你便来到操场奔跑。你记得高三夜跑时仰望追随的月亮，也记得那年在耳边反复呼啸的风声，是这些时刻曾带给你心安的力量，因此它们也成为你独立生活时自我治愈的解药。你慢慢掌握了学习方法，找到了舒适的生活节奏，并在成绩上看到了正反馈，吃到了所谓"付出才有回报"的甜头。你心底的自信在一点点回归，你还在不解高三时总也调整不过来的状态为何如此离奇，不过这些纠结无伤大雅，因为在向我走来的一步步中，你会放下这些纠结并逐渐将其淡忘，慢慢地就会像现在的我一样，可以笑着说起那些奇奇怪怪的时光。

积累信心和底气

你勇敢地走出自己的小圈子，加入学生会、校文艺部、广播站，担任班长、宿舍长，你在各个身份的转换中忙得不可开交，但也暗自喜悦地接受这种充实的快乐。你第一次面试结束后那般兴奋和激动，那样稚嫩的情绪让我想起便嘴角上扬，那是一份真切的 19 岁的热烈，如果当真有时光机，我定要把这份热烈的感受永久地珍藏。

你加入广播站后第一次制作节目，熬大夜合成的剪辑被"批评"得彻头彻尾，当时心底压不住的气愤现在想想还是很好笑，不过没有关系，你就是在这一过程中逐步熟练的。在接下来的四年里，你做了许许多多的节目，你进入广播站时带着的那份小小心愿是会超期实现的。

你作为校文艺部的工作人员，在深秋歌会的幕后前前后后地奔波着。你看着舞台闪耀的聚光灯，想着未来要有勇气站上高台歌唱，然而我知道未来的四年中，会有太多的因素相织交缠，让这个愿望落下遗憾。不过在即将毕业的这年，你还是会走入深秋的会场，去见证一次声势浩大的狂欢。

你在各项学生工作的任务中逐渐成熟起来，像个"小大人"一般处理着工作的事务，你会成功地竞选学生会的副主席，兴奋地感受着"指点江山"背后的责任与乐趣，也会在大三继续留任时囿于学习时间的冲突而犹豫不决，再一次被卷入纠结和不自信的旋涡。不过你会战胜这些挑战，你会在这个过程中不断突破自己，并将这些经历化作之后前行的底气。

挣脱困难与牵绊

你越来越近地向我走来，但还要跨越一座名为"保研"的小山丘。你被两门鬼使神差考得相当差的数学课重重打击，你交卷之后大脑一片空白，想想都觉得颇有戏剧性。这段现在看来很小的坎坷会化作你之后一段时间里的动力和牵绊，既推着你往前看，认真学习每一门科目努力提高绩点，又拉拽着你反复确认自己的方法和能力是否存在问题，好在积极的情绪大体占了上风，你在自我拉扯和反复挣扎的过程中，一步步实现了提升。翻看你当时的笔记，你心底充满对知识和新世界的渴望，它们会让你淡忘竞争的复杂和考试的压力，让你回归最简单的状态，继续保持对"让自己变得更好"的期待。你会在将近一年的时间中忙碌于专业课、科研实践、雅思英语和保研准备。在走过这一年之前，你还在自我怀疑，好似两年多下来可以谈起的奖项经历少之甚少。其实无须忧虑，未来的这一年中，你会一次又一次地突破自己，你能够很好地处理专业课和其他各项任务的时间安排，很好地投入实践调研并在合作的过程中取得优秀的成绩，很好地完成当时觉得难以攻克的论文实证难题，很好地在疫情反复且课业任务繁重的日子里准备并参加雅思考试，很好地应对满怀热切地投营却接收一次又一次无声的拒绝……这些把你压得好似喘不过气的事情反复将你推向操场，让你期待用跑步后的热切对抗所有的负面情绪。你会深刻地记得北湖夜跑后在桥边落下的泪，之后的日子里每每觉得难以坚持时，你就会告诉自己，北湖的那晚都能撑过去，这都不算什么。

回归当下和自我

你跨过了小山丘，就这样一步步地，在大学的四年中成为现在的我。在大学的最后一年里，你逐渐地回归了自己。在空闲的时间里，你开始蹭一些从前想上但一直没有时间上的文学课，感受抽离于复杂现实的轻盈，在故事中短暂栖身，汲取应对繁杂事务与困难坎坷的勇气。你开始继续高中时放下的写写画画、弹弹唱唱的爱好，又生起了在小花园为花花草草办个人"巡回演唱会"的奇怪念头。你开始频繁地与初高中便结识的老友聚会见面，这些曾经只能在线上扯皮、说一些无厘头话语的伙伴，更为真切地活跃在你的眼前。你开始更清楚地意识到自己的性格，珍视其中的美好，也接受它难免的瑕疵。你成为现在的我，一步步走向了今天的我。现在的我觉得，四年前的你如果知道未来会像如今这般，应该是会满意的。

开拓前路与方向

不过，对于未来的我，我希望，可以拥有更多的可能性。从前我总会设定目标，按部就班地前行，在一个个目标的指引下，走向所期待的样子。但是在本科四年的生活即将落幕之时，我更加深刻地意识到，我必将面对充满更多不确定性的未来，这之中或许夹带着不期而遇的惊喜，又可能包含有意料之外的惊讶，但这些不确定性也恰恰是未来的魅力所在。因此，我不再想立下固定的目标而后循规蹈矩地前行，而是愿意相信自己在未来会面临更多全新的选择，在不同的选择下，我会不断开拓新的前路，走向新的方向。我不禁更加期待，在不设限的道路下前行，最终会走到什么样的地方。我希望未来道路上的每一步都充满更加新鲜的活力，每一天都能够活在当下的瞬间，以每一瞬间的努力和感动编织形成那个我渴盼也珍视的未来。现在的我，虽然对未来仍有很多不同的设想，但我开始不强求它们能被一一达成，而是期待在通向每一个设想时，实现更多新的可能。或许五年后的我会硕博毕业，会出国留学，会进入自己期待的企业，会继续坚持创业的念头……不过时间总是会改变很多东西，更会创造很多东西，未来的事情，谁又知道呢？

迎接珍宝和荆棘

19岁的你，那个刚刚走出自己的小天地来到大学的你，我见过你接下来四年将经历的所有纠结和迎接的每次挑战，我很确信你都很好地解决、应对、战胜了。随着时间的流逝，你走向我，成为我。你一直在等待一个证明你选择正确、表现优异的瞬间。如果时间穿梭，见到那个还在艰难选择、身心疲惫的你，我会宽慰你，一切都会过去。

未来，那个28岁站在人生岔路口的未来，让我充满期待。或许还会在面临选择时犹豫不决，会在压力袭来时紧张不已，不过我相信，从你走来的我，思想会更成熟，步履会更坚定。

19岁那个饱含稚气的你在四年的时光中一步步向我走来，让我成为现在的自己，而今后，我会一步步地走向未来，走向那个充满不确定性和无限可能的未来，欢呼雀跃地迎接那一路上所有的珍宝与荆棘。

时光飞逝，回首来路，身后已布满深浅不一的足迹。追寻梦想的道路并非一帆风顺，这一路，有笑，有泪，有寻找，有梦想，有迷茫，有奋斗，有失落，有成长，有受挫，也有收获。只有经历磨难的人生才会获得丰厚的馈赠。前方总有呼唤在不断回响：把脚下的路走好，谱写人生新的篇章。

第四篇 人生梦

忆北理

宇航学院　代馨

5月的阳光透过窗户，洒在曾无数次走过的校园石板路上，终究是到了离别的时刻。18岁在良乡初遇北理工，22岁挥手作别大学时光，四年时光，无法逆流。

相逢有幸

还记得当初第一次离开家乡到北京上学的日子。报到那天，一下车就看到北理桥悬挂的红标语——欢迎来自祖国四面八方的新同学！四年过去了，我一直记得初次相逢的光景，似乎一切对我来说都是新奇的，北食堂的第一盘卤菜、第一碗黄焖鸡、第一杯酸梅汤、第一次从丹枫楼前的小树林走过北湖，第一次和四个室友去了图书馆……怀揣着美好的憧憬，熟悉着这座校园。

相知有缘

与同学们缘分的开始要从军训说起，那些日子过得十分充实。早上5：45起床，6：15楼下集合跑早操。北京的日出时间格外早，最开始还有点不适应。每天的训练内容虽然枯燥但总是能被我们发现有趣的地方，或许这就叫苦中作乐：转过身去看别人踢正步总是忍不住笑，看教官演示总想着他会出洋相，休息时间总会打打闹闹挤眉弄眼。时光、阳光正好，日子也过得不紧不慢。

相见有言

2021年7月，搬到中关村校区，这里仿佛一切都和良乡校区不一样，第

大学 青春 人生——

第四篇 人生梦

一次在校园里找路开导航，第一次发现原来可以有一栋楼叫浴室，第一次去菜市场买水果感受浓浓的烟火气……

　　大学依然以学习为主，课堂、作业、考试、绩点、排名，不变的主题。变化的是老师课堂的启发延伸，学习被动向主动的转变、课外与课内的平衡……在变与不变中突破自我，甚至是打碎自我、重塑自我。

　　对于大学生活，我最初的期待是能够多参加社团活动，提升自己的社交能力。后来在我研究生面试的时候我被问到一个问题——你是在有压力的情况下学习效率高还是在无约束的情况下发挥得更好？相信大部分高中生家长都会说："高中压得紧点，上大学就好了。"诚然，大学不再是初高中的固定班级教学制度，会有更多的自由安排时间，但适当的压力才是动力的源泉。曾有老师打趣到："毕业设计就应该给你们一个月的时间做，反正给你们四个多月你们也是玩到最后一个月才开始。"光阴为鉴，时光为证，太容易的路可能根本不会把我们带向任何地方。我积极参加物理竞赛、数学竞赛、数学建模等各种竞赛，虽然没有取得非常出色的成绩，但在这个过程中我学到了许多软件的使用方法、培养了团队协作能力，这些是我无法从书本上获得的成长经历。

相别感恩

　　饮水思源，学成念师。感谢在大学四年的学习生活中，给予我生活和学业谆谆教诲的老师。

　　都说无论走到哪里家都永远是唯一的城堡，感谢爸爸妈妈爷爷奶奶以及所有亲朋好友对我的关心和支持。或许有时觉得奶奶的唠叨显得有些多余，或许有时觉得爸妈的提醒有些过分，但在某一个夜晚我突然想明白，虽然相隔千里但还好有他们在。现如今我即将完成我本科阶段的所有学业，向着更高的学历和人生目标发起冲击。唯一的希望就是在我的人生路上，他们能够陪我久一点，再久一点。

　　愿我们用最好的青春做一个永远热爱生活，充满激情的少年。也愿此去经年，一生坦荡，一生纯善。

未来可期

　　大学四年是人生中最宝贵的青春回忆，学习、社团、生活的一切都历历在目。似乎还有好多好多话要讲，但是突然不知道该说什么，或许很久以后，又或许是真正离开校园的前夜，许多许多回忆会突然蹦出来。我承认，在低谷期，我的确想过快点结束这一切，快点离开这曾经让我伤心和痛苦的地方，但真正到了离别时分，又是如此舍不得。大学四年来，我终于想明白的一个问题是什么该争取，什么该放下。

听闻晨钟暮鼓，踏遍夏雨秋露，又一岁荣枯，回首间，望前路，人间寥寥情难诉，所有的回忆镌刻史书，未来再奔赴。

愿我们保持这份热爱，共同奔赴下一场山海！"海压竹枝低复举，风吹山角晦还明。"乌云终将消散，黑暗终将过去，光明终会重现。人生在世没有事事如意，黑暗过后自会有万丈光芒。所有的经历都可化为成长，生活从来都是鲜花与荆棘并存，我们带着诚意满满来，慢也好，步子小也好，往前走就好。阳光万里，我们终将迎接新的人生阶段。祝福我，也祝福最好的你们！

追求卓越，自强不息

光电学院　李更

不知不觉，本科的大学生活已然接近尾声。急景流年，往事历历在目，那个刚入学时青涩稚嫩的自己仿佛就站在眼前。我慢慢走近他，四目相对，我看得出他眼睛里的期待、信心、恐惧、迷茫。他想追求一个答案，但我想告诉他：不必担心，也不必彷徨，你即将开启一段极有意义并美妙精彩的大学生活。好好享受，这会是一段难忘的过程。

筑梦

初入大学，人生无疑开启了崭新的篇章。但我心中总有很多疑惑，对自己的、对社会的、对世界的。我抱着求知的态度，期待可以在大学中得到充分的锻炼与成长，在这里找到答案，不虚此行。

我深知专业知识的重要性，没有扎实的专业知识，一切理想抱负都是空谈。虽然大学在学习模式上更为自由，可我依然不敢懈怠，刻苦学习。在课堂上，我总是落座前排，集中听讲，勤于思考，积极主动地与老师交流；在课下，我苦于钻研，善于总结，成为图书馆的常客。

虽然如此，可我仍然没有找到答案的头绪，或者说刻苦学习似乎没有为我提供人生方向上的建议。首先面临的问题就是专业分流，我到底该选择什么专业？什么方向？

我意识到，只是埋头苦干是没有用的，大学的可贵之处在于让我有机会接触到更广泛的知识领域和文化背景。来自不同地区和不同学科的老师同学，让我能够获得更加全面和深入的学术视角，也给我提供了拓宽视野和思维的机会。于是我开始对外积极交流，参与各个学科讲座，了解各个专业的情况与内涵。作为一名工科生，无论未来选择什么具体专业，数理基础都是极为重要的，于是我在大一时着重学习了具有数理通性的课程，为以后进一步学习专业知识打下了良好的基础。这些努力，不仅让我在学习上更进一步，也让我的视野得到了极大的扩展。在不断的学习与求索中，我慢慢找到了方向。

很快，来到专业分流的日子，我决定选择光电学院。光电是一门对数理基础要求较高的专业，并且我对各种光电现象、光学物理非常感兴趣。于是带着十足的热爱，我来到了光电学院，立志要做好这门学问，寻找自己的人生价值。

求索

在大一的下半学期，疫情突然降临，我原本按部就班的学习计划被全部打乱。在这学期，一切学习活动均在线上展开，这给我带来了极大的不适。由于未能完全适应这种学习模式，我的成绩在这学期有了明显的退步。看着成绩单上不好看的数据与排名，我的内心充满了焦虑、压力和自责。但是我并没有气馁，从自身寻找原因，积极调整自己的学习方式，努力适应新环境。此后，我的学业成绩再也没有出现过这种巨大波动，始终保持在了专业前列的位置。

在大二结束的暑假，学院宣传了"中国高校光电王大珩联合实验班"（以下简称"大珩班"）。通过报名与选拔进入大珩班的同学（来自6所高校）会在大三学年集体赴浙江大学、华中科技大学的光电学院交流学习，并且毕业设计也会在中科院的光电院所进行。虽然交流过程充满了未知与挑战，但我几乎不假思索地选择了报名，这对我来说是一个难得的机会。大珩班的参与学校都是中国光电学科的强势院校，学生可以充分体验各个学校、研究所光电教学与研究的特色，开阔专业领域的视野。

在大珩班交流学习期间，我深知虽然人不在北理工，但处处代表着北理工光电学院学子的形象，于是更加不敢懈怠。在交流中，我抓住机会，积极向外校老师请教，深度参观各院校的实验室，思考不同院校的研究特色。

通过一年的交流学习，我收获颇多，凭借优秀的学业成绩与综合表现，得到了外校老师、同学的一致赞赏，成功彰显了北理工光电学院学生的形象与风采。

我深知科研训练的重要性：一方面可以巩固与加强专业知识，另一方面可以为后续的研究与学习打下基础。于是，在课余，我经常组织同学参加各类学科竞赛与科创活动。作为主负责人，我主持申请了一项校级"大创"与一项国家级"大创"。同时还作为队长，参加了2022年美赛，获得了H奖。

实践

大学生活不应该只有学习与科研。我积极参与了学校的各种社会实践、学生工作，全面锻炼自己的能力与素质。

我根据自己的实际情况，在大一加入了学校"延河之星"志愿者总队宣传部，负责制作推送，传递志愿活动的正能量。我积极响应学校号召，作为队长组织了数次寒暑假社会实践。在实践中，以中国特色社会主义理论体系为指导，积极与成员们讨论，组织策划实践内容与方式，让社会实践具有较高的教育意义。其中，效果最好的两次实践是 2020 年暑期社会实践（奋进新时代"小康路上看中国"主题社会调研地方小队）、2021 年暑期社会实践（中国共产党革命纪念馆的利用与党史教育——正道的"光"暑期实践团）。通过实践，同学们进一步了解了党与国家的战略方针，践行了社会主义核心价值观，强化了理论自信、道路自信、文化自信，坚定了投身社会主义现代化建设的决心。两次实践分别获得了校级、院级优秀实践奖，我作为队长均获得了"优秀实践个人"的荣誉。

除此之外，我积极地投身学校宣传与形象建设工作，参演了学校招生宣传片，积极配合与参与学院对口省份的招生宣传工作，为学校本科生招生做出了贡献。

在学生工作上，我担任本校教学班的班长，以及跨校班级大珩班班长。我本着奉献精神，当仁不让，帮助老师，服务同学，关爱集体。我一直致力于为班级营造一个良好的学习和生活氛围，经常会给有需要的同学提供生活上的帮助与学业上的辅导。我积极组织同学们参加学校的各项学生活动，督促大家共同进步，在班级中有着良好的群众基础。

成长

大学生活中，我致力于把追求卓越与优秀养成一种习惯，在我的努力下，取得了一系列荣誉与奖项。专业学习成绩一直名列前茅，前 6 学期的总加权为 91.42/100，以 2/167 的综合排名获得推免资格。获评 2021 年本科生国家奖学金、2022 年迪文奖学金、2021 年与 2022 年校级优秀学生、2023 年"五四"优秀团员、光电学院品学兼优榜样，连续多次获得优秀学生奖学金一等奖。

大学四年，我不仅积累了扎实的专业基础，更提高了思想认识水平。面对困难，我会迎难而上，寻找破解之法；面对荣誉，我不会沉溺其中沾沾自喜；面对自己尽全力但结果仍然不尽人意的事情，我会思考原因，总结方法，并坦然地接纳自己现在的平庸与不足，不会气馁。

无论是在专业知识、科研还是思想上，学习得越多越让我认识到自己的不足。求知的欲望使我坚定了继续深造的决心。在大三升大四的暑假，我积极报名参加了各个高校相关专业的暑期夏令营，在经过充分了解与选拔后，我获得了北京大学物理学院与清华大学精密仪器系的直博预录取机会。在经过进一步沟通并结合我自身的实际情况，我选择推免直博到清华大学精密仪器系光学工程专业继续深造。

逐梦

大学本科生活即将结束，对我来说这是一段非常重要的经历，我在其中得到了极大的锻炼与成长。

但是，我找到答案了吗？那些对自己、对社会、对世界的疑惑，我找到答案了吗？

或许找到了吧，也或许永远也找不到。人生可能就是追寻这些答案的过程，不同的人会有不同的答卷，因此就会有不同的人生。人生正是被这些过程赋予了意义。

《道德经》有言："无心生大用，有物不通神。"在浮躁的快节奏生活中，我只是想静下心来，去纯粹地热爱一件事物。它是我的专业、我未来的科研与工作，也可能是我的某个兴趣爱好。我乐在其中，只是纯粹地享受这个过程和它给我带来的成长，而不是因为我做好了它会给我带来怎样的利益与名声，因为过程本身就是意义。

本科阶段的学习生活确实已经结束了，但人生的道路还很长，这份答卷的书写也才刚刚开始。未完待续，敬请期待。

勇往直前，追逐自己的梦想

特立书院　马云祥

不知不觉中，已经走完了大学的四年。满怀憧憬和期待，怀揣着对未来的种种幻想，步入大学校园的那一刻，我心中充满了欢喜和兴奋。新的环境、新的朋友，一切都是那么新鲜而美好，这样的记忆仿佛就出现在昨天。

适应篇

初入校园，远离家乡，我面临诸多不适和陌生感。虽然同学们来自天南地北，但我们团结友爱，相互帮助，彼此包容。随着时间的流逝，我逐渐适应了大学的学习生活，勇敢地迎接各科课程的挑战和考试的压力。我投入了大量的时间和精力，努力学习，追求知识的深度和广度。在这个过程中，我遭遇了困难和挫折，但正是这些经历激发了我坚持和奋斗的力量。我学会了从失败中吸取教训，找到自身的不足并加以弥补。每一次挑战都是一个机会，让我超越自我、展现潜力。我明白，只有不断努力和坚持，才能在成长道路上迈出更坚实的步伐。

大学生活远不止于课堂和学业。我积极参与各种社团活动、校园组织和社会实践，丰富了自己的人生经历。我曾组织活动，展示自己的才艺，与他人分享并交流思想。在这些活动中，我结交了志同道合的朋友，建立了深厚的情谊。每一次参与都是对自身能力的挑战和锻炼，也是对认知自我和成长自我的重要机会。这些校园活动和社会实践不仅丰富了我的大学生活，也培养了我的领导能力、团队合作精神和社会责任感。通过组织活动，我学会了协调各方需求，管理时间和资源，培养了自信和表达能力，拓宽了视野，收获了宝贵的人生经验。

挑战篇

疫情的突袭让我经历了前所未有的困境和变化。突如其来的挑战使我们面临着诸多不便和限制，如线上课程、居家隔离以及社交限制等。然而，正是在这样的困境中，我展现了坚忍的意志和强大的适应力。我与老师和同学们共同努力，相互扶持，在线上保持联系，共同面对并战胜了各种困难。我们迅速适应了线上学习的模式，通过视频会议和在线讨论，继续深入学习和交流。虽然无法面对面交流和互动，但我们仍然能够共同追求知识，互相鼓励和支持。

这段经历让我更加珍惜现实中的交流与相聚，我思念着与同学们共同学习、探讨问题的场景，渴望着与老师面对面交流的机会。这段经历让我更加明白人与人之间的情感纽带是如此宝贵，激励着我更加珍惜与他人的交流和相聚。

疫情给我们带来了前所未有的困境，但我们以顽强的毅力和团结的力量共同应对，最终战胜了疫情。这段经历让我明白，困难并不可怕，关键是我们要坚定信心，勇敢面对。在这个特殊时期，我学会了适应变化，保持积极的心态，并不断寻找解决问题的创新方式。我意识到，即使面对困境，也有无限的可能性和机会等待着我们去发掘和把握。

有人说疫情偷走了我们的青春，然而我并不这样看。回顾历史，不同时期的青年在不同的历史背景下战斗，为国家的和平努力。从"外争主权，内除国贼"到"把我们的血肉筑成我们新的长城"，从"抗美援朝，保家卫国"到"祖国的需要就是我的专业"，他们的青春是否被偷走？他们用青春和鲜血换来了我们今天的繁荣。那么，我们的青春被偷走了吗？

疫情没有偷走我们的青春，它让我们看到了生活的不易和珍贵，让我们更懂得珍惜静好岁月，珍惜学习时光。

学业篇

在大学期间，我充满激情地投入学习。我坚信，只有真正地付出努力，才能在知识的海洋中游刃有余。无论是复杂的数学问题、深奥的物理理论，还是纷繁复杂的公式推导，我都用心钻研，从不轻易放过任何一个难题。每当遇到困难，我不厌其烦地向老师请教，积极寻求解决方案。他们的耐心指导和启发让我受益匪浅，帮助我攻克了一个又一个学术难题。与此同时，我也积极与同学们交流，相互启发。我喜欢在课堂上提问，挑战自己的思维，与老师和同学们一同探讨问题的解决方法。在学习小组中，我与同学们互相促进，共同进步。我们相互分享学习心得，共同探索学科的奥秘。这种互动和合作的学习氛围，使我受益良多，拓宽了我的学术视野。

我始终保持着对知识的渴望，追求着进步和突破。无论是在教室里听课，还是在图书馆里自习，我都用心投入。这段时间的刻苦学习、勤奋钻研，使我逐渐收获了知识的果实。我明白，付出总会有回报，努力总会有成果。而那些通宵达旦的日子，那些在图书馆自习的时光，将成为我大学生活中最珍贵的记忆，见证我成长的脚印。在这段时间里，我不仅获得了学术上的成就，更培养了坚忍的意志和不畏困难的精神。我学会了面对挑战时保持冷静和坚定，学会了解决问题的方法和思维方式。这些宝贵的经验将伴随我一生，成为我未来面对各种挑战时的强大支持。

竞赛篇

在大学的四年里，我不仅在学业上努力追求，还积极参与了各种学科竞赛和创新创业竞赛，学科竞赛成为我展现专业知识和技能的舞台。例如，电子设计竞赛是我将理论知识与实践技能相结合的机会。我投入大量时间和精力，深入学习电子设计的理论，利用所学知识设计出符合要求的系统。我和团队成员紧密合作，共同解决设计过程中的难题，不断迭代改进，最终将任务要求的指标提升了一个数量级。我参加 Sim2real 挑战赛，将虚拟环境中的算法转移到真实世界中，通过不断调试和优化，实现机器学习模型的稳定运行和高效应用。这些竞赛锻炼了我的动手能力、团队合作能力和解决问题的能力，同时也加深了我对学科的理解，积累了实践经验。创新创业竞赛则提供了一个展示创新思维和商业洞察力的平台。"世纪杯"和"挑战杯"等比赛鼓励学生提出创新的项目和商业计划。我深入市场调研，发掘用户需求，提出解决方案，并将其转化为可行的商业模式。通过撰写翔实的商业计划书，我学会了进行市场分析、研究竞争对手和做好财务规划，同时也学会了如何推销自己的想法。这些竞赛激发了我的创造力和创业精神，培养了我们商业意识和实践能力。

参与学科竞赛和创新创业竞赛不仅为我提供了锻炼的机会，还拓宽了我的视野和人际网络。我与来自不同学校和专业的同学们交流思想、分享经验、相互启发。我也得到了专业导师和行业专家的指导和支持，从他们身上学习到更多实践经验和专业知识。这些竞赛经历不仅是学习的过程，更是一个与他人合作、学习和成长的宝贵机会。在学科竞赛和创新创业竞赛中，我不仅仅是参与者，更是创造者和改变者。我的努力和奋斗不仅仅局限于参与竞赛，更是为了实现自己的梦想。通过学科竞赛，我不断延伸自己的学术边界，追求学科的前沿和创新。

科研篇

参加众多比赛和创业项目的经历，让我深刻领悟到理论对实际应用的重要性。这些经历激发了我对科学研究的热爱和追求，让我决心投入纯理论的研究领域。科研是一项需要耐心和毅力的旅程，它要求我不断深入探索，勇于挑战现有的知识边界。在理论研究中，我面临着未知的领域和复杂的问题，需要通过深入的文献研究、数据分析和实验验证来寻求答案。即使在研究过程中遇到困难和挫折，我依然坚持着，因为我相信通过坚持不懈的努力，我可以为学术界做出有价值的贡献。

投入纯理论的研究领域，意味着我将更加注重基础理论的探索和推进。在这个过程中，我将拥抱挑战，勇于与前沿科学进行对话，并通过自己的研究成果来为学术界注入新的动力和活力。选择走上科研之路，并不是为了追求名利，而是出于对知识的渴求和对学术发展的期待。我渴望通过自己的努力，推动学科的进步和创新，为解决现实问题提供理论支持和指导。我愿意为科学的发展贡献自己的一份力量，即使在冷板凳上也心甘情愿，因为我坚信，只有通过深入的理论研究，才能为实际应用奠定坚实的基础，实现真正的突破和创新。

总结

回首过去，我或许会怀念那些熬夜备考的日子，怀念那些为比赛拼搏的时刻，怀念那些在实验室里苦思冥想的时光，也怀念那些与志同道合的伙伴一同奉献的时刻。但大学生活不只是这些片段的总和，更是一段宝贵的成长历程。现在，我站在新的起点，怀揣着大学所赋予的信心和智慧，迎接未来的挑战。无论我将走向何方，我都会铭记大学时光带给我的教益，并继续努力成为更好的自己。这四年的经历已经成为我生命中的重要篇章，永远激励我追求卓越和追寻梦想。

　　回头看，轻舟已过万重山；向前看，长路漫漫亦灿灿。大学四年的时光，是我人生中宝贵的一页，我珍惜这段经历带给我的成长和回忆。无论未来的道路多么曲折和艰难，我将怀揣着勇气和坚韧，勇往直前，追逐自己的梦想。

　　最后，让我感谢所有在我大学生活中支持和陪伴我的人，包括家人、朋友、导师，是你们的关爱和指导让我走到了今天，你们的支持和鼓励将伴随我走向更加光明的未来。

平芜尽处是春山

信息与电子学院 孔佑浩

闷热，雨水，茂盛的绿叶，青草的味道；烈日，微风，空荡的宿舍，告别的身影。这是提及毕业季我能够想到的一些词汇。想到之前看到的一段话："夏天对于中国的孩子是特殊的，中考，高考，毕业，成年前所有重大人生转折都发生在夏天。无处可藏的炙热意味着过往的终结和新生活的开启，逼迫着对成熟毫无心理准备的我们往前走。"简单的文字是我毕业季心情的写照，时光的河流向前入海，到了要分开的时间点，回顾往昔，我携稚嫩而来，满载成熟而归。

在这四年的成长历程中，我在充实的经历中学会如何面对人生的挑战，如何处理生活的难题，以及如何成为更好的自己；我意识到成熟并不是从经验中而来，而是源自接触的那些真诚的人和真实的事；我领悟到了学校教育只是成长的一小部分，家庭、社交网络和个人爱好的探索都与成长紧密相连……所以在这个告别的季节，我没有恐惧，只有刻骨铭心的回忆和自信，这篇总结文章是我四年大学生涯的真实记录，它代表着我经历的高峰、所取得的成就和所面对的困境。我将在这篇文章中分享我的心路历程，表述我的未来规划，希望若干年后，我再回头阅读这篇文章时，能感受到这份成长的喜悦，迎接更加美好的未来！

还记得2019年的盛夏，我随父母一同北上来到北京理工大学，那时的他们站在校门外送别我，我并不敢回头，只是直直地向校园里走，而我的眼睛早已湿润。大学这个充满新奇和机遇但又十分陌生的环境，当我第一次面对它就感到了丝丝紧张和不安。但我知道，只有拥有勇气和开放的心态，才能够在这里寻找自己的航向，于是，在大一的时间里，我做得最多的一件事就是"尝试"。

我尝试接受新的学习模式，那种与高中截然不同的学习模式；尝试加入院学生会这样的学生组织，去结识更多的朋友和伙伴；尝试参加一些科

大学 青春 人生——第四篇 人生梦

创竞赛，培养起自己对科研的兴趣……在种种的尝试下，我慢慢发现，我好像不迷茫了，我甚至获得了很多的成果：我的成绩名列前茅，我成为学生会的一名优秀干事，热爱唱歌的我参加了合唱比赛。每一个成果仿佛都在告诉我，这样的尝试是有意义的，它们让我更加自信，也给了我更大的动力，去进一步开展其他探索。在大一学年结束时，我获得国家奖学金，这一奖项是我四年时光中浓墨重彩的一笔。这是一个充满探索和成就的时期，也是一个令我成长的时期，更重要的是，大一的岁月让我深信大学世界确实充满了无限可能！

大二学年是我经历最为特殊的一年，这段时光中充斥着各种"变数"。随着全球疫情的到来，我的学习和生活都发生了翻天覆地的变化。刚开始的时候，我并没有意识到局势的严峻，以为这只是生活轨迹中一个不和谐的音符。但随着开学时间的不断推迟，突如其来的在线学习，再到更加严格的防疫措施，我逐渐明白了这似乎是一场"持久战"。在大一学年已经逐渐适应正常学习模式的我，对于远程网课学习，感到陌生和不适，但现实让我不得不适应。我学着使用在线资源以及网络技术，去完成大二学年课程的学习，但是慢慢地我的轨迹似乎出现了偏航。网络世界错综复杂，五颜六色，我的目光很难完全集中于电脑屏幕里的知识，我刷起了视频，打起了游戏，同时因为老师无法在远程监督每位同学的学习动态，对于这种堂而皇之的走神我丝毫没有任何反思。然而，我最终也得到了应有的鞭答，考试周的我变得焦头烂额，几门功课甚至濒临挂科边缘，我在大一学年名列前茅的平均成绩也被拉到了中游，我开始愧疚、开始焦虑、开始思考。

幸运的是，成绩下滑的当头一棒并没有让当时的我从此一蹶不振，相反，这一残酷的经历反而激发了我的求知欲和奋斗激情，让我更加努力地学习和探索。我开始关注并优化自己的学习方法，开始综合利用课堂和网络上的资源，学着以知识网络的方式去记录每一章节的所学内容，加深对所学内容的理解和记忆。同时我也积极寻找交流的机会，寻求老师和学长学姐们的帮助和分享。我经常与要好的伙伴一起复习和讨论，分析自己弱项领域的解决方案和学习方法。

在大二学年的后半段中，我的学习状态也慢慢在回暖。我试着参加各种各样的学科竞赛，去丰富自己的履历。通过参加多元化的科创活动，我可以将所学知识和理论应用到实践中，并进一步提高自己对所学知识技能的掌握和理解。当然，我的大二学年也并不是"颗粒无收"的，我成功加入了中国共产党，成为一名光荣的中共预备党员，我感到无比自豪和兴奋，这是党组织对我的高度认可，让我更加认识到自己在当今社会中的责任和担当。同时，在大二结束后的学生组织换届中，我当选为信息与电子学院学生会的副主席，从干事到部长到副主席，我慢慢从一颗螺丝钉变成了整个团队的领头羊。就这样，我的大二在跌跌撞撞中结束了，也正是这样的经历，我感悟到人生的路程是充满机遇和挑战的，而这些机遇和挑战都需要我们以积极向上的态度去迎接和应对。同时，我明白了只有在不断发展和进步的过程中，才能不断超越自我，实现个人价值的最大化。因此，我会继续保持学习和探索的热情，不断优化自己，迎接未来的挑战和机遇。

在经历了大二学年的波折后，我的大三学年争取维持一种"稳定"，因为我的最终目标是顺利保研。为了达到保研的目标，我更加努力地学习和深入探索自己的专业知识。除了刻苦学习，我还积极参加各种学术交流和讲座，了解最新的研究进展和学术前沿，拓宽自己学术的视野和深度。同时，我也积极寻找专业实践机会，如去企业实习、参与科研项目等，提升自己的实践能力和研究经验。并且，我也不断完善自己的素质，如领导力、沟通能力、团队协作等，以更好地适应未来的工作和生活环境，并在竞争激烈的保研环境中脱颖而出。除此之外，我也积极参与各种社会实践和公益活动，以此彰显自己的社会责任感，同时也为自己的人际关系和社会资源的积累打下基础。虽然保研是我的目标，但我也明白保研只是人生的一个阶段性目标，学习和成长才是更加深远、更加具有意义的目标。在这个过程中，我会一直保持积极向上的态度，并且与时俱进地掌握专业知识和信息，为自己以后的学习和生活打下坚实的基础。

转眼间我就来到了大四。在大学四年的学习生涯中，我经历了无数次的挫折与进步，但在不断的努力与付出下，我的这份冲劲被不断地认可和肯定。我大四的主旋律是"收获"。我的加权成绩最终达到了90.89，综合排名15/389，在众多优秀的同学中脱颖而出，顺利保研至本校航天电子研究所，开启了我的科研之路。在这四年里，我荣获了国家奖学金、小米奖学金，获评校级优秀学生标兵、校级优秀学生干部等。同时我参与了多项科创竞赛及"大创"项目，并荣获包括全国大学生数学建模竞赛二等奖在内的十余项国家级、省部级、校级奖项。在学习之余，我努力开拓自己的兴趣和爱好，积极参加校内各种文艺比赛和实践活动，荣获北理思源奖表彰，参加"一二·九"合唱、校庆晚会演出等文艺汇演，以全新的姿态展现自己的综合素质。

四年前，曾多日翘首以待大学毕业的日子，而时至今日充满了不舍。我们从不同地区于此相聚，却又念着各自的目标奔向未来。回顾自己四年以来的收获，颇具激动之情的同时，又夹杂着对四年荏苒时光无尽的难忘和眷恋。苦读四载，我无法忘记留下我每一个回忆的角落，宿舍、图书馆、大大小小的教室之中的点点滴滴……满载我青春的四年，始于夏末，终于夏初。感谢师长，感谢每一次耐心的指导和温暖的鼓励；感谢朋友，感谢每一次有意义的交谈或是无意义的狂欢；感谢家人，感谢无尽的理解、包容与爱；感谢音乐，感谢文字，感谢沉闷生活里的每一次胸腔共振和灵魂共鸣；感谢所有笃定的犹豫的选择；感谢所有存在或是曾经存在的爱；感谢那个被命运捶打但从没放弃的自己！往事堪堪亦澜澜，前路漫漫亦灿灿，寥寥笔墨书不尽心中感想，唯有继续登攀，保持心底的热忱！我将即刻启程，追风赶月莫停留，平芜尽处是春山！

德学兼至，无愧青春

特立书院　陈信燃

大学四年是一个特殊的时期，对于每一个人来说都是如此。在这个阶段，我们经历了许多挑战，也收获了许多机遇和成长。我相信每一个人都会在这个时期中找到自己的价值和方向，而我也不例外。回首大学四年，我可以感觉到这段时间对我的影响非常深远。在这四年里，我学到了很多知识和技能，结交了许多好友，参加了众多社团活动和实践项目。这些经历都为我未来的职业发展和生活打下了坚实的基础。

大学四年最宝贵的一点是成长。在学习、社交、实践以及其他各个方面，我都有了很大的进步和提高。我从一个无所谓的学生变成了热爱学习、积极主动的人。我也学会了如何与人相处、如何表达自己的想法、如何领导团队，等等。这些都是十分重要的技能，在未来的工作和生活中都将扮演重要的角色。

毕业即将来临，这是一个挥别过去、展望未来的时刻。我将会把自己在大学四年中所学到的东西都带入未来，为自己的发展打下更加坚实的基础。同时，我也会铭记大学四年中所感受到的经历和情感，这些都是我人生中难以忘怀的宝贵回忆。

学习

大学是人生中非常重要的一个阶段，不仅是知识学习的转折点，也是个人成长和认知拓展的关键时期。四年的大学生活过去，我的学习能力也发生了一些变化。

首先，我认为选择适合自己的专业非常重要。在选择专业时，我们要充分了解自己的兴趣爱好、优势和未来的职业规划，以此为基础做出决策。因为专业是我们大学学习的核心，只有选择了适合自己的专业才能更好地发挥自己的优势和潜力。除了课程的专业性，还要考虑到教师水平、课程质量和就业前景等方面，全面权衡后做出决定。

其次，我认为积极参与课堂讨论和互动对于学习有非常重要的作用。大学的教学方式更加注重学生的主动性和独立思考能力，通过与同学和老师的交流，可以促进自己的思维深度和广度的拓展。同时，在表达观点和听取他人意见的过程中，也可以提升自己的沟通技巧和团队合作能力。因此，我常常积极地发言，并与同学交流自己的想法和看法，这有助于我更好地掌握课程知识。

再次，我认为阅读和思考是学习中不可或缺的环节。虽然大学的课程安排紧凑，但我依然坚持每天抽出一些时间进行阅读和思考。阅读可以拓展我们的视野和知识面，同时也有助于提高自己的阅读理解和分析能力；思考则能够加深对所学内容的理解和记忆，并且有助于自己对问题的独立思考和创新性思维。我通常选择与所学专业相关的书籍和文章，并通过笔记记录下重点和自己的思考，以便后期回顾和总结。

最后，我认为，实践和实验是巩固和应用所学知识的有效途径。大学的实践和实验课程不仅可以帮助我们更深入地理解和掌握所学知识，还能培养我们的动手能力和实践经验。在实践和实验过程中，我们需要仔细观察、认真记录、勤于思考，以此不断提高自己的实验技能和创新能力。

总之，大学课程学习经验是一个非常个性化和多元化的话题。每位学生都有自己独特的经验和体会，而我总结的这些经验只是其中的一部分。在大学的学习过程中，我们要充分挖掘自己的潜力，不断拓展自己的视野和思维方式，以此为基础更好地投入未来的职业和人生中。

社交

大学是人生中最重要的阶段之一，不仅是学业方面的成长，还包括社交方面的经验积累。在这个环境里，不同背景的人们汇聚到一起，相互学习、沟通和探讨，这种社交经验可以帮助我们更好地适应社会。

首先，大学的社交活动可以让我们提高自己的社交能力。在大学里，我们有很多机会与不同的人交往，例如，班级活动、校园组织、课程小组，等等。通过这些活动，我们可以学习如何与不同性格和背景的人相处，了解他们的需求和意愿，并且建立真实的人际关系。同时，我们也可以锻炼自己的人际沟通技巧，例如，如何表达自己的想法，如何聆听别人的声音，如何处理冲突，等等。这些技能对于我们今后的职业发展和个人成功都非常重要。

其次，大学的社交活动可以让我们拓展自己的社交圈。在大学里，我们遇到了许多志同道合的人，他们可以成为我们未来职业或者生活上的伙伴。我们可以通过参加校园活动或者加入社团等方式结交新朋友，打破自己的局限性，拓宽自己的视野。同时，我们也可以通过社交网络或者线下聚会等方式维持和扩大我们的社交圈子，从而提高自己的知名度和影响力。

最后，大学的社交活动可以让我们建立长期的人际关系。在大学里，我们可以遇到一生中最重要的伙伴，例如，同学、学长、导师，等等。这些人可以陪伴我们度过整个大学时光，并且对我们今后的人生产生深远的影响。通过与他们建立亲密的关系，我们可以获得更多的支持和鼓励，在面对挑战和难题时更加坚定并且勇敢地前行。

然而，要想获得社交经验，我们需要注意以下几点：

首先，保持开放的态度。在大学里，我们遇到的人都有着不同的背景和经历，我们需要尊重他们的差异，不要过早判断或者排斥某些人。相反，我们应该保持开放的心态，去认识和理解他们的生活和背景，从而更好地适应大学生活。

其次，积极参与社交活动。在大学里，有许多课外活动和志愿服务项目等可以参加，这些活动可以帮助我们扩展自己的社交圈，并且获得更多的社交经验。同时，积极参与活动也能够提升我们的个人能力和专业技能，为未来的职业发展打下坚实的基础。

最后，要注意自我管理和保持良好形象。作为一名大学生，我们需要注意自己的言行举止，保持良好形象，不要给他人留下不良的印象。同时，我们还需要注意自我管理，保持身心健康，在面对学习、工作、生活等多种压力的情况下，积极采取放松、缓解压力的方式，如运动、听音乐、看电影等，有助于身心健康的维护。同时，与家人和朋友保持联系，获取支持和安慰，也是我们保持健康心态的重要途径之一。

实践

随着社会的发展，实践已经成为大学生活必不可少的一部分。在大学里，同学们可以通过各种形式的实践活动来提高自己的综合素质和专业技能，这些实践活动包括科创实践、社会实践等。

科创实践是指学生通过参与科学研究、创新设计等项目来提升自己的科技创新能力。大学科创实践是一个不断探索和挑战的过程,在这个过程中,我们获得了许多有价值的经验和教训。以下是我在大学科创实践中所获得的经验和教训。

首先来说经验。

团队合作是成功的关键。建立良好的沟通渠道和相互信任的关系,分工明确,协调配合,可以使整个团队充满活力并取得良好的成果。

技术创新是实现项目目标的基础。通过学习和实践,我们掌握了更多的知识和技能,并将其应用于解决具体问题。

自我管理是行动的前提。在项目中,我们需要合理安排时间,掌握学习方法,逐步提高效率,这些都需要自我管理能力的支持。

实践机会是提高自身竞争力和职业素养的重要途径。通过参加科创实践,我们有机会与同学交流、结识各行各业的人士,扩宽眼界,增强自信心和自我价值。

再来讲一下教训。

一是缺乏规划。没有明确的计划和目标,容易导致工作无法顺利进行。因此,在项目开始前,我们应该制订详细的计划,并根据实际情况对计划进行调整。

二是缺乏沟通。缺乏沟通会导致信息不畅通、任务分配不明确、工作重复等问题。因此,在团队合作中,我们要保持良好的沟通,及时交流想法和进展,避免失误和冲突。

三是缺乏专业知识。缺乏足够的专业知识会影响项目的质量和效果。因此,在科技创新和创业过程中,我们需要不断学习和提高专业知识和技能。

四是缺乏耐心。科技创新和创业是一个漫长的过程,需要具备较强的耐心和稳定的性格。只有坚韧不拔地坚持下去,才能取得成功。

在大学科创实践中,我们获得了很多宝贵的经验和教训。通过这些经验和教训的总结和反思,我们可以更好地认识自己、完善自己,为未来的发展打下坚实的基础。

社会实践则是指学生通过参与社会公益活动、走进企业实践等方式,增强自己的社会责任感和实践能力。大学社会实践是大学生活中非常重要的一部分,它可以帮助学生更好地了解社会,培养实际操作能力,拓展交际圈子等。然而,在社会实践过程中,也存在很多经验教训,下面将从几个方面进行总结。

首先,社会实践的前期准备非常重要。在实践前,学生需要深入了解实践的目的、内容和安排，并做好详细的计划。如果没有充分的准备，就容易出现无所事事或者出现意外情况等问题。此外，还需要认真了解实践地的文化背景和社会风俗，避免因为文化差异而引起不必要的麻烦。

其次，社会实践中的安全问题需要引起重视。在实践中，学生需要时刻保持警惕，注意自身和队友的安全，特别是在人流密集的场所或者是陌生的环境中，更应该加倍小心。

最后，社会实践的收获需要不断总结和反思。社会实践不只是一个短暂的过程，而是学生个人成长的重要阶段。在实践中，学生需要不断思考自己的所见所闻，并与自己的知识经验进行比较。通过反思和总结，学生可以更好地了解自己的缺点，找到提升自己的方法和途径。

总的来说，大学的科创实践、社会实践等实践活动可以让学生掌握更多的知识和技能，培养自己的实践能力和社会责任感。通过这些实践活动，我更加清晰地了解了自己的优点和不足，并且在实践中逐渐成长为一个更加成熟、自信、有担当的人。我相信，通过不断地实践和尝试，我们一定能够在未来的职场中取得更加优异的成绩。

结 语

在本科学习生活中，我通过不断努力和探索，积累了扎实的机械工程理论基础，同时也参与了许多实践项目和社会实践，提高了自己的实际操作能力和综合素质。

当然，在这个过程中，也有一些遗憾和不足。例如，我可能没有花足够的时间进行课外阅读和学习，错过了一些重要的知识和经验；另外，我也对计算机软件编程方面的知识了解不足，需要加强自我学习和提高。

展望未来，我将注重在机械工程领域的学习和实践，并且积极参与科学研究和技术创新，继续深入研究机械设计、机器人技术等领域，并且不断提高自己的实践能力和创新意识。同时，我也会注重扩展自己的知识面，加强对计算机软件编程等方面的学习和掌握，并且关注和参与社会公益事业、环保事业等活动，为社会做出更多的贡献。

悟已往之不谏，知来者之可追

机电学院　薛建敏

十七岁到二十一岁，在大学度过了我人生最具活力与激情的四年。时光荏苒，没有哪个四年能这般率性，也没有哪个四年可以如此包容。落笔至此，回忆中的每一个碎片，如梦如幻，如歌如诉……

我有辞乡剑，玉锋堪截云

2019年9月3日，也是像现在这样的艳阳天，一个十七岁的少年意气风发，带着对于大学的期望和憧憬迈进了校园，他对这里的一切充满好奇。这一天，是他第一次见到如此大的校园、如此多的食堂、如此多的来自五湖四海的同学，收拾宿舍、买教材、领学生卡……在一件件事情的办理过程中逐渐建立起"大学"的现实概念。

入学之后，他参加了两个自己喜欢的学生组织，一个叫精工书院自管会，另一个叫北京理工大学新长城自强社。他希望能够交到志同道合的朋友，锻炼自己的能力。他也积极地竞选班干部，任精工1910班的副班长，为同学们服务。

开学伊始，面对难度突增的大学基础课，很多地方他都需要理解很久，而其他同学在课堂上能够跟着老师一起谈笑风生，这种差距让他感到苦恼甚至抑郁。庆幸的是，他真的遇到了能倾听自己并给予自己建议的学长们，在他们的开导下，他从阴郁中走出，迎头赶上。

他喜欢运动，积极代表班级参加学院运动会、篮球比赛；他喜欢思辨，代表班级参加书院辩论赛，一路杀入半决赛。

大一上学期结束，他的1/8个大学生涯过去，他的努力和探索给了他颇多收获："优秀干事"称号、"优秀社员"称号、辩论比赛二等奖、本科生三等奖学金等。逐渐地，他能够把握自己的学习节奏和生活节奏，适应大学生活。

大一上学期是很神奇的一学期，它让大一同学走出高中的封闭管理走向开放自主，从习惯于父母老师的耳提面命走向独立的自我发展，这个过渡期的改变深刻地影响着这个少年，影响着他的人生观和价值观。

人恒过，然后能改

由于疫情的影响，大学改变了以往的面貌，上网课成了学生学习的主要方式。少年也不例外，大一下学期未能到校学习，就这样在家里度过了半年。

这半年，也是他开始变得消沉、懒散的半年，由于线上上课等原因，他对自己的管控变得越来越松散，没有好好延续大一上学期的良好势头，晚起是常有的事，也开始喜欢上了网络游戏，经常与同学一起"开黑"。居家生活学习的那种"舒适"让他变得麻木，对于学习、考试、竞赛的感知越来越弱，有时甚至全然忘却。这学期，他并没有做什么有意义的事情，荒芜了半年时间，现在想来仍觉得可惜。

懒散会让时间变快，转眼间到了9月，到了重返校园的时候。少年收拾好行李，踏上了返程的列车。再入校园，一切感觉陌生又熟悉。与他一同返校的，还有他的懒散和麻木。

很显然，这学期他也不会有什么太大的进步了，一切中规中矩。但他仍加入了北理工自强社部长团，参与自强社建设，充满热情。

大二应该是课业最多的一年，对少年来说，也是最难受的一年，本就无法在天赋上胜过别人，加之他身上的懒散一时难以消除，大二上学期众多的学分课只能勉强混过去。唯一让他觉得欣慰的，是他受聘成为自强社项目部副部长，能够参与到社团工作当中去。

大二下学期，他的状态仍旧没有大的变化。唯一不同的是，大二他经历了大学以来甚至是学生生涯以来最不可思议的一件事情——"模电"挂科。这件事情深深地刺激了少年，也让他认识到自己的问题和自己应该做出什么样的改变。

众里寻她千百度

清晨，书桌，一缕阳光，她的背影——那一刻，少年内心泛起了一阵涟漪，久久不能平静。

悟已往之不谏，知来者之可追

少年不知从什么时候开始，慢慢变得自律，开始早起，开始"图书馆—食堂—宿舍"三点一线式的生活作息，开始认真地学习。慢慢地，少年不再虚度光阴，不再自怨自艾，生活变得简单而又充实，心情也变得阳光积极——他一直以她为榜样，和她一起学习，一起散步谈心。

暑假，少年偷偷报名她参加的暑期社会实践，跟她在同一个队伍，一起去贵州做社会实践。这期间，他跟她有机会接触更多，交流更多。一起做实践的日子过得很快，一周一下子过去了，少年要面对一个月的假期——这意味着这段时间他见不到她。

大三开学，少年庆幸能够再次和她一起学习，一起吃饭，一起说说笑笑。一切都让他鉴定着内心的想法——他喜欢她并且想要和她在一起。

生活，总是不能给人演习的机会——也或许是择日不如撞日，一个夜晚，少年向她表白，隔天，她答应了少年的表白，他们在一起了。

蓦然回首，少年发现自己改变了很多——他变得自律、乐观、有责任感，他抛弃了自己的懒散和很多坏习惯，他对自己的学习更加上心——而这一切都是她给他的勇气和信心。现在，这一切会一直继续下去，而且会越来越好。

少年时常觉得过分幸运，自己能够遇到这样一个天使般的女孩子。爱情，是这样不知不觉，却又让你在某个瞬间感到自己获得了一股强大的力量，让你变得更好。

千金散尽还复来

大三，少年进入了本科阶段最关键的一学年。之前因为自己各种不好的习惯，他错失了很多大学生活本该有的东西——但现在这些都已经不重要了，放下过去是对未来的尊重，正视过去是对自己的负责。

这个阶段是对人生做出重要选择的又一阶段，少年选择了考研。考研，是一场磨炼心智和本领的持久战。

大三暑假，少年选择留校，一个人在宿舍每天坚持复习，保持规律作息。他很感谢有女朋友一直陪着自己，不然他很难想象自己是不是真的能够顶住这样的孤独与压力。考研，是枯燥的，一本资料一页又一页，演算草纸一沓又一沓，一个笔记本翻了又翻，一个知识点一遍又一遍地做错——这些都是客观的，而内心又承受着巨大的压力，一次一次地问自己这样会有结果吗？我不知道，但我知道必须要坚持下去。

9月，少年搬校区了，来到了中关村。或许是暑假一直一个人在宿舍复习的缘故——第一次去图书馆,座位多出徐特立图书馆几倍的中关村馆几乎座无虚席,大家都在为考研不遗余力地奋斗着,无数个身影每天匆忙于教室、宿舍与图书馆之间,朝出夜归,大家没有交流,但每个人都知道彼此在做什么,这是一种理解与默契。

12月,疫情反复,多次封控又解封,少年不得不留意手机里的每一条通知消息,随时做好搬走与搬来的准备——果然是冲刺阶段,在准备冲刺的路上也要随时做好冲刺的准备。这样的幽默也只能在事后调侃一下,但那段时间,他的内心有很多次几近崩溃,"考研+疫情"这个组合不是谁都能扛得住的。

少年还是扛住了,他如愿踏进了2023年研究生招生考试的考场,认真并且竭尽全力地做完了每一道题,结束了最后一场考试。迈出考场,他并没有感到久违的放松,反而觉得很平静——这可能也是考研的魅力所在,他会让你变得沉稳坦然,不骄不躁。

寒假,少年顺利通过机动车驾驶员考试,拿到了驾驶证。2月,考研出分,少年考了366分,顺利通过初试;3月,少年参加复试,以专业第四被成功录取,至此,这场持久战终于结束。4月,少年顺利考过六级,在最后一学期弥补了哭笑不得的六级遗憾;5月,少年完成了毕业设计论文答辩,感谢老师教诲,论文获得"优"的成绩,给自己的大学本科生涯画上了圆满的句号。6月,少年将要度过本科生涯的最后一个月,然后告别这所可爱的学校。

少年曾经有过堕落与消沉、迷茫与放纵,但幸运的是,少年的本性并没有改变,他的认真、务实与自信在大学的后一阶段仍旧散发着光芒,给他带来希望和惊喜。

结 语

少年是幸运的,他遇到了能够被互相需要的另一半,他遇到了一群志同道合的朋友,他遇到了很多真诚的老师和同学,他遇到了北理工,遇到了机电学院——这一切都让他坚强、勇敢、自信。而少年的故事仍在继续,下一个一定会更精彩……

熠熠四年，璀璨生辉

自动化学院　李诗颖

四年前德育开题时，总觉得来日方长，毕业遥不可及，但转眼间，也到我执笔写下句点的一刻。回首四年本科生涯，从工科实验班到自动化学院，再从自动化学院到导航制导与控制研究所，良乡到中关村28km的距离密密麻麻地写满了我的四年青春记忆。在这里我写下这段文字，认真向过去告别，鼓起勇气再出发。

大学记忆

每个清晨醒来，迎着初升的朝阳，心满意足地吃下开启一天的元气早餐，吹着风，欣赏着路旁的月季，慢慢走向实验室。大四的生活不必面对连轴转的课程，多了更多属于自己的时光，可以让生活慢下来。钟情于在教室自习的那段时光，我喜欢坐在靠窗的位置奋笔疾书一整天。现在，我的工位也在窗边，坐在窗边工作的时候，我可以感受到我的影子从前面跑到后面，感受到太阳慢慢藏在远山后面，感受到月亮高高挂起、窗外明了又暗。

就这样，我见证了窗外第一片叶子的掉落、第一场雪的到来、第一滴雨的拜访和第一支花朵的盛开。就这样，用笔尖记录着我四年生活过的春夏秋冬，阴晴圆缺。就这样，慢慢地、又满满当当地度过我的最后一年本科时光。

当第一片叶子落下的时候，我正在抓耳挠腮地学习多无人机自组织协同模型。明明是很认真地阅读了文献，为什么自己浮现程序的过程如此艰难？那天，我干脆像只咸鱼一样趴在桌上望着窗外，也就是那个时候，我看到了第一片叶子的落下。叶子会思考吗？如果会的话，能不能现在飘落在我的电脑前面和我一起打怪升级呢？此刻，我感觉自己像一片已经飘零的落叶，心里再也激不起什么波澜了。可是，化作春泥更护花，我又怎能轻言放弃呢？或许，现在的我并不是在凋零，我是在等待机会"燃烧"，像枫叶一样火红地燃烧着，在秋日绽放出最耀眼的光芒。而过不了多久，当凛冽的冬日从我身边走过，我将与树同辉，绽放新芽，用笑脸迎接春日的第一抹阳光！想到这里，我又敲打着键盘。"这才刚刚开始呢。"我这样告诉自己。

当2023年第一场雪到来的时候，我正坐在电脑桌前搭建多无人机避障仿真所需的场景。电脑上是黑色的墙面、高直的柱子和各式各样的室内摆件，窗外突然星星点点地跳跃出白色的音符。起初不以为意，以为不过是一场小雨，落在地上化成水沾湿一块又一块砖面。我认真地在电脑前勾勒出无人机的飞行蓝图。不久，窗外密密麻麻的白色小点似要把城市覆盖。我激动得叫起来，伸出手试图把所有冬日精灵收入囊中，拿出手机兴奋地记录下此刻的美景。就是在这样下着大雪的午后，我看着自己搭建好的室内密集场景，观察着多无人机在其中穿梭的轨迹，在一次次碰撞中总结问题，调整参数，使得协同避障效果更优越。第一次成功的避障实验在这一场雪来临时被见证，我激动得从椅子上跳起来，开始感谢这场雪带来的好运，更多地，我心里生发出喜悦和满足感。我拿起笔，在纸上写下实验的下一步计划。新的篇章在前方等着我去书写，谢谢你，好运的雪！

当第一场花海在北理工校园里盛开的时候，我刚被早晨七点半的闹钟叫醒，在睡眼惺忪中从宿舍的窗口望见了窗外粉色白色交织的美丽景象。春日的早晨，空气微冷，我穿着外套在种满樱花、桃花的校道上行走，大风灌进我宽松的外套里，我像个被充了气的气球，准备随风飞向高高的晴空。时光飞逝，毕业的钟声越来越清晰，我和我的同学们每日在实验室里刻苦钻研，磨炼了四年之久，我们各自终于要为自己的本科交上一份属于自己的答卷。在每一个毕业季的春日和夏日，一群昂扬挺胸的人，接下师长们诚挚的祝福，在时代激流中唱响报效祖国的赞歌，而这首歌曲，将随着春日的清风吹向远方，吹向中国各地每一位青年的心里。

我有时觉得我的四年生涯是一本厚重的书，上面写满了太多我的幻想和奇遇；有时又觉得我的四年生涯不过是一张薄薄的纸，丢掉沉重的外壳成为更自由又优秀的自己。现在我再回看大学四年，我觉得我的生活写满春夏秋冬的痕迹，借用季羡林先生的话："有深山大泽，也有平坡宜人；有杏花春雨，也有塞北秋风；有山重水复，也有柳暗花明。"无论是书本还是纸张，我都是在上面书写的人，和过去好好告别，下一场旅途，我也会好好落笔。

青春感悟

（1）自律即自由。

康德说，自律即自由。这些年，自律带给我的自由，远超表面而有更深层的含义，我获得的不仅是身体健康，更是一种心灵畅快。自律让我保持一个健康的身体和灵敏的头脑，让我积极向上，充满正能量。2019级本科生的大学关键词里少不了疫情。很长一段时间的宅家学习对我而言是个考验，从最初的偷懒到之后的利用时光，我清晰地感受到充实的一天带给我的收获。自律不是整日奋笔疾书不闻窗外事的封闭和枯燥，而是为了自己的目标和理想去奋斗的一种积极向上的姿态。

我的理想助力我的心灵创造，而我的自律、实践正在将这样的心灵创造变成一种实际创造。当我去想象和描绘我的未来图景时，当我去感受和置身于我的未来创造时，我能够体会到一股强大的心灵力量，而这样的心灵力量，显现在我去完成的每一个任务之中，让我的行动更加迅速有力，让我的意志更加坚定不移。

（2）身体是革命的本钱。

大四来到中关村校区后，在羽毛球场上结识到了众多好友，和他们保持着一周至少打一次的频率，既切磋球艺一起进步，又能在繁忙的学习工作中放松身体。疫情管控放开后，每一次感染对身体都是巨大的损伤，犹记得"阳"后第一次运动，心跳飙升，呼吸不畅，此种感受不愿再经历二次。只有好好运动，继续保持运动频率，用更好的身体来面对更繁忙的工作。

（3）保持积极的心态。

无数个日夜汇集而成的思想才是最锐不可当的锋芒。无论将来的你身处何处，或者是取得了怎样的成就，都永远不要忘记那个最初在纸上写下"竹杖芒鞋轻胜马，谁怕？一蓑烟雨任平生"的自己，要永远保持一颗积极向上、善良而勇敢的心，去面对更加繁重的学业和更加丰富的生活。

（4）朋友是我生命中最宝贵的财富。

大学生活四年，前三年在良乡度过。良乡的北湖边上，满满是我和朋友们饭后散步的痕迹，木桥、湖泊、大白鹅和芦苇荡，承载着我们的笑声和美好记忆。那些和同学一起上过的实验课，那些实验课后在时代广场里吃过的"吉野家"，那些为了和朋友逛公园大清早就去乘坐"房山线"……都留在了良乡。第四年来到中关村，更是遇到了志同道合的一起打羽毛球的朋友们，我们一起在体育馆挥洒汗水，一起吃遍学校周边的美食，一起在皓月当空的晚上骑着小电驴在北京街头放肆吹风……因为有了这群真诚、美好又善良的人，我的大学生活更加熠熠发光。现在，提笔记录我的四年时光，脑子里闪过无数张温暖又放肆的笑容。旅途不会停止，我们会在人生的道路上，继续扶持前行！

人生志向

2023年9月，我将成为北京理工大学自动化学院导航制导与控制研究所的一名研究生，我的本科毕业设计研究方向是多无人机协同，今后一段时间内也将在这个领域进一步深造。经过了一年多无人机协同知识的学习，我得以简单窥见了它发展至今的理论架构、实施方案和发展前景。我所处的实验室在多无人机协同上提出了独创的自组织协同模型，但迫于人手过少的窘况，多年来在该模型的推广和深究上步履蹒跚。虽然论文成果较少，但在师兄们和老师的努力下，同样在理论分析、实验验证等方面取得了值得骄傲的结果。我加入实验室后，和同样喜爱无人机研究的同门们扩充了现有的自组织协同模型，并取得了可观的实验成果。

我们欣喜、骄傲又充满着动力。于我而言，我希望我的研究生阶段能通过仿真和实物实验完善现有集群理论，并发表核心期刊，申请相关专利；通过学习无人机导航和控制领域知识，开拓自己的创新思维，培养自己的工程实践能力，以此作为跳板，在研究生毕业后从事工程开发相关工作，并努力成为团队领导者。如果可以，我还希望自主创业，成为一名企业老板，招募更多有志向和有实力的人才共同实现人生目标，打造出优越的产品。当我赚够钱，我会带着我最爱的家人四处旅游，看遍大山大河，世界风光。这便是此时此刻，当我书写人生志向时，我最真实又迫切的想法。

在我的保研面试上，我谈到了我想学习无人机领域的原因，我说："无人机领域更深层的知识于我是陌生的，我只是带着一腔热血渴望在今后我喜欢的方向上奋斗并有所造诣。关于我为什么会喜欢上无人机方向，我曾经看过的一本书中的一句话深深打动了我，它说，就自身的飞翔能力而言，鸟类比人类强大数十倍。但我相信，人类依靠自己的智慧而不是肌肉，也定能翱翔于天空。"我也想做一个翱翔于天空的人。

落笔至此，纪念我独一无二的闪闪发光的四年，并期待我更璀璨耀眼的明天。

这四年

机电学院　李代远

"行文至此，落笔为终"，在写下毕业论文致谢的那一刻，我才真正地感受到，四年的本科生涯即将结束。

我的大学故事始于 2019 年秋，终于 2023 年夏，心之所念，目之所及，皆是美好的回忆。

我想将我的本科生活分成三个阶段，前三年，大四上学期和大四下学期。前三年的我是一个满怀热情和信心的人，热衷于学生工作，喜欢认识新的朋友、完成新的挑战；大四上学期的我是一个迷茫且惶恐的人，逐步在调整状态，找寻丢掉的目标，开始认真思考自己的未来；大四下的我是一个坚定的人，明确了短期的方向，在老师和师兄的带领下，初入科研的小门槛。

四年本科生活倒也并不一帆风顺，快乐之余也偶有遗憾，但于我而言，所谓成长，就是逐步在那些让自己感觉痛苦和遗憾的事情中，感受到收获与进步。

热情和信心

大一到大三，在良乡生活的三年是我最快乐且最充实的三年，那时的我满怀热情和信心，无比期待明天的到来。这三年的大学生活以学生工作和志愿服务为主线，作为一个工科生似乎走偏了发展方向，但我确实从中收获了大学以来最大的成长。

2019—2020 学年，我任北京理工大学学生会办公室干事、精工书院团委秘书处干事、精工书院学生会办公室干事，也有幸成为入党积极分子。在大一这一年中，学生工作充实了我的生活，有策划写到凌晨两点的疲惫，有初秋暴雨去发放雨衣的感动，有深秋歌会结束观众退场后的放松。

2020—2021 学年，我任北京理工大学学生会综合办公室主要负责人，参与校庆筹备工作，参加"扬帆计划"前往中国社会科学院实习。这是我大学生活的转折之年，是关键的一年，也是认清自己，重拾自己的一年。我知道选择留任是选择了一个挑战，这一年里不记得举办了多少活动，不记得被说了多少次辛苦，也不记得是怎么慢慢得到所有老师与学长学姐的信任的。学生工作上，我想我是成功的，最有幸的是作为学生工作人员参与了北京理工大学80周年校庆的筹办。但学习成绩上，我失败了，挂科了，明明是课后题改编，却因为自己的疏忽和自负，最终还是自食苦果。整个大学生活的节奏和进程都因此被打乱了，我失去了信心，大二下学期开始"摆烂"，课少，事少，就把自己封闭在了宿舍。但在舍友、朋友和时间的帮助下，我渐渐想开了，重新变得积极，只不过更畏惧学习了。大二升大三的暑假，参加了暑期"干训"，在"干训"中的表现得到了老师的认可和推荐，有幸参与了"扬帆计划"，前往中国社会科学院进行了为期四周的实习，在哲学与社会科学的最高殿堂中，感受到了不同的思维。

2021—2022学年，我任北京理工大学学生会副秘书长，成功入选北京冬奥会首钢滑雪大跳台志愿者，并有幸成为预备党员。老师和学长信任我，提名我继续留任校学生会，并让我分管举办文体活动的文体素质部，从职能部门到了活动部门，这是一次对我自己的提升和突破。但遗憾的是，活动虽然筹备了很多，却都因疫情未能举办，仅仅完成了一些线上的小活动。冬奥会期间，我作为首钢滑雪大跳台场馆运行团队场馆运行中心助理，参与了这场国际体育盛会。我还有幸参与了三次特别的活动：北京市委常委、市委教育工委书记夏林茂连线慰问北京冬奥会闭环内各驻地的高校志愿者代表（我作为北理工志愿者代表出席）；前往鸟巢现场观看震撼世界的北京冬奥会开幕式和冬残奥会闭幕式。这些活动和经历为我留下了宝贵的回忆。

迷茫与惶恐

大四上学期搬到了中关村，由于挂过科，知道自己没办法保研，也就选择离开了学生会，离开了倾注三年心血的学生工作，专心准备考研。但9月下旬，一个机会来到了我的面前——有一个跨学院保研的名额。对此我是犹豫的，一个是对陌生环境的畏惧，一个是对考研还有一定的信心，但我的父亲极力说服甚至可以说是要求我选择保研，而我选择了服从我的父亲。保研到了材料学院，独自提交材料，独自寻找研究生导师，进入一个陌生的学院的我是迷茫的，也有些畏难情绪在，不过都默默忍受了下来。但即便完成了这些，我也有些难以走出小小的自闭圈子，感觉和身边的室友、同学有了距离。

意识到问题所在，我认真和家人进行了谈心，分享了我的想法，对未来渐渐有了认识和规划。提前以本科生的身份加入研究生会，尝试认识新的朋友，做些熟悉的工作。也提前进入了实验室，在师兄的照顾和帮助下，对未来的方向也有了认识。当然这学期对于我最重要的是，我成为一名光荣的中共党员。

感谢这半学年里我身边的每一个人，能走出来多亏了朋友的陪伴。

坚定且执着

大四下学期，校园开放了，终于有机会与朋友一起出去走走，去看看这座熟悉而又陌生的城市。

同时，在这一学期里，师兄带我第一次出差做实验，我的名字也第一次出现在了期刊文献的作者一栏，算是迈出了科研的第一步。在师兄的鼓励和指导之下，我也越发明确了自己的短期目标，对于科研和研究生生活有了初步的认识。

我完成了我的本科毕业设计。在这个过程中，经历了学习仿真软件、独立思考解决问题、独立设计组织实验、撰写学位论文等一系列的过程，每一步都让我受益。虽然我知道我的毕业设计做得不够好，存在不少问题可以去优化解决，但它记录了我个人迈向科研的重要一步，之后我的每一步都会更加坚定且执着。

总结及感谢

生活总是充满遗憾和未知，初入大学制定的目标远远没有实现。虽然艰难获得了保研资格，但前三年的学习成绩其实并不理想，重点放在了学生工作上，但却因为挂科，没有做到校学生会的执行主席。我也没有参与过任何竞赛，没有发展或者长久地保持住一个爱好。对于家人的陪伴和交流也有些不足，平时也比较少和父母联系。

这些对于我来说是遗憾，但也是必然，因为我个人的选择导致出现这样的结果。不过没关系，中国科学技术协会党组书记贺军科同志说过："凡是让人长本事的，都是痛苦的。"也正是这些遗憾和不足，让我意识到了问题，让我逐渐成长。

当然这四年我的收获远远大于遗憾。丰富的学生工作经历，长达500小时以上的志愿服务经历，学到的知识、锻炼的能力、提升的综合素质，都是我最宝贵的财富。

在此，我想感谢这四年对于我来说很重要的人。感谢我的毕业设计指导老师和未来研究生的导师，感谢他们在我迷茫之际对我的肯定和鼓励。感谢课题组各位师兄师姐在生活中的支持与鼓励，在学习上的指导和帮助。

感谢在学生工作和志愿服务中结交的许许多多优秀的、志同道合的朋友，谢谢大家与我一同度过美好的学生工作生涯。感谢室友的陪伴、帮助、包容和鼓励，同寝四年，我们从初识到相知、相熟，我们彼此支撑，跌跌撞撞、快快乐乐地走过了四年，我们一起相处的时光值得永远铭记。感谢诸多良师益友，感谢大家对我的支持、帮助和包容。

感谢我的家人！自高中起开始住校，每次离家都会到奶奶家和外公外婆家各吃一顿饭，他们总会拉着我的手，叮嘱我注意安全，照顾好自己。家人的支持是我前行的最大动力。感谢妹妹纯真的笑脸，在我疲惫时为我投来一束光。我在哪里，父母的心就在哪里。当我每每听到妈妈问我什么时候回家，当我记忆中不会表达的爸爸开始说常常想我，我就知道我长大了，我的肩膀应该更宽一点以让父母依靠。谢谢爸爸妈妈这么多年对我无私的爱和照顾，我会继续努力，成为你们的骄傲。

凡是过往，皆为序章。完成了本科阶段的我，未来还有很长的路要走，在此我也想告诫未来的自己：作为学生，要努力学习专业知识，提升自己为社会做贡献的能力；作为学生骨干，要守住一份正气，传递一份乐观，展现一份奉献；作为党员，要肩负起责任与义务，提升思想，高举伟大旗帜，从身边小事做起，全心全意为人民服务！

鲸饮未吞海，剑气已横秋。我会带着四年本科生涯的美好回忆，开启未来新的征程！

致大学青春时光的终章

知艺书院　许晨

随着毕业答辩的结束，大学四年的生活就要迎来毕业的终章。回首2019—2023年的四年时间，生活的点点滴滴见证了我的每一步成长，在平淡中回味精彩，在艰辛中享受快乐，在点滴中学会坚强。疫情虽然带走了一部分大学生活的快乐，但共同克服这场苦难的日子也同样锻炼了我的心性，成为我青春时光里不可分割的一部分。此刻大学时光虽然已达终章，但也翻开了新生活的扉页，正是因为曾经有过精彩，我才有充足的信心创造更好的未来。

带着憧憬和目标开始

2019年刚刚来到北理工时，我内心充满了对大学生活的憧憬和期待，小心翼翼地探索着远离家乡的北京，好奇着大学的社团生活，担心着可能不能完成的学业和考试……但很快来自五湖四海的同学，分享着各自家乡的趣事，和我一起摸索这未知的校园生活：在形形色色的活动中，了解着北理工的校园文化；在不同类型的课程中，学习着大学生应当掌握的知识和技能；在学长学姐的经验分享会中，写下对未来生活的规划。

在经历了一年校园生活之后，2020年年初开展的德育开题中，我明确了未来四年的规划：学好微积分，以不挂科作为最低标准，尽可能达到良好或者优秀；早日通过四、六级考试，如果有更多的空余时间，尽可能实现以较高的成绩通过六级；尽早完成实践英语课、选修课、实践课的学习，为大三、大四预留充足的时间来准备可能面临的保研夏令营、考研/考公、工作实习等；学习并掌握设计必备的相关技能，如Rhino、Solidworks、Keyshot等建模渲染软件，Adobe Photoshop、Illustrator、Premiere等相关绘画和剪辑软件；扩展业余兴趣爱好和活动，例如游泳、乐器这些中学时代为准备高考而搁置的技能也都尽可能地拾起来。

除了这些具体而明确的计划之外，还有关于自我提升方面的目标：努力提高学术素养，包括对设计理论、艺术史和文化背景的深入了解，阅读相关的书籍、学术论文，参加相关的讲座和研讨会，以拓宽知识面；深入研究和分析成功的设计案例，了解设计师的思维过程和解决问题的方法，并通过学习其他设计师的作品，汲取灵感，拓展自己的设计思路，形成具有一定特色的设计风格；培养良好的执行力和时间管理能力，以便在项目期限内高效地完成工作，合理安排时间，设定优先级，并制订详细的项目计划，避免拖延和无效的时间浪费；保持学习的状态，关注设计行业的最新趋势和发展，参加行业展会、设计比赛和研讨会，与其他设计师和专业人士交流，不断追求创新和提升自己的设计水平；最后在大学学习阶段末期建立一个专业的设计作品集，展示自己的设计能力和风格，并通过不断更新和完善作品集，让它能清晰地展示我的设计思想和解决问题的能力。

正是这些目标规划着我的大学生活，让我的大学生活充实而精彩，让我清楚地知道自己努力的方向，有条不紊地朝着目标前进，并在学习过程中不断评估和调整自己的进展。

克服困难砥砺前进

2020年年初，由于疫情影响，我们开始了线上课程教学。习惯了传统线下教学的师生，都开始调整状态接受线上教学，但是这个过程注定是需要双方投入大量精力的，甚至可能投入远超线下教学的精力也难以获得线下教学的质量和成果。

例如，从入学开始就让我担心的微积分课程，大一上学期徐厚宝老师教授的微积分课生动有趣，讲解细致，在第一学期的期末考试中我拿到了全系第一的成绩后，几乎消除了对于微积分课程的恐惧。然而随后大一下学期，微积分课程采用了线上授课的方式，课程内容难度大大提升，线上授课的陌生方式更是降低了我对课程内容的学习兴趣，并且由于是在家里上课，学习的氛围减弱不少，我不得不花大量的时间来消化知识点。最终通过持续的学习和不断的复习，我有惊无险地通过了微积分考试。

除此之外还有一门"材料与加工工艺"的专业课，原本在学校里可以接触到更多种的材料、更专业的工具，但是由于变为线上课程，我们只能观看大量的教学视频，非常可惜地失去了一次动手实践的机会。但这也提醒了我，要珍惜有限的校园时光，充分抓住每一次动手实践的机会。于是在返校之后，我积极参加社团活动和竞赛，还报名法学的双学位课程。

在大一结束的时候，我申请学生会办公室留任，并成功通过面试成为部长，在学长学姐的带领下开展了 2020 级迎新活动后，便开始独立地完成工作了。学生会的工作经历帮助我学会有效地与他人合作，并培养了我的组织和管理能力，提高了我的工作效率。

我加入了民乐团，并且参加了多场表演，结识了许多民乐同好，但是后来由于双学位课程的安排，周六周日都被占满，难以挤出周末的时间参加排练，很可惜没能参加更多的现场演出。

我报名参加了第二届游泳运动会，并取得了一金、一银、一铜的好成绩，让体育老师认识了我，并邀请我加入游泳队。随后在训练的过程中还认识了游泳社的小伙伴，然后加入游泳社，成为副社长，安排每周的游泳教学活动。卸任游泳社社长之时，不免感叹时光荏苒，原来我已经在学校学习生活三年了。

我还和求是书院的同学们共同参加国际比赛 iGEM（国际基因工程机器大赛），让我感受到综合类竞赛和平时作业做项目的极大不同，跨学科的合作也让我觉得十分新奇。来自生物、物理、电子信息和设计的同学充分运用自己的专业知识，为同一个目标而努力，并最终在 iGEM 比赛上取得铜奖，在第一届合成生物学竞赛——创新赛中获得了金奖。

在陈赟老师和巩超老师的带领下，我和另一位同学组队将课程内完成的设计进行梳理和补充，利用暑假时间整理资料写了一篇论文并投稿，在 2022 年的最后一天，收到了来自 SCI 期刊 *International Journal of Environmental Research and Public Health* 的收录通知。第一次尝试论文写作就产生了如此大的收获让我深受鼓舞，并下定决心尝试更多的论文写作。

我的法学双学位，也在前几天的毕业答辩中落下帷幕。长达三年的双学位学习几乎剥夺了我的所有周末和课余时间，但是同样我也从中收获了很多知识和技能。在法学双学位的毕业论文里，我研究了现在设计界最关注的 AI 绘画工具和它的相关著作权问题，两个专业在这一刻相遇并且交融，双学位简直物超所值！

德育开题时明确的目标为我提供了一个发展和成长的框架：通过不断追求目标和挑战自己，逐步提升着自己的各项技能、专业知识和工作经验；了解自己的进展和成就，发现自己的缺点和不足，更加专注和有动力地提升自己。

心怀希望继续努力

  四年的大学生活就这样伴随着满满的收获与成长落下帷幕，这段精彩的岁月里，有太多值得感恩的人，有太多值得学习的知识，有太多值得回忆的事。在本科学业终点与研究生学业起点的间隙中，我将一如既往地努力前进。

  未来我依然需要阅读与设计相关的书籍、文章和优秀的设计案例，拓宽自己的知识视野；尝试涉足不同的设计领域和风格，拓展自己的设计能力；培养多元化的设计技能，为未来的设计提供更多新的创意和灵感；持续学习和掌握新的设计软件、技术和工作流程，以应对新兴技术挑战；主动与其他领域的专业人士合作，了解不同领域的需求和挑战；积极接受他人的反馈和批评，发现自身的盲点和改进的空间，进一步提高设计水平；持续更新和改进自己的作品集，展示最新的设计作品和项目经验，确保作品集能够准确地展示自己的设计风格、创造力和专业能力。

  愿未来的研究生生活依然能像现在这样，明确自己未来的奋斗方向，制订详细的学习计划和自我提升目标，有条理地安排时间和资源，避免拖延和浪费，获得更加全面的知识和技能，为未来的职业发展奠定坚实的基础。

求"小是"的幸福北理工故事

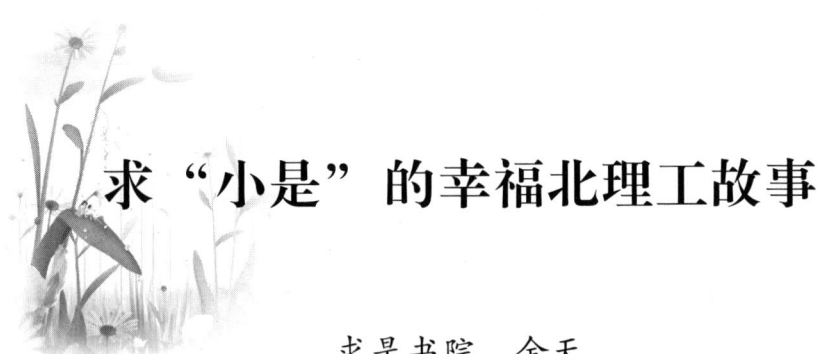

求是书院　金天

四年的时光如白驹过隙,飞快流逝,快到仿佛昨天还在作为新生向北理工初次问好,今天就成为毕业生准备挥手说再见。四年的时光如涓涓细流,缓慢悠长,慢到我有足够的时间遇见良师挚友、经历成长锤炼、收获幸福感动、形成独立人格。

迷茫,良师指引,挚友相伴

我的班主任满红英老师,是位德才兼备的谦谦学者,也是位和蔼可亲的引路人。她总是会在我迷茫时为我提供帮助,她的寥寥数语,就能为我指点迷津、拨云散雾。

一直以来,我的学习历程都很顺利,能够得到优异成绩,平稳通过许多面试,拥有别人得不到的锻炼机会等。我以为我担任学生骨干,拥有丰富的学生工作经历,能理所应当成为冬奥志愿者,现实却给我重重一击。我或许搞砸了面试,并没有得到组委会的认可,失去了这宝贵的机会。于是我开始懊恼,为什么当时没有表现得更好?我开始焦虑,没有这次冬奥志愿者的经历是不是以后的评奖评优我都没戏了?我开始迷茫,和其他优秀同学相比我的优势会在哪?这些情绪,使得我大三上半学期过得很辛苦,表面上勤勤恳恳努力学习,实际上天天都在自我怀疑、自我内耗。于是我找到了满红英老师,和她聊我的困扰。

那天中午,我和满老师从生活的点滴小事聊到未来的发展规划,再聊到我的心理困扰。满老师很耐心地倾听,并提出了她的看法。她说一个人的一生会遇到很多机会,把握住是好事,把握不住也不见得是坏事,更不能因为一次失败就将自己全盘否定,而是应该寻找失败的原因,吸取教训。和满老师复盘了面试细节,满老师指出,或许是我的自我定位错了,导致没有得到组委会的青睐。一直以来我都是作为一个管理者、规划者的身份参与学生工作，这使得我在面试中回答问题的时候把自己带入了一个统筹全局的管理者，而组委会需要的是一位和观众平等的服务型志愿者。满老师的分析使我醍醐灌顶。找到了问题的根本原因，我也不再内耗，这本就是一次学习成长的过程。如果在错过落日晚霞时一直低头懊悔，就会在下次错过璀璨群星。

在我考虑未来发展的时候，满老师也会耐心和我分析，提出指导和建议。在针对读研还是直博的问题上，她会在晚上和我打两个小时的电话与我讨论。

师者，传道授业解惑也。感谢满老师在学业上的帮助，更感谢她在我人格培养、人生规划等方面的指引。

陈德家学长是我班的朋辈导师，也是一名光荣的中共党员。学长积极参与我们班的班级活动，及时捕捉同学们的状态信号，给予指导帮助。我刚升入大二时，巨大的学业压力、学生工作压力汹涌而来。我总是感觉到很累，什么都做不好，有些不知所措。我曾一对一地与学长进行过交流分析。学长给予我许多切实的建议以及思考问题的方向。他告诉我要想好未来的目标、选择是什么，当鱼和熊掌不可兼得的时候，应该选择对自己最有利的一项。"大学四年学习是主旋律，其他都算是插曲。要在主旋律不走调的情况下，用小插曲来填充调剂。""做'大创'遇到困难要及时和导师沟通，及时调整改进方案。""一个人的力量有限，但是你有团队可以聚集力量，第一次做部长要学着分配任务，相信部员，培养部员的能力。""要把学习放在第一位，任何事情都不能耽误了学习。"

在陈德家学长的帮助下，我逐渐调整好状态，走出迷茫。

收获，不忘初心，不负努力

入学以来，我保持一贯的学习习惯，认真完成专业课的学习，大学四年的成绩优良率在93%，一直保持在年级前20%。四年里，我累计获得三次学业一等奖学金、四次学业二等奖学金、两次国家励志奖学金以及阻燃本科生奖学金。这些奖励是对我过去成绩的肯定，也是对未来之路的鞭策。与此同时，我也积极发挥榜样作用，将自己的学习经验分享给其他同学。在担任求是2002班朋辈导师期间，多次与同学们交流，为其串讲课程内容，梳理知识框架，分享笔记心得。

我不仅高质量完成必修课程的学习，也积极走进实验室，参与科创。曾连续三年申报大学生创新创业项目并成功结项。其中，在生命学院孙立权老师的指导下，我带领团队完成了国家级"大创"项目"蚕茧蛋白分离纯化与应用研究"，依托此参与第九届材料科学与环境工程国际会议并以第一作者发表论文。同时，该项目成功转化，以"蚕茧织出致富路"为题参加第十八届"挑战杯"，获得校赛银奖，助力山西吕梁方山县实现乡村振兴。此外，我又和小伙伴们针对北京市门头沟区灵水村旅游业不景气、村民收入少的问题，提出了一套新型完整的乡村旅游设计方案并推动落实，同时将项目成功转化参加第八届"互联网+"，获得校内银奖。多次的科创经历，培养了我基本的实验素养，锻炼了我思考问题的逻辑。

在文体方面，我积极参加院、校、市级的各种文体活动，丰富课余生活。在大二时，参加北京理工大学80周年校庆汇演，大三时参加了"七一勋章"授勋仪式。我多次参加"一二·九"长跑，和同学们一起为书院争光，也曾参加党课录制、实践论文、辩论赛、"瞭望杯"比赛等。

我积极在实践、公益、学生工作等方面锻炼自己、提升素养。

我于2021年1月15日被发展为中共预备党员，一年后顺利转正。在党组织的培养教育下，我通过自身学习更加坚定了共产主义信念，增强了努力学习、认真工作的使命感和责任感。在日常工作学习生活中，始终保持服务意识。多次被评选为优秀党员。在大四时，我担任了材料学院本科生第二党支部书记。任职期间，发展党员3名，转正党员9名，发展积极分子2名；带领党支部严格落实"三会一课"制度，不断增强支部党员的"四个意识"，坚定"四个自信"，做到"两个维护"，着力强化全体党员的党员意识和党性观念；积极开展党课学习、集体学习等主题党日活动，传达好党的思想。

我多次参与各种社会实践，服务社会，助力个人全面发展。2020年暑假，我作为队长带队进行"思源计划"社会实践，该实践获评"思源计划"三等奖。2021年暑假，我主持了书院重点社会实践项目"寻根圣地延安，感受红色文化"，圆满地完成了实践项目，获评院级社会实践一等奖、校级优秀团队、校级优秀调研报告、优秀实践团员等。

我连续三年担任班长，深得班级同学和老师的信任。我多次带领班级同学完成班级特色活动，例如，"大佬带路，抱团学习"串讲、集体出游参观学习、"云合唱·云朗诵"等。求是1904班始终保持对各项活动的积极性，无论是篮球赛、"一二·九"长跑比赛还是合唱、啦啦操比赛，都能够集体组队报名参加。

另外，作为求是书院学生会的一员，连续三年的任职经历也让我快速成长。多次身份的转换，多次工作内容的调整，让我真切感受到，一个团队组织能够平稳运行并且不断进取，离不开每个岗位同学的努力，所取得的成果是对所有成员的肯定与嘉奖。

未来，心怀感动，扬帆启航

"广大青年要肩负历史使命，坚定前进信心，立大志、明大德、成大才、担大任，努力成为堪当民族复兴重任的时代新人，让青春在为祖国、为民族、为人民、为人类的不懈奋斗中绽放绚丽之花。"这是习近平总书记对青年人的寄语。大学的生涯即将画上句号，但我的奋斗之路才刚刚开始，我将带着这四年里遇到的所有感动和收获，满怀热忱开启下一段人生旅程。

静待花开终有时，守得云开见月明

机械与车辆学院　梁兆熙

个人简介

梁兆熙，北京理工大学机械与车辆学院机械工程专业2019级本科生，共青团员，曾任北京理工大学犹定太阳能车队副主席、精工书院朋辈导师、班级文艺委员，学习成绩优异，综合表现优秀。

本人学习勤奋刻苦，同时积极参与科研竞赛、开展社会实践，大学三年专业学科加权绩点3.83，平均成绩92.6分，纯成绩和综合测评均排名专业第三；大三学年获得了纯成绩和综合测评专业第一的成绩。

所获奖学金及荣誉称号：

2023年6月，北京市优秀毕业生；

2022年10月，国家奖学金；

2022年10月，北京理工大学优秀学生标兵；

2022年10月，北京理工大学一等奖学金；

2022年3月，北京理工大学一等奖学金；

2021年11月，北京理工大学一等奖学金；

2021年10月，北京理工大学优秀学生；

2021年10月，北京理工大学优秀团员；

2021年4月，北京理工大学一等奖学金。

获得奖项：

2023年5月，中国大学生机械工程创新创意大赛"精雕杯"毕业设计赛北部赛区区域赛二等奖；

2022年7月，北京市大学生机械创新设计大赛二等奖；

2021年10月，2021"锦江学院杯"第二十三届全国机器人锦标赛暨第十二届国际仿人机器人奥林匹克大赛一等奖 2 项；

2021 年 5 月，北京理工大学第十七届"挑战杯"全国大学生课外学术科技作品竞赛主赛道校内选拔赛三等奖；

2021 年 5 月，北京理工大学第三届传统武术养生教学比赛一等奖；

2020 年 12 月，第三十七届全国部分地区大学生物理竞赛二等奖；

2020 年 9 月，北京理工大学第十七届"世纪杯"学生课外学术科技作品竞赛三等奖；

2020 年 9 月，第十二届"挑战杯"中国大学生创业竞赛北京理工大学校内选拔赛铜奖。

个人经历

（1）努力学习科学文化知识，争做优秀学生。

作为一名学生，我牢记"学习永远是学生的第一主题"，深知自己的专业课程有难度，而且相对成体系，对基础知识有较高的要求，因此在课程的学习上投入了很多的时间。自大学入学伊始，我就树立了在机械工程专业领域持续深造，攻读博士，成为专业领域出类拔萃、有所建树的新时代高技术人才的目标。我学习认真，课上认真听讲，课下积极思考，平时一有空就会在图书馆和教室学习，晚上十一点后才会披星戴月地回到宿舍。经过了努力刻苦的学习，取得了较为优异的成绩。

犹记得刚进入北理校园，经过短暂的新奇和兴奋，我便整理心绪，投入繁忙的课程学习中。大一是从中学向大学转变的分水岭，能否把握好这一重要过渡期对后续的学习生活有很大的影响。我便是在那个时候养成了每天早出晚归的习惯，上课认真听课、记笔记，仔细梳理知识点，做好课本、讲义上能找到的习题，对于难度较高的学科会去图书馆借阅相关的书籍，务求对所有知识点都烂熟于心。经过大一一年的学习生活，我为下一步的学习打下了扎实的基础。大二的专业基础课和大三的专业课大多是建立在先前的课程基础之上的，如同走楼梯一样，是一阶一阶上升的，前面的阶梯没有走好就会对后期的步伐产生不良的影响。我一步一个脚印、稳扎稳打，争取学好每一门课。"宝剑锋从磨砺出，梅花香自苦寒来"，从大一、大二的课程成绩第三，最后到大三的课程成绩第一，我以扎实的专业基础、积极的学习态度、踏实的进步过程证明了自己。

(2) 不断提升竞赛和科研素养，提高综合能力。

创新的意识、创业的能力，是每一位优秀大学生除专业学习成绩外所必须培养的素养。因为主要关注课程学习，我对科研项目和学科竞赛关注不够、参与不足的问题逐渐暴露出来，大一综合测评的成绩差强人意。在进行了自我反思和思考后，我及时调整了学习和科研竞赛之间的时间分配，积极申请参加"大创"课题，踊跃报名相关的学科竞赛，利用假期闲暇时间参加实习工作，使学科知识点在具体实践中得到应用验证，使分析解决问题能力在项目钻研中得到加强，使系统思维的意识在深入学习中得到锻炼。

在保持好学习成绩的同时，我参加了很多大学生创新创业项目和相关比赛。例如：参加了大创项目的衍生项目"仿章鱼的气动柔性抓手"，担任了"输气管道泄漏声学检测识别装置"项目的负责人，多项项目获得了竞赛奖项；参与撰写并发表《用二级松弛聚类标记退化全运行周期数据》《加快制定我国农业物联网标准》等多篇论文，获批一项实用新型专利。在进行科创实践的过程中，我深刻地认识到了科研工作的难度，同时也收获了很多宝贵的知识和能力。

(3) 努力提高思想觉悟，做合格的学生干部。

大学正是学生形成世界观、人生观的关键时段，脱去高中的稚嫩，走向大学这个未知的领域，人生观、世界观、价值观都在复杂的生活环境下面临着各种挑战。我是出生在中原油田的"油三代"，爷爷、姥爷、父亲都是有数十年党龄的"石油人"，"我为祖国献石油"的石油精神在石油家庭代代相袭，"没有共产党，就没有新中国"更是在我很小的时候就刻在了脑海里。北京理工大学是中国共产党创办的第一所理工科大学，作为一个赓续红色血脉的北理工大学生，平日里学习的不仅仅是知识和技术，更是红色基因的传承。

学习生活在学校，也要回馈学校、服务学校。我加入了精工书院学生会文艺部，担任了班级文艺委员，积极参加学生会和班级活动。我工作勤恳、办事认真，先后参与了精工书院迎新晚会、深秋歌会、新年活动等几个重要活动的组织策划，积累了很多组织活动的相关经验。同时我以身作则，参加了很多学校和书院举办的文艺活动，其中，在"诗颂百年"活动中获得了优秀节目奖，在"新百年，再出发"征文比赛中获得了优胜奖。

除了自己努力刻苦学习，我还经常拉着宿舍同学一块学习，尝试带动起宿舍同学学习的积极性，营造出利于共同进步的氛围。我认为，如果能凭借自己微薄的影响力，多少影响到一些身边的人，让同学和学校发展得越来越好，便是自己对于北理工最好的回馈，正所谓"一花独放不是春，百花齐放春满园"。

（4）全面发展积极实践，追求知行合一。

作为一位大学生，要做到全面发展，社会实践和学业实践是必不可少的一部分。为了提升自我，我还参与了很多实践活动。

社会实践方面，我积极认真地对待每年假期的实践活动。例如：参与了参观抗日纪念馆、访谈家乡经济科技发展等社会实践活动；注册北京市青年志愿者，参加了多个青年志愿者服务团队，积极参加了学校和社区的青年志愿者服务活动。

"学以致用、知行合一"，课本上学习到的知识有时是相对枯燥、具有局限性的，与实际生产实践进行结合后才能为其赋予灵魂。我积极沟通联系，参与了多个实践和实习项目。例如：曾参加在犹定太阳能车队的暑期学习和实践等各项活动；曾在北京和尘自仪科技和木甲公司等多个高技术企业实习，参与"大众汽车天津变速器制造厂机床在线监测与健康管理"项目、"木牛流马主题艺术装饰设计墙"的机械结构设计项目等。

个人感想

能够取得今天这样的成绩实属不易。回想起刚迈入北理工校门时立下的豪言壮志，感到恍如隔世，又仿佛就在昨天。我曾经历许许多多的困境与失意，现在回想起来有几分感慨，有几分惆怅，庆幸曾经的自己没有让机会从手中转瞬流走，也为自己能够在最困难的时期努力坚持下来感到自豪。能够一步步走到今天，首先需要感谢北京理工大学为学生们提供了优质的发展平台、良好的学习与生活的环境。同时还要感谢老师的指导、父母的支持和同学的鼓励，如果在这三年中没有他们的帮助，便无法成就今天的我，如同夜路的路灯，帮助我消除迷茫，为我指明了脚下的路。我在此向所有给予我帮助的人表示最诚挚的感谢。

"长风破浪会有时，直挂云帆济沧海。"在未来的日子里，我也会继续秉承北理"德以明理、学以精工"的校训，锤炼品德、实学实干、知行合一、勇于创新，以真才实干投身国家建设，以开拓进取服务社会发展。

静待花开终有时，守得云开见月明

心之所向，素履以往

经管书院　徐睿双

开始敲下德育论文第一个字时，脑海中倏然浮现出几个相关但模糊的场景：大一的德育开题活动中给十年后的自己写一封信，在经历过疫情的某天夏夜，我坐在自己的书桌前听着蝉鸣一笔一画地写完了内容；二十岁生日当天的最后一刻钟，我写完了德育中期的答辩稿，内容不算太复杂，只是罗列了两年来做过的一些有意义的事情，但林林总总的还是写了一整页备忘录；在图书馆终于写到毕业论文的致谢部分时，北湖音乐节的乐手正在南操场大声唱着"一杯敬朝阳，一杯敬月光"，麦克风很响，声音穿过马路和图书馆墙壁，对桌捂住了耳朵，但我却在旋律中百感交集……

而今天又在晚霞满天的美丽天气里，我开始回忆我大学四年的种种，写下了这篇文章。

经历与磨炼

纠结了很久，在"锻炼"与"磨炼"两个词之中，我最终选择了后者，看来看去，我还是觉得"磨"更是我每一段难忘经历的最好体现。"磨"从来不是一个轻松以及短暂的过程。

关于学生工作，班长的工作从来不是一个轻松的活儿，几年来各种活动的策划、材料的收集、上下信息的传达……遇到过无从下手的迷茫，遇到过心有余力不足的压力，但也正是经过长时间的磨之后，我能够越来越熟练地做好班长的工作，也在进步的途中一步一步地收获了各样的集体荣誉。

除了班级工作外，在大学生活里浓墨重彩的一笔还有自管会的建立。和大多数同学的学生组织工作经历不同，我非常有幸能够参与到经管书院自管会这一学生组织的组建过程中。一个组织的广诞生不是一件容易的事情，未知、阻力、考验……一切让人手足无措的障碍都让人心生畏惧，但在承受巨大的压力与克服重重困难之后，我们坚持了下来。北京理工大学经管书院自管会，最终拨开重嶂，新然登场。我印象最深刻的是我在第一次招新推送的文案中写的结语："作为一支全新的学生组织队伍，我们已在无数个日夜中探照着这支新生力量的未来，也更期待以后的日夜，能同更多的先锋者并肩，不止追光奔跑，更是执灯同行。"在筹建的过程中，我与其他书院的自管会负责人交流经验，制定出组织一系列章程与规则，同时也根据经管书院特点与资源协助策划了多项特色品牌活动，并且在书院家文化建设中，协助筹备了经管驿站等重要项目。经过我们的努力，现在的经管书院自管会已粗具规模，策划举办了不少有特色、有意义的活动，我们的队伍也像我在文案中写的那样，有了更多并肩执灯的同伴。

创造与演绎

在几次的德育答辩中，我都不例外地提到了我生活中不可缺少的创作与演绎。在创造力上，我做了很多尝试，学习基本的创作技能，同时作为一个热爱表演艺术的人，参与了校话剧团学期大戏的表演，也编导了管院献礼校庆的原创红色话剧。

从编导大一短剧大赛，到编导管院校庆献礼话剧，再到参演红色科学家话剧《大道更光》，其中，最让我记忆深刻的是校庆献礼话剧。自接到创作管院献礼校庆的红色校史话剧任务后，我就开始了准备，参观校史馆、采访相关人物、查找校史资料……经过半年的创作，剧本终于在8月定了终稿。与此同时，经过寻找与邀约最适合角色的演员，表演团队也在校庆前一月组建成功。

排练的过程并不轻松。近30人的团队，不到一个月的排练时间，历史剧严谨与准确的性质……这些都给我带来极大的挑战。为了让参演同学能更好地演绎自己的角色，我带着每一位演员阅读相关的文章与资料，了解角色的故事与背景；为了能够不冲突正常上课的时间，我尽量把时间表安排到分钟的精度，全方位考量排练与录制场地，将拍摄效率与效果最佳化。经过紧锣密鼓地编排与录制，在不断地打磨后，终于在校庆日当天短剧成品制作完成，这份融着表演团队热忱与真挚的献礼在舞台上得以成功呈现。我之所以热爱创作，是因为在创作的过程中，我能够全身心地去体会与感悟，并且我也非常希望，我创作出的内容可以作为我思想的载体，通过这个具象的表达去传递给更多的人。

理想与格局

还记得在德育开题的未来展望板块，我讲到"想要成为一个具有创造力的、对社会有价值的、有大格局的青年"，而这四年来为了这三个方向我也一直在不断地努力。

在这四年里，我思考过很多次我究竟要怎样成为一个有力量、有价值、有格局的人，并且也一直在为成为这样的人做出努力。在大一的时候，我向全球影响力最大的非营利教育组织 Junior Achievement（青年成就）发去了北理工校园大使的自荐信，希望能够让这支致力于为青年研发和实践最高质量的教育项目的组织能够入驻北理工，尽管最终因为疫情等原因没有成功，但在和负责人联系的过程中，我了解到很多和我同龄的志愿者们是如何在公益教育中发光发热的，第一次体会到成为一个有社会责任感的青年是一件多么值得骄傲与有意义的事情。而我现在也加入了这支富有活力与信念的队伍，计划在未来的日子里一直参与其中，和并肩的伙伴一道，和领航的前辈一道，努力在公益事业中焕发出属于自己的光彩。

在这四年当中，我一直坚定自己的政治理想信念，提升自我修养，经过不断地学习与提升，终于在2022年年底成为一名预备党员。作为2019级的学生，在大学生活中其实能够很深地体会到青年与国家的联系，突如其来的疫情大考、八方来客的奥运盛会、庄严澎湃的国家庆典……这些都有我们或多或少的参与或者近距离的亲身体会，这也坚定了我在小我的生活中，更多地去思考更广更深的精神世界与价值追求。

在种种经历中，我忘不了的还有"思源计划"。"八秩风华，薪火相传，其命维新。这是祝福，更是我参与'思源计划'几年的见证。"这是我在"思源计划"答辩现场的结束语。从大一寒假，最初的五人团队尝试着最传统的推送宣传……主力策划的"我的北理故事"系列活动收到大量关注并得到了招生组老师的肯定……随着时间的推移，主要成员不断更新，但我始终工作在实践的前线，也因此被团队的成员戏称为"三朝元老"。在这四年中，我曾是树德中学在北理工的主要联络人之一，不仅策划多样的招生宣传活动，为北理工引流更多优质生源，也积极组织中学校友的交流活动，努力让这样一群"同源"的人，成为一支有精神内核、有文化情怀的队伍。

感悟与思考

在这里，我仍然想用德育中期答辩的一句话收尾："心之所向，素履以往。"

内心有想去的地方，就算是穿着草鞋也要去，这是我一直以来的信条。在追求理想的道路上，无论如何曲折，只要我们心有所向，始终保持素履以往的态度，就一定能够到达。

汪国真说："现实和理想之间，不变的是跋涉，暗淡与辉煌之间，不变的是开拓。"只有不断前行，才能迈向辉煌的未来。

我的大学四年

明德书院　张星曼

四年本科生活马上就要结束了，回想过去四年所经历的风景，突然有些感慨。18岁以前憧憬和期待的大学生活，似乎有一丝平淡。没有轰轰烈烈的经历，没有绚烂夺目的成就，但这平淡的日子里充满着小确幸。

启程：绚烂成长

初入北理工的日子，我记得很清楚：2019年9月3日。2019年的夏天，还没有疫情，那时的车还可以停到博雅楼下，大学还可以随意进出。趁着那段时光，我走遍了良乡周围，参观了许多学校，生活可以说丰富而惬意。我加入了街舞社，跟舞团的小伙伴们一起参加了"大学道"展演；参与了"深秋歌会"决赛的志愿工作，遇到了后来的爱情；加入了阳光服务队和书院团委。丰富的活动一股脑地填满了我进入大学的第一学期。

学习上，我就没那么惬意了。难度升级的课程内容和更为自由的学习模式，消弭的自律性和积极性，考前突击的侥幸心理必然无法取得令我满意的成绩。看着自己40%以外的成绩排名，我暗自神伤，埋怨自己当初为何不在课上好好听讲，反思自己在活动和学习的时间管理和分配上是否出现了问题。2020年年初，猝不及防的疫情打乱了人们的生活。网课成为新的课堂模式，封闭的学习环境集中了我的精力。也是在这段时间里，我彻底沉下心来寻找最适合自己的学习方法和学习模式。大一下学期的成绩有了显著回升，我还拿到了三等奖学金。

加速：如鱼得水

宿舍从最南边的博雅搬到了东区的新宿舍甘棠园，经过专业分流，我进入了经济学专业。老实说，我一开始对经济学并无兴趣。但是成绩带来的成就感和图表分析的趣味性，逐渐让我对它产生了喜欢。大二的我成为一名学生骨干，成为团委宣传部部长，加入了巴哈车队，参与了校庆演出。2020年是北京理工大学建校80周年，明德书院招募同学参加校庆晚会的表演，我很荣幸地入选了。我们的节目是跟知艺书院联合的舞蹈节目《春华秋实》。为了呈现出完美的演出效果，我们8月中旬就回到了学校，在良乡体育馆开启了如火如荼的排练。

临近表演，我们的彩排场地也变成了北湖。排练总安排在晚上，我们坐在湖水边，享受着北湖秋夜的微风，和周围的伙伴叽叽喳喳地说个不停，我想这就是青春的样子吧。记得有一次，我们晚上11点刚回到宿舍，又被紧急叫回去临时调整内容，等结束已是凌晨。那段兼顾课程和彩排的日子虽然辛苦，但感觉一切都是值得的。

大三是关键的一年，也是充斥着无数选择的一年。读研还是就业？保研还是考研？出国还是国内升学？考公还是实习？种种选择让我一时应接不暇。无论如何选择都是各有利弊。每当我想坚定一种选择并为之努力的时候，总有其他选择泛着金色的光辉，试图吸引我的关注。这种对未来的迷茫和纠结占据了大三刚开学的大部分时间，我开始向"过来人"求助。我询问了父母、辅导员以及学长学姐。在他们的经验传授下，我确定了选择：保持当前的学习状态，并着手准备考研。在刘导的建议下，我同步准备着支教保研。

为了有更多的时间能放在准备考研上，我精减了活动和实践，只保留了团委工作。说起这份学生工作，我自豪满满。从大一开学，我就加入了明德书院团委宣传部，大二升为宣传部部长，大三成为团委副书记。三年时光，能改变的太多。我从对宣传技能一窍不通的"小白"，逐渐成长为能在推送制作、视频剪辑中独挑大梁的负责人；从只关注自己分内工作转向考虑如何让一个部门向更好发展。时间在流逝，角色在变化，对责任与担当的理解也在深入，看问题的角度与高度亦有所变化。在这一过程中，我感觉到了自己的成长和收获：比以前更有目标，更有想法，懂得了自己想要什么，该怎样去追求。

进站：未来再见

大三按部就班的生活结束，我的考研也在如期准备中。2022年9月14日，这一天我想我很难忘记。学院的保研政策下来了，我的成绩排名正好位列其中。激动之余，也十分紧张。先前复习的专业课并非本校本专业，在得知获得保研资格后，我重新复习起了经济学专业课知识。经历了兵荒马乱的9月，顺利度过保研阶段。我将继续留在北理工，留在人文学院，攻读经济学研究生。相比考研需要长达近一年的准备，仅有半个月就成功保研的结果，看上去略微草率了一些，但足够圆满。

  这一路，有过遗憾。猝不及防的疫情让我们不得不大部分时间被困在家里和学校，曾经向往的大学活动变得难以实现，说走就走的旅行也被一次又一次搁置推迟，很多想要完成的心愿也只能永久地深埋在这段封锁的时光里。还有一件很遗憾的事，就是无暇顾及的精神世界。早早买的各色书籍一直束之高阁，连外层的塑封都没有拆开；手账和画笔在角落落灰。闲暇下来只剩下刷手机来短暂放松，实在是过于放纵了。幸好，我还有时间。从现在开始弥补遗憾。

  这一路，同样充满了惊喜。母亲突发重病在手术后奇迹般地恢复到完全健康状态，幸运地收到了一张冬奥闭幕会的观礼门票，认识到了志同道合的朋友……这些风景永远存在，并铭记在我的心中。

  日子匆匆地流逝着，转眼间我就要毕业了。虽然我还要在北理工继续研究生阶段的学习，但转变身份后的心境已不似18岁那般。往事暗沉不可追，来日之路光明灿烂。未来什么样？不到未来谁也不知道。我只知道，我已尽我全力得到了最好的现在。对于未来，我依然憧憬着、惶恐着，我会慢慢走下去，走向更好的未来。

四年时光，八个学期，从无知无畏的少年，到善为善成的青年，他们踏石留印、抓铁有痕，留下一段段耐人寻味的成长感悟，成为后来人的标杆、榜样。

第五篇 德学思

光阴渐短日催急，曾于懵懂中憧憬着的大学生活，长风般转瞬掠过，杳然而去了。风卷叶落间，只余草木香浓烈氤氲，久久无法弥散。这独属于夏天的气息，提醒着我无论斗转星移、日月变迁，属于生命和成长的痕迹总是清晰在目、历久弥新的。大学的时光更是如此。感谢成长，在这趟轰隆隆前行了四年、即将到达终点站的列车上，我已不仅仅是大学生活的导演，更是演员、观影者。值此时刻，名为"青春"的影片即将落幕，而其间的无数片段却如种子般细碎撒落，于心间生根、抽芽，绽放出迎接未来的花。

——自动化学院　杨芷玉

本科生活即将结束，回首这段时光，我深感荣幸和感激。在自动化学院这个温暖的大家庭中，我得到了无微不至的关怀和支持，也收获了宝贵的人生经验和知识财富。学院优秀的师资为我们的发展保驾护航。老师们用行动诠释了立德树人的内涵。栉风沐雨，砥砺歌行。经过四年的努力，我有幸保研到了自动化学院继续攻读研究生。感谢北理工让我拥有了难忘的回忆。我想用校歌的一句歌词作为结尾："团结勤奋，为祖国和平播撒希望；求实创新，为中华富强造就栋梁。"让我们共同勉励，携手前行！

——自动化学院　张乔一

什么是理想的大学生活？这个问题本应该去问站在大学生活起点的我，然而那个时候的我只有一点隐约的预感，得不出一个断定的答案。只有将梦想与实践、柔软与锋芒，全寄托于每一天——"时间穿过每一个人，到底会留下怎样的痕迹？"在这个阶段性的终点，于是可以微笑着说出：四年里我所拥有的一路青春，就是我心中最理想的大学生活。

——自动化学院　杨校宇

从大一到大四，我们就像经历了从正方形到菱形，再到椭圆，最后为圆的蜕变。人生路漫漫，何曾有坦途？坚持和放弃本就无法在全称上击败任何一方，唯有用爱武装自己的内心，用自律规范自己的行为，如曾国藩所说的："君子不可以不忍也，忍欲则不屈于物，忍剧则不扰于事，忍挠则不折于势，忍穷则不苟于进，故曰，必有忍乃有济。"推迟满足感、承担职责、尊重现实、持续平衡是实现自律的四大原则；动力是爱，阻力是懒惰，终极力量则来自我们自身。

——自动化学院　程仁硕

最后，我还要感谢自己：感谢在迷茫和焦虑的时刻，能够开导自己，做出了一个个无悔的选择；谢谢始终保持对生活的热爱、对知识的渴望，始终勇敢地面对遇到的困难。正是大学这四年的磨炼，使我成长为现在乐观、从容、自信、勇敢的自己。希望未来能够继续保持热忱，坚定前行，始终积极向上，成长为更好的自己。才疏学浅，我所写下的不足我心中感受的万分之一，我无法用短短几千字来概括我的青春，四年的时间很短暂，可能正是因为青春不常在，回忆才会如此珍贵吧。感谢这四年来所有的相遇和经历，相信一切都是最好的安排。祝愿我们在未来都能万事顺遂，所得皆所愿！

——设计与艺术学院　杨玉倩

四年，我看过了南校区的银杏叶由绿色到金黄，再冒出新芽变为绿色；看过了北校区的湖面由荡漾到冰封，再消融；我们曾在综教楼前顶着太阳军训，也在这里吹着夏日的晚风参加新生晚会；在行政楼前看过各个社团的表演，也在集体舞比赛时在操场上随着音乐舞动。这里有我许多回忆，也在我的成长中留下痕迹。

——设计与艺术学院　杨世奥

随着毕业答辩的结束，大学四年的生活就要迎来毕业的终章。回首2019—2023年，生活的点点滴滴见证了我的每一步成长，在平淡中回味精彩，在艰辛中享受快乐，在点滴中学会坚强。疫情虽然带走了一部分大学生活的快乐，但共同克服这场苦难的日子也同样锻炼了我的心性，成为我青春时光里不可分割的一部分。此刻大学时光虽然已达终章，但也翻开了新生活的扉页，正是因为曾经有过精彩，我才有充足的信心创造更好的未来。

——设计与艺术学院　许晨

虽然常常有遗憾，也会在深夜焦虑于跟真正优秀的同学之间的差距，但是当我写下这段总结时，我释然了：只要比过去的自己更优秀，只要现在的自己比过去的自己更有能力面对未来的机遇和挑战，那就是成长，那就是精彩且有意义的本科四年。

——宇航学院　杨正贤

每个人的一生当中在各个阶段都会遇到各种各样的困难与挑战，这是矛盾的普遍性所注定的。正所谓"斗罢艰险又出发"，如同《西游记》中的唐僧师徒历经八十一难最终取回真经。作为具有主观能动性的人，只有坚持发扬斗争精神，逢山开路、遇水架桥，才能不断进步，"增益其所不能"，终成一番事业。

——宇航学院　党翌庭

我开始学习专业课后，客观地认识到我国航天发动机的单个最大推力仍和美国有很大的差距，这也让我认识到我所学习的领域仍有很漫长很艰巨的路要走。为实现我国载人航天登月和探索火星的任务要求，推进系统必须要攻坚克难，突破技术瓶颈。既然已经有其他国家证明了下一个推力量级是可以达到的，那么我们也应该有更坚定的信心，肩负起时代的使命。在这时，我的航天梦想开始逐步与我的人生理想交织。

——宇航学院　魏晋澎

在这四年里，我认识了很多人，经历了很多事。感谢北理工，让我从一个懵懂无知的少年变成一个有理想有担当的青年。这四年是丰富多彩的四年，毕业远远不是终点，而是漫漫人生路上一个新的起点。希望若干年后的我，在看到这篇文章时仍然会想起这段不平凡的岁月，想起这段路上遇到的种种风景，带着光荣与梦想，带着大家的陪伴与期许坚定地走下去，勇敢地追逐并实现自己的理想。心事浩茫连广宇，于无声处听惊雷。

——宇航学院　杨芃芊

大学 青春 人生

第五篇 德学思

2019年的那个盛夏,是我结束了三年繁重压抑的高中生活之后,感受到的第一个轻松自由的夏天。或许,高中的三年,是单纯的、无可替代的。那个夏天,天空都要更蓝一些,风都会变得更温柔,没有因为炎热的烦躁,只有享受与憧憬。不可否认,18岁,是热血的,是无悔的,是未来可期的。21岁的我,永远怀念18岁的那个夏天,永远铭记那个夏天带给我的欢乐与希望,永远羡慕那时的自信与无畏。

——特立书院 金子瑶

直到有一天,我睡过了,没有和别人一起出门,急匆匆地收拾好书包跑去自习,我发现了一间空教室。教室里静悄悄的,阳光洒在书桌上,不知为什么,那一刻我有一种前所未有的舒畅感,我终于找到了自己的学习节奏。自那以后,我每节课都跑到前排的角落里,那里能够听清老师的讲述,看清PPT的内容,同时还不拥挤;下课后,我会跑到学校里最安静的教室的小角落,翻开书、打开电脑,一坐就是一天。我认为我是非常幸运的,能够在大学伊始就找到自己的学习节奏,这也为我之后始终不错的成绩——前六学期的平均分在学院内部进入了前5%,打下了基础。

——特立书院 曹宸瑞

回首四年大学青葱岁月,有过学分绩排名70%,也有过综排大类第二;有过见证参与的科创队伍突破历史进军全国总决赛,也有过经历了无数个夜以继日的调试最后却无缘线下赛的无能为力;有过开始一段恋爱的喜悦,也有过不欢而散的黯然神伤;有过有惊无险顺利推免成功的幸运,也有过精心准备的实习却最后一步面试被刷的郁闷。其实细数这四年生活中,有过无数次自己觉得无法面对的坎,而现在再次回头看时,发现并没有当时想象的那么难,当年觉得无法面对的问题如今都已经随时间消逝了。"回首向来萧瑟处,归去,也无风雨也无晴。"

——特立书院 曹旭

未来的很多日子里,会有更多的同学和我一样在徐特立学院邂逅最美的青春年华。学院给了我们优秀的师资力量、精良的教学设施、丰富的课程体系和活动资源,让我们在这里茁壮成长,让我们有能力去书写属于自己的特立故事。未来也许会面临很多挑战和困难，但是我相信，徐特立学院的精神将会永远伴随我们前行，让我们的人生路上充满能量和动力。

——特立书院　陈照欣

时光荏苒、白驹过隙，不知不觉间，在拱辰街道和紫竹院街道度过的大学四年已经到了尾声。四年之前，当我踏入北京理工大学的校园的时候，怀着无限憧憬，也带着过去的遗憾。四年之后，在这片对校园里的每一个人的理想有无限包容和支持的土地上，我想谈谈我心目中关于"理"想的思考。"理"想需要扎根于肥沃的土壤之上，需要自我的不断拼搏奋斗，需要个人道德品质的不断塑造，也需要建立在身体健康的基础之上。

——信息与电子学院　陈泓舟

如今，我也站在了我人生的新起点，未来我仍会踏上追寻的路途。或是独行长路，或是与同伴并肩前行，这段研究生之旅也终会走完，也终会再次迎来分别。不被过往困住，不停下前进的脚步，感谢相遇，未来再会，这才是这段宝贵大学经历给我上的最重要的课程。

——信息与电子学院　鄢仁榛

传闻中，登上金字塔的只有两种生物：雄鹰和蜗牛。我已经知道我成不了雄鹰，但我仍然想登上金字塔，怎么办呢？我告诉自己，那就成为一只蜗牛吧，哪怕走得再慢，也要保持前进的步伐。

——信息与电子学院　王尊翔

一路走来，德育工作指引着我在北京理工大学的学习与生活。而在未来两年，我将作为专职辅导员带领2023级的同学迎接大学校园的新生活。看着德育路上一路走来的我，想必我的同学们也会像当初的我一样懵懂，又何尝不像当初的自己呢？将来，我希望自己能够引领好这些像当初的自己一样的同学们！

——信息与电子学院　周文昊

大学 青春 人生

第五篇 德学思

　　我生长在一个普通的农民家庭，父母没什么文化，他们没办法教给我很多知识，但是在耳濡目染的熏陶中赋予了我更为珍贵的东西——劳谦虚己的态度和真诚善良的品格，这两个特质在我的大学期间从未改变。

——信息与电子学院　王滋霖

　　我是从湖北大山深处的神农架走出的学子，是国家专项计划拥抱了我，让我有幸来北理工求学。养育我的神农架是人类的绿色宝库，绿色成为我生命最美的底色。以高水平保护助推高质量发展，是我们这一代人的使命和担当。大学四年，能够把北理工写进我的奋斗青春，我很珍惜，也无比荣幸！

——求是书院　滕陈瑛琪

　　初到大学，一切事物都是陌生的。在中学时代，我们大多习惯于问老师该怎么做；但在大学，老师不会给出明确的答案，需要自己去思考，去选择。不同的人看问题有不同的角度，不同的问题又有不同的处理方法。其实，学会如何去思考问题，如何在两难中取舍也应被视作大学课程之一，这更是对自我的一种锻炼。

——求是书院　史慧敬

　　2021年7月，我主动报名"全国空间生命科学与医学工程培训班"，并开始了良乡和中关村两头跑的忙碌生活。我在其中收获良多，其中一位老师的一句话我铭记至今："再优秀的老师教学也需要学生主动学习才有效，被动灌输只有启发引导作用，只有主动摄取知识才能真正有所得。"是的，主动争取、主动学习的才是真正自己获得的。

——求是书院　杨晓

　　过去已经属于过去，未来还未到来。过去的事情如果不够称心如意，那么就忘记他，一时的失败不能决定永恒。"沉舟侧畔千帆过，病树前头万木春。"我们可以以此为激励，但绝对不能气馁。如果过去的事情足够辉煌，那么要明白一时的绚丽终究会随着时间消散，就如同烟花一样。所以真真正正的人生在于今天，昨天已属于过去，无法改变，明天属于未来，无法预知，而今天属于恩赐，我们都应该像珍惜礼物一样珍惜今天。

——求是书院　裴尚坤

回望过去，恍悟大学才是我人生中自我意识觉醒的时代，高考时并不清楚自己想要什么。我感激一路以来的每一个决定，它们带我经过了一程程迥然各异但绚丽多姿的风景。莎翁言"What's past is prologue"（"凡是过往，皆为序章"），"All the world's a stage"（"全世界是个舞台"），我深以为然。那根线、那张网会继续延展，不过谁知道人生将去向何方呢？不如向着太阳，抓住眼前的梦想、现在的热爱吧。祝愿我们都能不负时光、不负自己，成为想成为的人。

——明德书院　蔡晨佳

毕业之后，我将成为一名国际中文教育的志愿者，远赴秘鲁，利用自己的专业优势和特长，在我所热爱的领域贡献自己的一份力量。终身学习的态度和大胆尝试的勇气将会一直伴随着我，用丰富的知识、技能傍身，不断精进自己的本领，立身精工，奋斗终身。

——明德书院　刘宸歌

这四年里，我无数次转着圈，把自己绕晕，可我从没打算放弃。我自省、思考、自我鼓励，我朝自己伸出手，也朝世界伸出手。我深深地感受着来自不同方向的爱，它来自支持我任何决定的家人，来自为我分析利弊、分享经验的师长，来自一直在我身边、在我身后的那么多好朋友，回顾这四年，非常感谢大家，能够在我低落时、堕落时，和我一起捞起我。无论世界如何运转，今天或明天的答案是什么，渺小而平凡的我，在我自己的世界里依然闪闪发光。

——明德书院　罗梦瑶

大学四年转瞬即逝，时至今日我依然时常回想起初入大学时的懵懂好奇，走在校园里看着每一处公告栏都兴奋不已，迫不及待上前阅读。随着对学校越来越熟悉，课业越发繁重，我对周围事物关注度不断降低。而大四的最后

大学 青春 人生

第五篇 德学思

一学期，我重新走在校园路上耐心观察环境变化，脑海中四年前的景象依然清晰。回望当初为自己设立的目标，大多实现了，想来这四年也算得上没有太多遗憾。

——明德书院　孙孟哲

伴随着炎炎夏日，四年的大学生活已接近尾声。回顾这几年的时光，用一句话来总结的话，大概是：在新奇中成长，在曲折中前进，在泥潭里坚守，在黎明时微笑。

——计算机学院　李鹏

人的一生，无数次日出日落，有的清晰可见，有的却被遗忘在岁月的长河中。然而，在我的记忆中，那个填报高考志愿的日子仍然历历在目，如同晨曦的初照，那是我人生的一个新起点。从此，我从梅雨的江南走进了大学的校门，踏上了大学四年的北方之旅。

——计算机学院　赵航

我曾经后悔离家太远，从烟雨江南来到京师求学，但仔细想想，这不是无数古时的读书人做过的事吗？远离了烟花巷与温柔乡，饮下最后一口江水，沿着京杭大运河行舟而上，翻山越岭、风餐露宿，只为了金榜题名的一刻。虽然追星逐月的梦想古今无一，但每个人都是为了自己的一点目标踽踽独行。

——计算机学院　申屠轩滔

"时代呼唤担当，民族振兴是青年的责任。"在时间中长征，我们已走过千重山、万道河，但不敢有丝毫的自满，我们仍需跨过千道坎、万重岩，但满怀着无比的自信。勇立时代潮头、争做时代先锋，这是时代对我们青年的殷切期望，更是我们青年自身成长、实现价值的必由之路。

——机械与车辆学院　余永超

大学本科的生活悄然进入尾声，回望四年，有笑有泪，有美好也有遗憾。我们在欢笑中寻找美好，我们在悲伤中感悟、思考。我看向窗外，阳光正好；正如此时的你我，风华正茂。生活就是这样，一边回忆，一边继续。

——机械与车辆学院　徐飞

回望亦如过眼云烟，往事尔尔。行动起来是能成长的，懂得了很多，实践了很多，获得了很多，也失去了很多。当然，熬了很多夜，累了很多次。四年时光，交了很多朋友，去了很多地方。我学会了保护自己，学会了理解自己，学会了自我成长。这是我的一点点收获，只能表达出一点点，更多的，刻在了我的灵魂深处，长在了我的言语与行为里。不想多说，多说难以领悟与总结，只有多行，才能悟，才能成长。

——机械与车辆学院　谢庆红冰

"复兴号"以每小时300千米的速度行驶，窗外的景色飞速地变换，恍惚间列车驶入隧道，一切都变得幽暗深邃了起来，下一秒隧道结束，海阔天空。这一路的旅途，光与影、明与暗交替错落着，如同人生一般，有着短暂的晦暗时刻，亦有豁然开朗、海阔天空。

——机械与车辆学院　牛凌

前段时间看到邓亚萍在一个演讲中说过一句话："刻苦训练的基础，就是我站在赛场上的底气。"我觉得这句话用在我们身上也十分合适。大学这四年是我们迈入社会的一个过渡期，这四年所有的付出与努力、所有打下的基础、所有提高的能力，都是我们将来工作中的"底气"。

——机械与车辆学院　王璇琳

一幕幕的场景就像是一张张绚烂的剪切画，串连成为一部即将落幕的电影，播放着我们的快乐和忧伤，记录着我们的青春和过往，也见证着我们的各种感情。未来就像是天空中一朵飘忽不定的云彩，而我们，从毕业这一天起，便开始了漫长的追逐云彩的旅程。明天是美好的，旅程可能是坎坷的，但无论如何，我们都有一份弥足珍贵的回忆，一种割舍不掉的友情，一段终生难忘的经历。

——机电学院　张佳慧

"博物洽闻，约取实得。学路漫漫，才破浅冰。"这一句话，在我两次毕业设计的致谢中都写了，因为我认为它是对我大学四年生活的最好总结。这是一个警醒，也是一个启示。它提醒我大学生活虽然充满了挑战，但也充满了可能性。它告诉我，即使面对艰难的挑战，我仍然需要秉持对知识的热情和对未来的信心，坚定地走下去。

——机电学院　李泉林

回首大学四年，经历了一些小风小浪，也看懂了一些人情世故，自己成长了很多。要胸怀大志，明确自己的目标，戒骄戒躁，持之以恒。感谢过去四年的自己，没有放弃而是选择了迎难而上。我想对自己说：过去的事，交给岁月去处理；将来的事，留给时间去证明。我们真正要做的，就是牢牢地抓住今天，让今天的自己胜过昨天的自己。

——机电学院　万学青

经过大学四年的学习和生活，我已从一个不谙世事的少年成长为相对独立和自主的青年。现在，无论是在学习、生活还是工作上，我都能够合理地安排自己的时间并协调好各种关系，对自己的事情负责。未来的道路还很长，生活可能会有眼前的苟且，但我相信更多的是诗和远方。

——机电学院　于舒凡

本以为四年很漫长的我，在大学毕业之际也不禁感叹时光匆匆。这世界本不存在时间，当时间被人类所感受所定义所研究之日起，时间的浩荡洪流翻涌奔腾，卷挟着历史的信息，涌向新的起点。时间本身是无意义的，与其因空谈时间、仰观宇宙之大而陷入自身之虚无，不如投影渺小人生于每一个时刻，留欢乐与泪水，留友情与别离，留成功与失败，携梦想刻印人生，做人生路上的远行者。

——机电学院　武嘉轩

生活还在继续，成长的步伐永不停止。当下，我还未完全明白自己想成为什么样的人，或者未来的道路是怎样的。只要我还走在成长与自我蜕变的道路上，就不用在意终点究竟在何方。在这条路上，终能成就自己的热爱。

——光电学院　崔杨

曾出现在我生命的每一个"确定"，都于无形之中拓展着我的"可能"，我选择了我的一切，我的一切也选择了我。感谢所有出现在我生命中的人、事、物，没有你们，就没有现在的我。现在的我，将继续行走在探索与追寻的路上。我会用自己的方式，给未来的你们，声声回应。

——光电学院　骆嘉鸿

我希望自己永远对未来抱有幻想，对人生怀揣希望。我希望我能保持一个充满活力的状态，将正能量带给身边的人。时间一年一年流逝，我希望我能做一个带来希望的人，像枯木上生出的新芽，而不是暮气沉沉，令人生厌。

——光电学院　吴昊

向未来张望的时光，或许孤独而漫长，但在看向未来的时候，我也会永远记得我们的起点，那才是漫漫长夜里最能治愈我们的事情。我们所经历的一切，都会变成浩瀚云朵里的一片星空，它明亮过，也暗淡过，但最终会指引我们，靠近期待的自己。

——光电学院　赵依丹

作为有金融和财务知识储备的专业人员，金融从业者应该从自己擅长的领域出发，提供专业知识方面的帮助。只有这样，我们学习的金融知识才能真正在科技成果的转化中贡献力量，才能真正为社会做出贡献，切实服务实体经济的发展。

——经管书院　刘愈泽

大学生活即将结束，心中涌起千言万语，情感如波涛般翻腾。这四年，我在这个温暖的校园里笑过、哭过，经历了青春的风雨洗礼。每一缕清晨的阳光，每一次与朋友们的相聚，都深深地烙印在我的记忆中。我怀念那些不眠之夜，与室友们一起分享梦想和忧愁；怀念那些和同学们一起奋斗的日子，彼此激励，共同成长。

——经管书院　章瀚丹

"路漫漫其修远兮，吾将上下而求索。"虽然大学的时光即将结束，但未来的路还很长。有人说，人生是一段体验，生命本没有意义，我们就只是存在而已。人生也不应该被划分成固定的阶段，然后当成一个个任务去完成，这种感觉就像是被操纵。虽然人生没有意义，但作为有主观意识的人类，我们可以为自己的生命确定意义，那就是去成为你想成为的人。

——经管书院　张瀛